Submundo

Abdias Nascimento

Submundo
Cadernos de um penitenciário

Copyright © 2023 by Henrique Cristóvão Garcia do Nascimento,
Abdias do Nascimento Filho e Osiris Larkin Nascimento,
representados pelo Ipeafro

Apoio cultural:

IPEAFRO

*Grafia atualizada segundo o Acordo Ortográfico da Língua Portuguesa de 1990,
que entrou em vigor no Brasil em 2009.*

Capa
Celso Longo + Daniel Trench

Imagem de capa
Fotografia de Abdias Nascimento, *c.* 1957/ Acervo Ipeafro

Imagens de miolo
Acervo Abdias Nascimento/ Ipeafro

Checagem e notas
Érico Melo

Preparação
Tati Assis

Revisão
Huendel Viana
Ana Maria Barbosa

Dados Internacionais de Catalogação na Publicação (CIP)
(Câmara Brasileira do Livro, SP, Brasil)

Nascimento, Abdias, 1914-2011
    Submundo : Cadernos de um penitenciário / Abdias Nasci-
mento. — 1ª ed. — Rio de Janeiro : Zahar, 2023.

    ISBN 978-65-5979-110-1

    1. Carandiru 2. Encarceramento 3. Memórias autobiográficas
4. Movimento negro 5. Narrativas pessoais I. Título.

23-146741   CDD-920.71

Índice para catálogo sistemático:
1. Homens : Autobiografia   920.71

Tábata Alves da Silva — Bibliotecária — CRB-8/9253-0

Todos os direitos desta edição reservados à
EDITORA SCHWARCZ S.A.
Praça Floriano, 19, sala 3001 — Cinelândia
20031-050 — Rio de Janeiro — RJ
Telefone: (21) 3993-7510
www.companhiadasletras.com.br
www.blogdacompanhia.com.br
facebook.com/editorazahar
instagram.com/editorazahar
twitter.com/editorazahar

*A todos os que vivem à margem da sociedade:
santos, ladrões, prostitutas, assassinos, ébrios,
pederastas, toxicômanos, loucos;*

*Aos sentenciados da Penitenciária de
São Paulo — criminosos ou não —,*

dedico com alto e puro amor.

Sumário

Nota da edição   9

Um prefácio para (a alma nua de) Abdias Nascimento,
por Denise Carrascosa   11

Primeiras palavras   25

1. Chegando...   29

2. Cela 1013   35

3. A poesia brinca de passarinho   45

4. Pai do Céu   54

5. O pequeno "desgraçado"   59

6. "Meus amigos..."   72

7. Cara e coroa no destino de um homem   83

8. Lágrimas, risos e versos   113

9. A condessa e seu chofer   128

10. Onan e Sodoma   149

11. Tipo lombrosiano ou vocação de santo?   162

12. Meus "amarelos" 186

13. Lino Catarino, o Lampião Paulista 197

14. Gângster número um de São Paulo 201

15. O cáften e a prostituta 214

16. *"Ridendo 'castigo' mores"* 222

17. Do *Giulio Cesare* ao *Massilia* 231

18. Da regeneração 247

19. Gino Amleto Meneghetti ou A história desconhecida de um herói e mártir 255

20. Vigília sem fim 277

Posfácio: Carandiru somos todos nós,
por Elisa Larkin Nascimento 285

Notas 299

Algumas páginas: Fac-símile 311

Nota da edição

A edição deste escrito inédito de Abdias Nascimento segue o original tal como deixado pelo autor, em manuscrito datilografado que se encontra digitalizado nos arquivos do Ipeafro. As correções feitas à mão no documento foram incorporadas e levadas em consideração para o estabelecimento de texto como um todo. A redação do autor foi respeitada inclusive quando isso implicava um fraseado com repetições ou levemente truncado, ou ainda o uso de termos hoje considerados sensíveis. Diálogos e mudanças de narrador mereceram atenção à parte. A grafia foi atualizada e foram corrigidos erros evidentes de ortografia, regência e pontuação, bem como poucos casos de saltos óbvios de palavras. Títulos de obras e nomes de personagens reais foram corrigidos quando necessário.

Um prefácio para (a alma nua de)
Abdias Nascimento

> Os escritores costumam redigir os prefácios dos seus livros — ou deixá-los aos cuidados de outrem — quando a obra já se encontra terminada e nas vésperas da publicação. Eu, por motivos mui especiais, vejo-me na contingência de inverter essa norma: a mais forte razão desse procedimento reside no fato de não ser eu um escritor.
>
> ABDIAS NASCIMENTO

SUBMUNDO É UM *livro de cadeia.* Foi nela, mais precisamente na Penitenciária do Carandiru, que Abdias Nascimento escreveu um importante capítulo da jornada que fez de sua vida uma intensiva inscrição biográfica do Herói Negro no imaginário social brasileiro e afro-atlântico, a despeito e por conta de seus *sortilégios* de homem de Orixá. Projetando o ser e não ser de sua condição de intelectual habitando um corpo em regime de tortura e sob a custódia violenta do Estado, dribla o tempo com seus propósitos de escrita, ginga na posição de escritor-não escritor, recua de si para escrever-se um primeiro prefácio próprio e, assim, avança sobre nós, neste, o segundo — que tal encomenda nos chega negaceada pelo dono do corpo, aquele que "matou um pássaro ontem com uma pedra que só jogou hoje". Sortilégio.

Eis que nos vemos instados a voltar àquela penitenciária para — trinta anos depois, e num período em que o ódio desgovernou a nação — revisitar um dos episódios mais ultrajantes de nossa história recente: o assim chamado Massacre do Carandiru. Recuperar essa memória traumática é como um mergulho nas zonas abissais do inconsciente político de uma sociedade regularmente gerenciada por massacres, chacinas, execuções sumárias e pelo Genocídio do Povo Negro e dos Povos Indígenas.

Explorados à exaustão pela mídia, esses fenômenos constituem as vigas mestras de nossa nacionalidade. Não obstante, a impressão é que não teríamos correta ciência disso não fossem as vozes dos sobreviventes narrando o impossível — a *vida nua* a que cada corpo racializado, gendrado e/ou empobrecido é assujeitado nos jogos econômicos violentamente predatórios do poder soberano do Estado que nos espreita, a cada esquina, com camburões, armas de fogo, algemas, grades, flagrantes forjados e autos de resistência.

Submundo é, pois, testemunho. Obra singular, que passa em revista, de trás para a frente, a história da República brasileira fundada nos úteros de suas prisões, umbilicalmente ligadas aos navios negreiros.

Carandiru! Carandiru! É nada mais que uma várzea perdida na neblina fria, de onde ecoam vozes torturadas, as vozes sem nome do Carandiru. Aqui estou no território dos proscritos, podridões, escombros repelentes da sociedade, mundo de dor que eu vi, mundo em agonia, mundo submerso no maior de todos os sofrimentos: o da perda da liberdade, e o do desprezo dos seus próprios irmãos!

Prefácio 13

Escrevo como sentenciado. Sou um dos renegados, um dos que vertem lágrimas e sangue... Por isso mesmo, escrevo em linguagem agreste e sem me preocupar com o que sobre nós já disseram os criminalistas, as doutrinas penitenciárias e as teses dos doutores no assunto.

Nesse curso, Abdias Nascimento nada ombro a ombro com intelectuais como Maria Firmina dos Reis, Machado de Assis, Lima Barreto, Luís Gama, Carolina Maria de Jesus, Conceição Evaristo, Bule-Bule, Mãe Stella de Oxóssi e tantas outras autorias que sedimentaram as margens do rio caudaloso e pujante de nossa *literatura negra abolicionista*. Essa expressão conceitual designa um corpo de textos narrativo-dramático-poéticos que foram disseminados em fluxos transatlânticos e, por meio de transmissões orais e escritas, atravessaram os séculos, chegando até a contemporaneidade. São tecnologias afro-ancestrais de circulação, que adensaram caminhos de reinvenções subjetivas e comunitárias de nossa humanidade e de nossa história na diáspora.

A publicação de *Submundo: Cadernos de um penitenciário* introduz Abdias Nascimento em um arquivo internacional de memórias prisionais que se trançam em obras como *O cemitério dos vivos* (Lima Barreto), *Detento: O diário de prisão de um escritor* (Ngugi wa Thiong'o), *Cartas da prisão de Nelson Mandela, 491 dias: Prisioneira número 1323/69* (Winnie Mandela), *Uma autobiografia* (Angela Davis), *Assata: Uma autobiografia* (Assata Shakur) e *Memórias de um sobrevivente* (Luiz Alberto Mendes), entre muitas outras produções culturais. Tais obras traçam sua genealogia de volta a cantos de trabalhos forçados em ritmos que passam a compor a música da diáspora negra entre o samba e o blues, até o rap, atravessando os tempos a narrar a continuidade dos suplícios escravistas que os corpos sobreviventes aos diversos terrorismos de Estado guardam na memória da carne negra — arquivo vivo de torturas, a contrapelo dos regimes políticos das nações e de suas historiografias oficiais.

Na dobradiça entre literatura negra abolicionista e memórias prisionais, o texto que aqui se publiciza produz um feixe de conexões que ora cartografa a tecnologia carcerária de governança colonial, ora ensaia e divisa horizontes de emancipação para a subjetividade encarcerada do escritor-poeta. No movimento de intercalar narrativas e narrativas e poemas coletados dos sentenciados, Abdias Nascimento instaura uma amplitude de visão sobre si na medida de sua compreensão e empatia pela visão do outro, que desloca a mediação por julgamentos morais. Essa poética da relação com a alteridade lhe concede uma mirada autocrítica ímpar, que fica registrada em passagens como a seguinte:

O que me irritou ao máximo nesse pavimento foram as tais visitas. Como é duro ser olhado assim pelo buraco da espia como se fosse fera! Nunca me conformava. Nos dias marcados para a visitação, eu arranjava qualquer coisa para ler e virava as costas para a porta da cela. Nessa postura ficava horas esquecidas. Deu resultado, porque não me lembro de uma vez sequer que tivesse tido o infortúnio de dar de cara com a curiosidade de qualquer visitante através do buraco da vigia. Afinal de contas, eu cá vim por causa da datilografia e não para me exibir como bicho raro de porta de feira...

Prefácio

Essa possibilidade de olhar-se de fora, a partir de um entendimento profundo sobre como a sociedade brasileira já então midiatizada construía o imaginário criminalizador sobre um homem pobre e negro, prenuncia a sagacidade do jovem intelectual que cria estratégias corporais para esquivar-se dos estereótipos lançados a si e à sua comunidade pelo racismo científico da criminologia de extração lombrosiana. Ao mesmo passo que Abdias se deixava seduzir pelos discursos jurídico-midiáticos das sobre-humanas façanhas dos "criminosos célebres" de então, sua capacidade etnográfica rasurava a animalização dessas figuras através das entrevistas que se empenhava para realizar e dos métodos de linguagem que usava para mediar suas narrativas, devolvendo-lhes a humanidade estrategicamente extirpada pelo sistema prisional.

Submundo realiza uma leitura minuciosa das técnicas prisionais de embrutecimento das pessoas encarceradas. O catálogo é longo: a arquitetura do prédio e das celas, as técnicas de isolamento e castigo, a alimentação insalubre, os tratamentos de saúde e a produção de insanidade através dos diagnósticos viciados da ciência criminológica, as péssimas condições sanitárias, a inacessibilidade à assistência jurídica, o controle externo autoritário do processo penal — tudo isso é coisa que Abdias passa em revista. Ao longo desse percurso, examina uma série infinda de abusos sádicos de poder, desde o ingresso do sujeito preso no sistema carcerário até sua saída.

Entrelaçando monólogos interiores e diálogos com os demais companheiros de cadeia, *Submundo* materializa uma certa esperança na reforma do sistema prisional, creditada pelo jovem Abdias à figura do novo diretor do Carandiru (um médico, suposto humanista). Não obstante, do começo ao fim a obra aponta para o sem-número de ferozes técnicas de tortura a que aquelas pessoas eram submetidas e levanta sérias questões sobre a capacidade de "ressocialização" que qualquer ser humano teria ao conseguir a liberdade:

> Todos eles são discípulos do torpe dr. P., o covarde indivíduo que não trepidou, quando delegado do posto policial de Vila Mariana, a mandar asfixiar com gás vinte infelizes detidos e presos sem culpa formada. Depois da chacina, chamara uma carroça de lixo e as vítimas seguiram o caminho do Araçá, para o forno de incineração...

> — Você crê na regeneração?
> — [...] Um homem preso há trinta anos constitui um perigo social, porque, em primeiro lugar, aprende a odiar a sociedade. E, em segundo, ele não mais consegue lutar pela vida. Sai esquecido de que deve lutar e também sai combalido, não servindo para mais nada.

Lida e registrada pelas lentes do intelectual negro em formação, essa dimensão crítica ao sistema prisional pode ser vinculada ao ceticismo negro de Lima Barreto, em *O cemitério dos vivos*, quanto às instituições de internamento manicomial, sua seletividade racial e sua estratégica ineficácia na função sociocientífica a que estavam destinadas. No contexto histórico intensamente reformista da primeira metade do século xx, lastreado por religiosa crença na ciência criminológica e por seus pactos institucionais com a Igreja católica, as capacidades de observação detalhada e relato vigoroso de Lima e Abdias, incluindo a dimensão autobiográfica, sinalizavam,

Prefácio

entre Rio de Janeiro e São Paulo, um olhar negro crítico autoetnográfico para as tecnologias institucionais que fundamentaram o projeto eugenista nacional e que incluíam, programaticamente, prisões e manicômios.

Submundo também faz uma aberta leitura do regime sexual aos quais estavam submetidos os corpos gendrados como masculinos no sistema penitenciário paulista. Aqui, a violência dos estupros entre detentos e de detentos por carcereiros aparece como forma de feminilização e assujeitamento dos presos. Nesse assunto, embora a abordagem do autor ainda não leia o grave problema do gênero, replicando estereótipos, o texto constitui um vívido documento sobre um eixo fundante da colonialidade do poder prisional sobre os corpos vulneráveis da nação: o controle gendrado e sexualizado que se organiza nas dimensões de raça e classe para executar o projeto genocida do Estado brasileiro.

Como texto de artista, poeta que já era Abdias, e dramaturgo que ali se inaugura, a linguagem dramatúrgica de *Submundo* ganha corpo em dimensão estética coreografada pelo olhar. A mirada sensível aos companheiros presos encena um dom de comoção com seus gestos mais cotidianos, conferindo grandiosidade àquelas frágeis existências.

As vozes dos meus companheiros dançavam no espaço ensaiando a "Canção dos detentos":

Contemplemos os céus estrelados
Pelas grades da nossa prisão
E o luar lindos sonhos prateados
Vem sorrir à nossa ilusão...

e eu me deixava absorver na beleza mística daquele momento. Dir-se-ia o coro sacro de alguma capela, em que os cânticos fossem coloridos pelos raios de sol, tingidos de várias cores, ao atravessar o filtro dos vitrais. A melodia suave, etérea, se casava harmoniosamente com a fisionomia triste dos cantores, parecendo querer elevá-las até a contemplação de paisagens estranhas, mundos de felicidade e de liberdade infinitas... A cabeleira do maestro, toda prateada, no centro das vozes e junto ao piano, era outra sugestão daquelas esferas distantes, país suspirado pelos corações sofredores de todos nós.

Aqui, testemunhamos a gênese do Teatro do Sentenciado. Um teatro feito dentro da penitenciária, com detentos desenvolvendo a íntegra do processo de criação, conduzindo todas as etapas de produção, interpretação, e deparando-se com desafios análogos mas, evidentemente, muito mais difíceis de equacionar do que os enfrentados por qualquer grupo que atue fora da prisão. Abdias Nascimento coordenava a escrita de textos, a criação de cenas, o ensaio de números musicais, a criação de figurinos, enfim, todo o espectro de atividades envolvido na feitura dos espetáculos. Foi no curso dessa experiência e, portanto, nas circunstâncias bastante limitadoras da prisão que o jovem artista Abdias não apenas desempenhou seu primeiro trabalho como ator, interpretando o papel de José do Patrocínio, como também escreveu sua primeira peça (que não chegou a ser encenada), *Zé Bacoco*, sobre a saga de um imigrante do interior paulista que chega à capital para ser soldado.

Em retrospecto, o Teatro do Sentenciado pode ser lido como experiência dramatúrgica embrionária da fundação, em 1944,

Prefácio 19

do TEN — Teatro Experimental do Negro, no Rio de Janeiro —, uma iniciativa estético-ética e política fundamental na constituição não apenas do teatro brasileiro moderno, mas de nossa própria modernidade. O mundo moderno a partir da experiência negra implicava uma crítica imanente da nação que ora se formava, alheia a qualquer debate público sobre racismo, sexismo, desigualdade social, e lastreada em pactos nos quais — das artes ao planejamento urbano — o "moderno" coincidia com uma sociedade ainda escravista e colonialista. O mito da democracia racial, que se edificava em muitos planos dos discursos da nacionalidade, era seu amálgama. Na contraface desse movimento, Abdias inseminava ideais modernizantes outros na elitista arte eurobrasileira, deslocando os centros de força filosófica e ontológica para Heróis Negros, Heroínas Negras e nossas AfroCivilizações.

O visionário projeto ético-político e estético de Abdias Nascimento ainda não foi integralmente compreendido ou lido pela historiografia como um dos movimentos fundantes de nossa modernidade.

Embrião de projetos futuros de Nascimento, *Submundo* vem a público na esteira da rememoração dos trinta anos do Massacre do Carandiru — lugar onde o livro foi gestado, na dolorosa experiência de encarceramento — e também do centenário da Semana de Arte Moderna. A infeliz coincidência de efemérides poderia bem nos servir de alerta para o pouco esforço que se tem feito para ler a memória do pulso desta nossa "modernidade" desde o útero sagrado e sangrado dos navios negreiros que aqui aportaram.

Sintoma dramático dessa insurgência modernista está legível na própria trajetória de vida de Abdias Nascimento.

Cabo do Exército, ele se recusara a cumprir ordem dada por superior para datilografar um balancete, ato pelo qual foi excluído da força militar. Processado à revelia, é sentenciado a dois anos em regime fechado. É isso que o leva ao Carandiru, onde começa a cumprir sua pena em 3 de abril de 1943. Advogando em causa própria com auxílio de livros jurídicos da biblioteca da penitenciária, consegue que o Superior Tribunal Federal extinga sua condenação. É libertado em 1944.

Reparemos: expulso e preso por se recusar a datilografar um documento protocolar em serviço, Abdias Nascimento, no curso do castigo prisional, decide-se por manuscrever da cela e, depois, datilografar as reflexões e memórias de sua passagem pelo cárcere. Leia-se: a ordem institucional descumprida é subvertida e ganha um uso estratégico de *escrita política de si* que não azeita as engrenagens da máquina-nação; no contrafluxo, as corrói.

Nas páginas de *Submundo*, lemos um Abdias em condição de banzo, um corpo gravemente atingido por uma intempérie, mas um espírito altivo que fala consigo mesmo de suas convicções, com intimista beleza:

> Foi durante esses instantes que nos tornamos grandes amigos. Meu único amigo durante os trinta e um dias de prova. Libertei-o do problema da bola, usando esse truque tanto com seus companheiros pardais como também com as pombas que lhes arrancavam violentamente o pão da boca, sem nenhuma consideração.
>
> [...]
>
> Daí aconteceu que o anônimo e simples pardal aleijado, de perna quebrada, me confortou e alegrou quando eu me debatia

Prefácio 21

na angústia mais desesperada de minha vida! Como minúscula gota de poesia, o pardalzinho inocente afastou um ser humano de caminhos difíceis e soturnos.

Se você soubesse como eu o amo, pardal, meu único amigo!

Conversando com Conceição Evaristo sobre a poesia desse episódio "menor" do amigo pardal, em que Abdias liricamente nos revela como, em seus primeiros dias de prisão, criara um mecanismo para ajudar um pardal de pé quebrado a não passar fome diante dos outros, mais vorazes, minha amiga sagaz e rapidamente dispara: "Olha! Já era o Abdias das políticas de cotas!".

Sim! A política fundante de ações afirmativas revela-se nessa cena em suas matrizes gnosiológicas africanas mais luminosas, isto é: cosmopercepção da relação orgânica entre humanidade e natureza; perspectiva da alteridade sem que a constituição do "outro" se elabore na chave da inimizade ou da periculosidade, mas da amorosidade pela intersubjetivação e, por fim, a sagacidade do olhar sempre para o fora, buscando as linhas de fuga das condições encarceradoras para o povo africano em diáspora. Esses nossos valores afrocivilizatórios, já presentes nos gestos iniciais da trajetória do jovem Abdias, foram traduzidos em suas posteriores ações e criações intelectuais e artísticas, como fundamentos dos projetos que elaborou para a inserção cidadã da pessoa negra na vida pública desta nação.

Sim! A certeira avaliação da imensa escritora Conceição Evaristo, amiga-irmã deste imenso escritor Abdias Nascimento, nos dá a chave de ouro para mirar a alma nua de Abdias e, por ora, fechar estas primeiras leituras destes escritos lançados à nossa história oficial dos fatos, das ideias e das artes, para acossá-la em uma encruzilhada de força radial espiralar — efeito de *sortilégio*. Compartilho-as à guisa de prefácio, menos necessário que sorte e privilégio. Para não nos perdermos nos caminhos, uma recomendação apenas: contemplemos os pardais.

DENISE CARRASCOSA
Salvador, inverno de 2022

Denise Carrascosa é Mulher Negra. Filha de Iansã. Autora de diversos artigos e livros, é professora associada de literatura da Universidade Federal da Bahia, e doutora em teoria e crítica literárias com a tese *Técnicas e políticas de si nas margens: Literatura e prisão no Brasil pós-Carandiru*, transformada em livro em 2017. Desde 2010, coordena um projeto extensionista de remição de pena por leitura, estudos e escritos literários na Penitenciária Feminina de Salvador, no Complexo Penitenciário Lemos Brito, na Bahia.

Submundo

Primeiras palavras

Os escritores costumam redigir os prefácios dos seus livros — ou deixá-los aos cuidados de outrem — quando a obra já se encontra terminada e nas vésperas da publicação. Eu, por motivos mui especiais, vejo-me na contingência de inverter essa norma: a mais forte razão desse procedimento reside no fato de não ser eu um escritor.

Estas primeiras palavras, com laivos de introdução, tracei-as antes de ser escrita uma linha sequer do texto. Os motivos? É porque estou no Carandiru, meu caro leitor.[1] Pretendo dar-vos uma pálida imagem do que é, realmente, na sua vida cotidiana e íntima, a famosa Penitenciária de São Paulo.[2]

Estas laudas, traçadas às escondidas, poderão cair nas mãos de um guarda ou vigilante menos amigo das letras — boas ou más —, e daí, então, adeus livro! Quem lhe poderá adivinhar o destino, e, o que mais importa, o que será feito da minha pele?

Portanto, cuidado, muito cuidado, sr. Autor! Afastai-vos da temeridade, inimiga da razão e irmã bastarda da valentia…

O que desejo, pois, com estas "Primeiras palavras", é comover os homens da vigilância; ver se consigo despertar neles alguma simpatia, implorando-lhes benevolência para com meus apontamentos.

O período em que empreendo essa minha viagem ao Carandiru é, possivelmente, o mais significativo da sua história de mais de vinte anos de existência. Porque somente agora o sol dos tempos modernos está projetando seus raios por entre essas solenes muralhas de ferro e cimento armado e tentando expulsar irremissivelmente — em uma luta árdua — a mentalidade penitenciária dos ferrabrases medievais que vêm governando esse pedaço trevoso e sangrento da humanidade.[3] Quem vencerá?

Somente hoje pude compreender a significação legítima da palavra "esperança". Porque hoje sei da beleza que existe no gesto do homem vencido que, readquirindo a fé em Deus, em si e em seu semelhante, consegue refazer o seu coração estraçalhado e renascer para a vida!

Carandiru! Carandiru! É nada mais que uma várzea perdida na neblina fria, de onde ecoam vozes torturadas, as vozes sem nome do Carandiru. Aqui estou no território dos proscritos, podridões, escombros repelentes da sociedade, mundo de dor que eu vi, mundo em agonia, mundo submerso no maior de todos os sofrimentos: o da perda da liberdade, e o do desprezo dos seus próprios irmãos!

Escrevo como sentenciado. Sou um dos renegados, um dos que vertem lágrimas e sangue… Por isso mesmo, escrevo em linguagem agreste e sem me preocupar com o que sobre nós já disseram os criminalistas, as doutrinas penitenciárias e as teses dos doutores no assunto.[4]

Como os homens das letras, aos senhores da Lei e da Jurisprudência desde aqui deixo consignadas as minhas escusas pelo meu trocar dos pés pelas mãos, e vice-versa. Impulsionam-me sobre o papel branco que tenho à frente apenas um

Primeiras palavras 27

coração e dois olhos encharcados da dor que vi e que senti como personagem desse estranho drama.

Duvido seriamente que estes cadernos terão alguma utilidade. Caso eles nada valham, ao menos subsistirá o mérito de haverem enchido os longos e pesados ócios celulares do

Benedito
(Sentenciado 7349)
Penitenciária do Carandiru, dezembro de 1943

1. Chegando...

Nem todos os moradores de São Paulo conhecem o local em que está situado o bairro do Carandiru, em cuja área foi construída a famosa Penitenciária do Estado, posta a funcionar em 1920. Esse arrabalde está localizado entre Santana e Vila Isolina, na direção norte da cidade.

Quando eu me dirigia para esse lugar sinistro, tomei um pacato bondezinho Santana no largo de São Bento. Esse reacionário veículo, com modéstia e sem precipitação, foi engolindo, sem grande apetite, a comprida rua Voluntários da Pátria, largando passageiros aqui e ali, e, espleneticamente, ia dando cabo dos meus últimos instantes de convívio com as ruas e as gentes dessa Piratininga do padre Anchieta.

Na ânsia de aproveitar esses últimos momentos em que me era lícito falar à vontade, me pus numa larga prática com o recebedor do elétrico. Este, vendo-me tão bem-humorado, queria, à viva força, que eu o acompanhasse num aperitivo, logo que alcançássemos o fim da linha. Bom rapaz aquele! De nenhuma maneira acreditou que me dirigisse à Penitenciária, nem mesmo à vista da escolta que me acompanhava, profusamente armada de sabres e revólveres, como se eu fora uma perigosa edição dos célebres bandidos...

Enfim o veículo atingiu a rua Carandiru e apeei com os meus equipados acompanhantes. Poucos minutos a pé gastamos nas quadras que separam a rua Voluntários do grande portão exterior do presídio; portão de ferro e madeira, tetricamente fechado, dando passagem apenas por uma portinha estreita, aberta numa de suas metades. Lembrou-me esse portãozão um enorme morcego de pavorosas asas abertas... Atravessamos a portaria e penetramos no jardim que guarnece o trecho até a subportaria. Belo jardim, envolto no hálito morno das rosas, espraiando-se em verdes canteiros magnificamente distribuídos através de simétricas veredas. Quem poderia lembrar, aspirando tão perfumados ares, achar-se num cárcere? O novo portão de ferro e madeira se ergueu na minha frente qual um monstrengo — a subportaria. Transposta esta, nova fragrância, novos verdores banharam-me a vista e o olfato, enquanto caminhávamos pela ala de aristocráticas palmeiras. Um pavão abria o seu imponente leque multicor, andando com passo imponente. A certa distância a fêmea o esperava, catando bichinhos na grama, enquanto as palmeiras se destacavam como silenciosas e graves modinhas daquele amor simples e livre que o homem jamais gozara.

Enquanto percorria aqueles duzentos metros de jardim, a paz e a beleza iam-me sugerindo pensamentos desencontrados, causando-me um baralhar confuso no estado emocional. Não sei por quê, lembrei-me de Stefan Zweig, e de como ele se referira à Penitenciária no seu *Brasil, um país do futuro*.[5] Ou melhor, lembrei-me de como ele não se referira à Penitenciária. Pela sua reserva, nota-se o desgosto que o acompanhou nessa visita — evidentemente forçada pelo protocolo oficial — a um sítio que é justamente o oposto daquilo por que sempre batalhara: a liberdade do homem. Porque o "futuro" tão ardentemente almejado por Zweig é aquele mundo onde

Chegando... 31

a opressão, a brutalidade e a injustiça não terão mais lugar. Não haverá atmosfera para os poderosos da política e da economia continuarem a escravizar os humildes e pequeninos que constroem a grandeza dos povos e das civilizações. O meigo e delicado Stefan de forma alguma poderia haver tecido um hino de exaltação a esse imenso corpo destituído de qualquer sensibilidade e simpatia humana. Nesse "futuro", Zweig sonhou existir, ao invés de cadeia, muitas e muitas escolas, e jardins, e música; o frio e a fome estarão banidos da casa do pobre, e o operário poderá oferecer aos seus filhos um lar verdadeiro, onde não faltarão o carinho, a beleza e o interesse pelo lado superior da existência, constituído na elevação intelectual e na constante busca dum estado melhor de perfeição do espírito. Todos têm direito à vida digna, e um regime sem capitalismos asfixiantes deve possibilitar a socialização dos bens e oportunidades.

Porque, se não surgir a geração nova, o novo homem que crie uma civilização melhor do que essa nossa — melhor no sentido de bondade intrínseca, de amor aflorando como legítimo húmus da alma e do coração, de amor como único e irremediável destino do homem — ou então melhor será que roguemos ao céu que nos destrua o quanto antes, a fogo ou a água, a não ser que prefiramos acompanhar Stefan Zweig no suicídio,[6] que foi na terra o seu derradeiro gesto, gesto olímpico e desesperado...

Isso me vinha enchendo o pensamento e oprimindo o coração, quando dei de testa com a fachada do primeiro edifício. Outra porta de ferro: a revisora. O sol encimava-a, qual diadema de ouro, derramando-se, com exuberância e beleza de abril, por toda a massa granítica do edifício. Meus olhos inquietos se lançaram na contemplação daquele pobre espetáculo arquitetônico, quando depararam lá em cima com a bandeira nacional, hasteada a meio pau, envolta em crepe. O sol jorrava sobre ela, cintilante e vívido, como quem sorrisse ironicamente... Sim, ele estava rindo. Que pena que nós, homens, não poderemos, como o sol, zombar assim da morte...

— Foi sepultado ontem o dr. Acácio Nogueira — informou-me alguém.

— Ah, sim. Mas... quem era ele?

— Como?! — tornou, admirado, meu informante-guarda.

— É o antigo diretor da Casa...[7]

— Ah! Obrigado.

Enquanto esperava do lado de fora as diligências do cabo que me escoltava, fiz uma linda descoberta. Acima da bandeira, bem na fronte da revisora, deparei com essa animadora inscrição:

> *Aqui,*
> *o trabalho, a disciplina e a bondade resgatam*
> *as faltas cometidas e reconduzem o homem à*
> *comunhão social.*

Não tive como fugir ao convite; cerrei os olhos, o sol esquentando-me o rosto, e considerei a "minha falta". Sem dúvida algum crime grave, pois não me conseguiu uma viagem de dois anos ao Carandiru, com direito a moradia, alimentação, vestuário e tudo? Certamente, caro leitor, sois da mesma opinião.

Antes, porém, de referir o meu "crime", desejo fazer uma advertência aos que dedilham teclas de máquina de escrever.

Chegando... 33

Porque, se algum dia servirdes nas fileiras das tropas armadas, muito cuidado! Podeis, em certo momento, vos achar sem disposição para datilografar e... acabar vindo para cá me fazer companhia por alguns anos... Julgais, porventura, que gracejo? Pois aí vai a transcrição desse trechinho da certidão da minha sentença: "[...] por haver se recusado a datilografar o balancete do C. A. que lhe ordenara o tenente J. V. F., seja condenado a dois anos de prisão com trabalhos, grau máximo do artigo 94 do C. P. M."[8] etc. A história do porquê me recusei a fazer esse inocente trabalho é larga e amarga, e a instituição onde servia, mais do que respeitável para nos impor silêncio; respeitemo-lhes as glórias e as cãs, abstendo-nos de pôr a nu aleijões de um dos seus servidores.

Ademais, já conheceis o que importa. Faça chuva ou faça sol, continuarei, por todos os séculos dos séculos amém, a ser o criminoso que cumpriu sentença na Penitenciária. O homem do crime da datilografia!

Ó Senhor dos Exércitos, Deus de bondade e de misericórdia! A vós endereço esta súplica que me brota nos lábios como se fora a joia querida, salva na última fração de segundo da casa tragada pelo terremoto! Essa joia alça sua oração de graças até Vós, e intercede pelas forças cegas deste mundo que quase a fizeram deixar de brilhar para sempre! Porque, Senhor, se um simples soldado foi condenado por não datilografar um balancete, que penalidade não reservará Vossa Justiça a eles — os que não tergiversam no uso das posições para oprimir e sentenciar inocentes e que tão sem cerimônia pisam sobre leis sagradas, ordenações divinas e intangíveis de respeito ao semelhante? Perdoai, Senhor, essa foi a melhor maneira que eles encontraram para recompensar os meus anos, cheios de entusiasmo e idealismo, entregues voluntária e apaixonadamente ao serviço das Armas da minha pátria!

Em todo o caso, é uma forma de distribuir recompensas... E, de mais a mais, se não existisse a datilografia, eu estaria a salvo desta. E não digo mais: basta.

2. Cela 1013

O CABO DA ESCOLTA REGRESSOU. Porém não regressou só. Acompanhava-o um tipo fardado de branco, um branco imaculado de vestido de noiva ou de touca de cozinheiro de hotel de luxo. Despedi-me da escolta. O cabo e os três soldados despediram-se de mim e não puderam disfarçar a piedosa tristeza por quem ia principiar existência tão desgraçada...

O portão externo da revisora abriu-se. Nem cheguei a dar três passos, novo portão de ferro... Pronto! Já me encontrava no edifício da Administração. Atrás ficaram o vento fazendo as palmeiras gemerem como se as tivesse amado, sol e flores. Ficara para trás esse mundo da liberdade e da beleza para onde eu somente retornaria depois de dois longos anos entre grades de ferro a cada dois passos! Senti-me subitamente esgotado como se o morcego me picasse e estivesse sugando meu sangue.

Logo que cheguei ao quartinho do homem de branco — pegado à revisora — ele começou a faxina nas minhas coisas. Papéis, documentos, livros, pente, caneta, tudo era apreendido. Com modos brandos e delicados — uma delicadeza gordurosa —, o homem da farda branca (depois vim a saber que se tratava dum importante personagem no estabelecimento: vigilante especial) foi-me despojando dos meus objetos mais íntimos e queridos. O estojo Gilete, que me acompanhava de longa data, me foi arrancado com um prazerzinho todo especial (teria sido pelo fato de ser de prata?); notei a satisfação com que o homem de branco apelou para o regulamento, "não permitia a entrada de qualquer objeto do preso". Este deveria entrar rigorosamente nu. Era a primeira vez que ia me separar da minha Gilete, desde o dia em que a recebi de presente do Gabriel Augusto.[9] É, meu bom amigo, você escolheu para me oferecer algo que lembrasse a sua presença afetuosa na minha vida diária. Pelo menos durante esses dois anos isso não vai ser possível, amigo. Paciência...

Agora chegou a vez de Rainer Maria Rilke. Lá se foram *Los cuadernos de Malte*, de cambulhada com roupa suja, caneta e escova de dentes. Separo-me também da sua lembrança, querido Juan Raul Young![10] A cinta e a *Madame Bovary* que o Efraín Tomás Bó me deu antecederam a separação mais sofrida. Arrebataram-me a companhia de todos os instantes, a minha inseparável *Residência en la tierra*. Arrebataram-me a você, Gofredo Tito Iommi, porque no Neruda que me obsequiara (lembra-se? Foi lá, em Pucallpa, você quase morrendo de febre) eu tinha sempre ante os olhos a lição de que o espírito é uma "atualidade pura" jogado em qualquer recanto da terra, entregue integralmente à aventura humana no significado que compreende Empédocles, "amor é caridade que une". Arrancaram-me, por fim, alguns versos do Gerardo[11] e fiquei assim desguarnecido da presença física da "Santa Hermandad Orquídea". Daí em diante ela viveria em mim apenas através da lembrança que minhas mãos órfãs não poderiam mais tocar. Não importa. Ela em mim já se tornou sangue e vida, carne e espírito. Estará comigo na ceia com Jesus Cristo.

Aos poucos, o tal homem de branco me foi despojando de tudo, inclusive de mim próprio. Isso ele realizou devagarinho, como quem nos convida à boa mesa, nos serve bom vinho e cativa a confiança. De repente, sentimos qualquer coisa macia escorregando-nos pelos pulsos e quando julgamos, em sã consciência, tratar-se de fios de veludo ou de lenços de seda... zás! Estamos bem seguros e atados pela corda mais ordinária do mundo.

Não julgueis que o homem de branco me deu vinho a beber e bons pratos a comer, não. Que a isso, apesar da roupa branca, ele não se atreveu. O que fez foi alargar um pouco mais do que o necessário o ritual da minha metamorfose, me cansando e me enojando.

Liquidado o assunto dos papéis e objetos, fui encaminhado à sala fotográfica. Duas poses, trajado com a minha própria indumentária. Regressei à sala e me aguardava certo velho dos seus cinquenta anos, pequenino, magro, o rosto engelhado; com gesto seco, indicou-me que sentasse. Compreendi imediatamente do que se tratava e me dispus ao novo sacrifício. Num segundo, estavam liquidados os meus bigodes e desaparecidos todos os cabelos da cabeça. Foi quando se apossou de mim uma sensação esquisita de desamparo e pudor, sensação que talvez sentiria se me atirassem absolutamente sem roupa no meio do burburinho da rua Direita. Fui arrancado da cisma e conduzido ao chuveiro. No trajeto, puxei conversa com o velho de rosto engelhado que também me acompanhou junto com o guarda. Respondeu-me num cochicho medroso que era espanhol e condenado a trinta anos. Advertiu-me que eu não perguntasse mais nada, porque era proibido conversar. Foi quando me lembrei da tabuleta que avançara agressiva sobre os meus olhos, assim que transpus a revisora: silêncio. SILÊNCIO. Condenado a trinta anos! Quantas barbas, quantos cabelos ainda haveria de fazer o meu companheiro espanhol!

Do banheiro saí irreconhecível. Tive de abandonar a mais insignificante e íntima peça do meu vestuário. Sim, até as cuecas e as meias. Os sapatos que me deram a calçar — bem maiores que meus pés —, eu os arrastava deliciosamente; a calça, a blusa, o gorro — este, muito largo na cabeça —, tudo de brim valentemente engomado, davam-me a figura grotesca dum boneco, daquele espantalho que tanto nos divertira em *O Mágico de Oz*... As numerações... santo Deus! Desenhadas na mais gritante tinta preta e espelhadas por todos os cantinhos da roupa: no gorro, do lado direito; nas costas e no peito da blusa; na frente da perna direita e atrás da perna esquerda da calça; em cada pé das meias, nas camisas, nas pontas dos lenços — estes, curiosíssimos, de viva cor vermelha, como se se destinassem às corridas de touros —, enfim, a numeração se insinuava por todos os cantinhos de todas as peças de roupa.

A decoração me despertou a curiosidade de saber qual o número que me tocou. Meu olhar percorreu devagarinho os algarismos que se esparramavam no lado direito da blusa. Primeiro, enxerguei um 7; continuei o exame, e após o 7, um 3, seguindo-se o 4 e um 9. Isso mesmo: 7349! Agora sim. Já tinha pelo menos a aparência de criminoso. E como "o hábito faz o monge", não se repetiria o caso de dúvidas a meu respeito, como aquela do recebedor do bonde. Nada de Abdias Nascimento: 7349... 73-49!

Cela 1013

Outra vez a fotografia! Duas novas chapas com a indumentária específica de sentenciado e depois... Oh, vós, amantes do nu artístico masculino! Vós que desejaríeis ver ressuscitados os velhos tempos em que cada um só usava sobre a pele a própria pele que Deus lhe deu, vinde comigo, pois aqui existe, ignorado na várzea cinzenta do Carandiru, uma preciosa reminiscência dessas priscas eras! Aproximai-vos, eu vos convido; assim podereis posar, como eu posei — trajado com a esplêndida nudez original —, para a objetiva pagã de outro condenado a trinta anos!

O meu sábado dia 3 de abril do ano de 1943 — havia completado no mês atrás vinte e nove anos de idade — consumiu-se nesses preparativos. Lá pelas seis horas da tarde, um médico, de passagem para o hospital, cumpriu a formalidade de me escutar as costas; achou que meus foles funcionavam bem, e o mesmo opinou dos outros órgãos. Queria dizer, portanto, que sob o ponto de vista da saúde, me encontrava apto a empreender a estranha viagem.

O homem de branco pronunciou um áspero "Me acompanhe"; fechei os olhos, armazenando todas as energias do meu pobre corpo torturado. Em seguida, relaxei os nervos, expulsando de mim a consciência e a vontade; entreguei-me como pedaço de carne morta ao tragadouro de homens e de vidas. Atirei-me, amortecendo a própria sensibilidade, àquele mergulho no desconhecido, àquela vertical degringolada na esfera das trevas...

Subimos uma escada de madeira, atingimos o primeiro andar. Caminhamos uns seis passos à direita e desembocamos num amplo corredor de cerca de dez metros de largura. Feriu-me a retina a forte claridade que se projetava sobre as paredes extraordinariamente brancas dessa galeria. Como a transição de ambientes fosse muito violenta, fiquei assim como quem levou uma forte pancada na cabeça e faz força para dar a impressão de que está tudo bem. Andamos uns cem metros de galeria e deparei a coisa mais imprevista e que, só muito tempo depois, vim a compreender suficientemente. Foi esse o meu primeiro encontro com a engrenagem tipicamente penitenciária. No centro desse corredor que percorríamos, uma grande armação feita de varas de ferro; um quadrado de ferro e aço, anunciando o primeiro pavilhão penal. Foi ao aproximar-me dessa primeira "gaiola" — nome do quadrado — que a realidade da minha situação, com toda a sua crueza, me fez cambalear. Até aí eu vinha recebendo os acontecimentos com certa superioridade, e meu espírito rebatia qualquer prurido de derrotismo, tristeza ou medo. Afinal, até aquele momento, vinha raciocinando com calma, e a certeza de que na vida "tudo passa", me animava e sustentava.

Ademais, não estava sendo eu a primeira vítima de tamanha monstruosidade armada em nome da Justiça e da civilização cristã. Mas quando enfrentei aquela impressionante galeria toda branca, o teto, as paredes, os ladrilhos; a luz jorrando fortemente sobre aquela brancura sem limites, branco à esquerda e à direita, branco em cima, branco embaixo, branco o solo, branco o teto, branca a farda, branca a frieza dos guardas, brancura estonteante, alucinante, fiquei estarrecido. O interior da gaiola estava guarnecido por todo um espetacular e complicado sistema de portas com alavancas, chaves elétricas a granel, quadros de madeira dependurados aqui e acolá, ostentando chaves de proporções mastodônticas e de tamanhos minúsculos, talhadas nos mais variados

Cela 1013 41

feitios. Num dos ângulos da gaiola havia um sino de bronze; no outro, apitos, botões de campainhas... Tudo envolto pelas barras de ferro... Foi a "gaiola" — designação corrente no presídio — que me abalou daquela maneira, tremendamente. Se na entrada do inferno houver luz, deverá ser também assim coberta de trevas iluminadas.

Varamos a primeira gaiola, onde outro homem de branco nos deu passagem, batendo com sustância os ferros das portas contra os batentes de ferro. Mais duzentos metros de galeria e enfrentamos nova gaiola. Nessa outra tive tempo de observar a situação lastimável e ridícula do homem que fica dentro do quadrado: sugeriu-me um enorme papagaio branco... porém são designados de "vigilante central". Eu estava enfrentando o segundo pavilhão penal e, transposto esse, continuamos a jornada. Outros duzentos metros. Outra gaiola: a do terceiro pavilhão penal. O homem de branco que me trazia entabulou conversa com o papagaio branco. O primeiro regressou e fui entregue pelo segundo a um sujeito de farda amarela. "Venha comigo", disse-me este, e lá fui eu, novamente conduzido para não sei onde. Chegamos a uma portinha estreita e pintada de escuro. Minha fisionomia deveria estampar a mesma algidez funérea da galeria, porque o homem de amarelo, logo que entrei na cela, me confortou: "Não precisa ter medo, não. Aqui ninguém lhe fará mal...". Na verdade, pensei eu, existem, mesmo aqui, pessoas humanas e simpáticas. Antes, porém, que se completasse o meu pensamento, o de amarelo arrematou: "... enquanto andar direito...". E se retirou, após correr a chave e me deixar trancado com o meu abalo e a minha solidão.

O cubículo me permitia dar uns oito passos de comprido por quatro de largura. Pus-me a caminhar, a calma foi retomando o seu lugar dentro de mim. Na porta havia um buraco, em forma de enorme olho sempre aberto, espreitando todos os movimentos de quem se encontra dentro da célula.

Era a vigia, ou espia, segundo outros. Abaixo desta, ainda na porta, se abria uma espécie de guichê, o qual só pode ser aberto pelo lado de fora. A cama, presa na parede, somente poderia ser arriada quando soassem oito badaladas de sino (isso me explicou, antes de me deixar, o homem de amarelo, designado zelador de raio).[12] Do lado oposto ao da cama, fixa na parede, jazia uma mesinha com tamborete; ao lado o vaso das "necessidades", mais ao alto uma pequena prateleira com dois pratos de alumínio, caneca, colher... E eis toda minha companhia durante os dois anos de trabalhosa aventura.

O *Deveres dos sentenciados* pendia da parede num folheto encardido.[13] Pelas manchas engorduradas que apresentava, podia-se adivinhar, sem grande esforço, sua longa existência de aterrorizantes manuseios. Por aquele pedaço de papel sujo eu teria de nortear minha vida futura. O número em tinta vermelha, já quase apagado na capa do folheto, me fez saber que a minha célula era a 1013. Não estava má a combinação: 7349 e cela 1013.

Cansado até a alma pela tensão nervosa que me havia prendido durante um dia inteiro de imprevistos, não podia me deitar. A cama deveria continuar apetitosamente suspensa na parede. Depois de um tempo enorme, que a mim pareceram séculos, ouvi o sino largando a primeira badalada; a segunda, em tom diferente, a terceira, noutro tom diferente ainda. Fiquei pensativo: seriam aquelas as que determinavam o meu descanso? Ou não seriam?

Cela 1013   43

Continuei a contagem: quatro, cinco, seis, sete, oito, nove... Santo Deus! Teria me enganado na contagem? O homem de amarelo me falara em oito... Não, não me enganara; as badaladas continuaram com estrépito, desmentindo escandalosamente a decantada sonoridade do bronze. Dez, onze, doze... Não resisti mais. Às favas! Se não fosse ainda o sinal... *"mala suerte"*. Abaixei a cama e me atirei com sofreguidão sobre o lençol, mesmo à vista das grandes e nojentas nódoas escuras, testemunhando velhas poluções, intercaladas de uma infinidade de pintinhas arroxeadas de sangue de pulgas.

Um sono de chumbo, sono absoluto, despido de sonhos, me acorrentou durante toda a noite. Curioso, não tive nem pesadelos. Um sono só, do começo ao fim. O toque feroz de campainha, toque alarmante, pôs termo ao meu descanso. Como ainda estava escuro e a campainha continuasse a gritar malucamente, pensei que se tratasse de algum sinal, alarme de incêndio, fuga ou coisa semelhante. Mas logo verifiquei não ser nada disso. Apenas o toque de levantar. Minutos depois vieram me trazer o café. O guichê foi brutalmente aberto, e desde esse instante fiquei sabendo que tudo aqui é executado aos berros: berros de gente, berros de campainhas, berros de sinos... Um horror!

Do toque de levantar em diante, iniciei meu segundo dia carcerário. Era um domingo. Doravante, meus menores gestos seriam controlados pelo guarda, através da espia. O olho de boi, ainda na postura íntima da defecção, continuaria a me observar, observar sempre e continuamente. Todas as minhas atitudes, todas as minhas posições, as mais insignificantes, seriam vigiadas, policiadas. Deveria guardar continuadamente a postura indicada pelo regulamento: sentar-me no meio da cela, com frente voltada para a porta. Havia também uma pequena janela, da qual eu não poderia me aproximar à distância de menos de um metro.

O primeiro dia, eu o passara entretido em diversas ocupações. Mas esse segundo dia foi-me realmente duro e penoso. O banquinho era pra lá de incômodo. Inaguentável por mais de alguns minutos. Parecia feito não para o descanso, mas com a intenção preconcebida de supliciar; não possuía espaldar, e o assentamento propriamente dito era excessivamente estreito e cheio de arestas. A cama já estava presa à parede. Que fazer? Caminhar? Foi o que fiz durante algumas horas. Porém cansei-me, a cabeça girava em virtude do trajeto sempre igual e continuado. Não havia outro remédio. Sentei-me no banquinho torturante. Em alguns minutos, abandonei-o. Resolvi estirar-me no assoalho. Ah, agora sim! Estava gozando de uma cômoda posição, estava à vontade. Infelizmente, pouco durou. Não desfrutei a regalia por muito tempo, porque logo o guichê abriu-se num estrondo e o guarda me advertiu não ser permitido o que eu estava fazendo. Ainda tentei argumentar, mas ele berrou ameaçadoramente:

— Fique caminhando ou sente-se no banco, do contrário...

3. A poesia brinca de passarinho

Desde o primeiro dia em que nos encontramos na Penitenciária, entramos no regime da provação ou de provas, segundo a dialética oficial do presídio. "Prova" quer simplesmente dizer: incomunicabilidade absoluta. Cigarros? Um dedo de prosa? Nada disso. Ficamos rigorosamente afastados de qualquer contato com os nossos semelhantes, presos ou não. Outra coisa não resta além de caminhar pelo cubículo e sentar no incômodo banquinho. As horas escorregando-se pelo tempo adentro num ritmo de bicho-preguiça. Os olhos ansiosamente procurando descobrir algo a fim de desviar a consciência daquela amargura que a vai amordaçando, enlevando numa teia de desespero. Pobres olhos amigos da paisagem, das cores, e sobretudo dum bom livro! Por mais que vagassem, só lhes vinham ao encontro a mesma parede branca da cela e, pela janelinha, a vista do pequeno pátio de recreio, pátio desguarnecido de qualquer árvore que amenize a sua chatice, monotonia, impertinência e aridez.

Quando menos se espera, o guichê abre-se bruscamente, estrepitosamente, provocando-nos um choque violento. E logo no instante em que me encontrava em recolhido cismar, absorto em divagações… "Boia! Boia!", anunciou o guarda, a expressão bem carcerária estampada no rosto. Os pratos me foram restituídos; dentro de um, o monte de feijões cozidos em água e sal e no outro, arroz e picadinho de carne com talos de verdura. Tudo exalando tal odor e com aparência tamanha de cardápio suíno que me pareceu mais um eloquente convite à absoluta continência alimentar.

Dentro de alguns dias comecei a enfraquecer. A perder peso, a minguar. Alimentação intragável e, ainda por cima, nem o direito de descansar à hora que se quer. Sem dúvida, provação das mais duras que se pode conceber, debaixo da capa suave de que assim procede a direção da Casa a fim de estudar o criminoso, tendo em vista o tratamento futuro que lhe vai dispensar. Verdade que o Código Penal prevê um determinado período de permanência isolada do criminoso.[14] Mas aqui esse período está unicamente condicionado à vontade do diretor penal, que o alarga, muitas vezes, até por anos e anos.

Certo dia fui retirado da cela por alguns momentos. Pequeno hiato no meu regime de provas. Iam começar para mim os vários exames. Durante dias seguidos fui encaminhado para aqui, ali e acolá, junto aos companheiros novos na Casa como eu. Foi a primeira oportunidade que tive de conversar furtivamente com meus semelhantes na espécie e no crime. Enquanto esperávamos a vez de tomar a vacina antitífica ou antivariólica, enfileirados militarmente nos longos e frios corredores, aos cochichos fazíamos confidências. Foi momento de grande significação para mim, aquele em que me defrontei pela primeira vez com os sentenciados já antigos da penitenciária. Pareceram-me figuras irreais, tipos de feições tão estranhas que nada tinham a ver com os seus retratos geralmente descritos nos folhetins policiais. Os bustos normalmente arcados para a frente, o olhar amortecido, um vinco sulcando as faces descoradas; abatidos, sem vontade,

A poesia brinca de passarinho

sem entusiasmo, sem vida. A farda e a numeração gritante, exagerada, espetacular, ampliavam essas figuras, já por si recortadas num fundo sombrio.

Envolvia tudo o silêncio das coisas acabadas para sempre! O silêncio do nada, o silêncio nirvânico do deperecimento definitivo!

Os menores gestos, a mais ligeira tentativa de palestra em forma era violentamente interceptada pelos guardas. Nós, os novos, ainda não habituados ao ambiente de medo e terror que dominava os antigos, nos atrevíamos a soprar alguma palavrinha no ouvido do outro. Mas os antigos, estes não praticavam tal temeridade. Porque conheciam, por si ou por ouvir dizer, as delícias amortalhantes do isolamento...

Francamente, o receio que eu vinha alimentando desse primeiro encontro evaporou-se numa nuvem de melancólica decepção. A imagem que eu prefigurara, desde fora, dos tipos criminosos era bem outra. Via-os com expressões ferozes, os gestos atrevidos, dando realce a palavras desafiadoras. No entanto, o que via agora era bem o contrário: nada da arrogância que se costuma sempre aplicar às costas do criminoso. Parecia mais uma silenciosa manada de gado, chorando interiormente o seu cansaço, rumo ao matadouro... Quando muito, ruminavam, de boca fechada, sem qualquer denúncia exterior, seus assomos de legítima revolta.

Foi durante esses exames que tive a oportunidade de travar relações e conhecer de perto o estado d'alma dos que se achavam em prova como eu. Havia um, dos seus cinquenta anos mais ou menos. O filho, rapaz de vinte e quatro anos, também o acompanhou na desdita. Quando nos encaminhávamos para os exames de sangue, ele vinha se queixando:

— Pois é, ontem passei um dia terrível; não podia caminhar por causa dessa inchação nas pernas, olhe como está... O banquinho fazia-me sangrarem as hemorroidas; foi um dia infernal. À noite meu desespero aumentou que foi uma coisa medonha! Tive vontade de me deitar um pouco, mas fiquei com medo do guarda. Meu desespero foi aumentando... aumentando... Quando calculei que já devia ser a hora de deitar e o sino não batia, nem sei o que se passou comigo. Tive ímpetos de me matar. Fiquei me debatendo numa dolorosa aflição... Numa aflição que nem é bom recordar. Pensei que fosse perder o juízo. Veio-me então a ideia de orar um pouco. Encostei-me juntinho à porta da cela, do lado da privada, evitando, no máximo, a indiscrição do guarda. E chorei e orei durante um tempão...

Chegamos ao laboratório de análise. O nosso sangue foi-se enfileirando nos tubos de vidro, fornecendo os elementos à nossa futura classificação criminológica.

Novamente a cela. Outra vez eu, as paredes brancas e nuas e o pátio sem vida. Outra vez os dias, as semanas, o tempo escorregando vagarosamente, dias longos como se fossem inacabáveis oceanos que se pretendesse esvaziar gota a gota... Santo Deus! Quando terminaria tudo? Era preferível desaparecer para sempre que continuar naquela agonia lenta, interminável...

Outro dia. Enquanto esperava a vez de ser examinado pelo otorrinolaringologista, espremido num estreito corredor e ao lado do guarda que nos vigiava com olhares fuzilantes, meu companheiro da direita soprava aos meus ouvidos. Rapaz de vinte e dois anos, possuía o semblante e os olhos irradiando aquela doçura que, de tão espiritualizada, se costuma desig-

A poesia brinca de passarinho

nar de doçura angélica. Dizia-me ele, com lágrimas espremidas nos cantos dos olhos:

— Tudo seria mais fácil se não fossem meus filhinhos...

Ao meu olhar, interrogativamente surpreso, ele continuou:

— Sim, sou casado há três anos. Pobre da minha mulher e dos filhos... Hei de ficar aqui durante quatro anos! Hoje sei que é melhor ser covarde solto do que...

As lágrimas não lhe permitiram continuar; também já estavam "cantando" o meu número:

— Entre o 73-49!

Novamente à cela. Outra vez a tortura da solidão, da incomunicabilidade absoluta; do guarda a espiar, desde a vigia, os menores gestos, a fiscalizar, a controlar os suspiros, as lágrimas e as fezes da gente.

Noutro momento fui examinado pelo médico psicólogo. Meia dúzia de perguntas, atiradas uma atrás da outra, em estilo relâmpago de teste americano.[15] Pronto. Estava terminado o diagnóstico da alma de mais um criminoso...

Depois a socióloga também me reclamou. Prestei minha obediência, relatando as minhas afetividades, minha profissão, ordenado etc. etc. Em seguida, o psiquiatra. Como foi, como não foi o "crime". Que cena maravilhosa foi aquela! Não fora a solenidade do examinador, e eu teria me arrebentado em gargalhadas. Aliás, foi o que fiz, eu e o... 734–, enquanto regressávamos à cela. Foi meu primeiro riso desde que aqui cheguei, e fiz questão de aproveitar bem aquele instante de bom humor. Não, não poderia ser coisa séria o tal exame psiquiátrico, dizia-me o companheiro. Ele havia passado um transe desagradável, pois como poderia explicar honestamente a maneira como induzira e praticara a libidinagem na menina de oito anos? Ao menos se o psiquiatra adotasse outra técnica no decorrer do interrogatório... quem sabe conseguiria algo melhor do que respostas insinceras, onde a ciência se perde, impotente para interpretar com rigor e verdade o que se passa na vida emotiva, nervosa e psíquica do detento? Porque, realmente, aquele foi um interrogatório destituído de mérito, destituído de qualquer ligação com a natureza do exame que se queria levar a efeito. O 734– era um velho gaiato ao extremo. Era de ver a graça picaresca que seus olhos, sombreados por espessas sobrancelhas de sátiro, emprestavam às suas narrativas. Expressava-se com vivacidade e colorido e, francamente, fiz muita força para que o guarda não desse parte de mim quando gargalhei estrepitosamente ao ouvir-lhe esta passagem:

— Isso aconteceu lá na Cadeia Pública.[16] Estávamos sendo visitados pelo sr. arcebispo d. José Gaspar, o qual se achava acompanhado por uma senhora e uma mocinha. Em certo momento o arcebispo se adiantou um pouco, deixando atrás as senhoras. A mais velha me reconheceu, pois éramos velhos conhecidos. Aproximou-se de mim. Cumprimentamo--nos, como vai a família daqui, como vai a família de lá. Por fim, a velha saiu-me com a pergunta infalível: "Por que é que o senhor está aqui, 'seu' A.?". Não tive tempo de sustar a resposta: "Minete, minha senhora; fui condenado por causa de um minete". A mocinha ficou um tanto surpresa e em santa ingenuidade interrogou-me por sua vez: "Mas... que quer dizer minete?". Aí é que você devia ver; a velha com uma das mãos ajuntou a roda da saia, com a outra segurou o braço da mocinha, e, antes que eu pudesse dar a informação pedida, arrancou com um: "Vamos, filhinha, que o sr. arce-

A poesia brinca de passarinho

bispo está nos esperando". E, sem mais se voltar para mim, já caminhando, acrescentou: "Desculpe-me, mas estamos atrasadas...". E lá se foi resmungando credos e t'esconjuros...

Terminados esses instantes de desabafo, lá veio a cela outra vez. A tal prova continuava pachorrentamente a liquidar os restinhos de paciência e de serenidade que ainda me restavam. O grande desejo, o desejo quase incompreensível para quem nunca esteve aqui, é o de sair para trabalhar. Sim, o trabalho aqui tem uma expressão bem singular. Enquanto lá fora ele é geralmente o símbolo da escravidão, aqui significa a possibilidade de se trocar uma palavra com o companheiro (mesmo nas oficinas a conversa é proibida), significa o direito de andar pelos corredores durante a ida e a volta para o trabalho. Quando iria eu trabalhar? Quando? Quando terminaria a prova, e seria finalmente designado para fazer qualquer coisa, contanto que fizesse algo e não apodrecesse de inanição?

Mas, qual! Ninguém se interessava por esse meu problema; isso era problema de todos os presos, de todos os minutos, e por isso desde muito já havia embotado a sensibilidade burocrática. Até contemporâneos meus de bancos escolares, guinados à categoria de altos funcionários do presídio, vez por outra me encontrando pela galeria me atiravam um cumprimento rápido de quem foge e não quer aproximações... perigosas...

Meus olhos já não tinham alento. Nada, nada com que encher o vazio da sua fome. Foi quando eles descobriram os pardais. Aos bandos, em chamas esvoaçantes sobre o cume dos pavilhões, os pardaizinhos eram os únicos que me transmitiam conforto. O trinado alegre, a própria visão dos bandos que vinham se aninhar à janela, dizia-me que algo em mim ainda não estava de todo morto, que nem todas as cordas da minha consciência haviam desaparecido na decadência imensa que aquela prova estava realizando em mim.

Sim, havia os pardais. A eles, pois, toda a minha atenção; todo o meu carinho, toda a necessidade de afeto que vive dentro do peito dos seres humanos. Aos pardais, pardais alegres, irrequietos e vivificadores da minha carne e da minha alma, eu dediquei-me inteiramente, para não enlouquecer. Para não me suicidar!

Desde o alvorecer principiava minha faina. O miolo de pão que recebia para o café, transformava-o em minúsculas bolinhas que eu deixava secar sob o pedacinho de sol que sub-repticiamente dourava um canto da minha janela. Depois soava a hora da distribuição. Logo que atirava as primeiras bolinhas, eles começavam a rodear a janela, meio desconfiados, semiassustados. Ao receberem as segundas bolinhas, já estavam mais confiantes. Seus olhinhos agora descansavam mais, enquanto apanhavam as pelotinhas e levantavam o bico para o alto, num gesto gracioso de pescoço, a fim de engolirem mais depressa. Certo dia fiz uma descoberta interessante. No meio dum grande bando que já se acostumara a, todas as manhãs, se regalar com as pelotinhas de pão, havia um passarinho aleijado. O pobrezinho tinha que disputar o alimento com os companheiros gordos e ágeis: ele estava impossibilitado de saltitar, de levantar voo, com a mesma graça e a ligeireza dos companheiros. Era de ver o olhar significativo que me atirava através das grades, quando lhe jogava uma bolinha que não lhe chegava ao bico mas sim ia engordar o papo de outro! Enchia-me de pena o problema daquele pardalzinho de perna quebrada, a disputar alimento

A poesia brinca de passarinho 53

com tamanho ardor e desvantagem. Depois de muito trato à bola, recorri a um ótimo estratagema. Atirava um punhado de bolinhas bem distante da janela. A passarinhada, aos gritinhos de contentamento, lá se ia toda, deixando o aleijadinho abandonado. Foi durante esses instantes que nos tornamos grandes amigos. Meu único amigo durante os trinta e um dias de prova. Libertei-o do problema da bola, usando esse truque tanto com seus companheiros pardais como também com as pombas que lhe arrancavam violentamente o pão da boca, sem nenhuma consideração.

Aliás, esse era o único movimento do pátio: um casal de fox-terrier a espantar as pombas quando estas pousavam no solo, catando grãozinhos; as pombas, a seu turno, se vingavam atropelando os pardais...

Daí aconteceu que o anônimo e simples pardal aleijado, de perna quebrada, me confortou e alegrou quando eu me debatia na angústia mais desesperada de minha vida! Como minúscula gota de poesia, o pardalzinho inocente afastou um ser humano de caminhos difíceis e soturnos.

Se você soubesse como eu o amo, pardal, meu único amigo!

4. Pai do Céu

ACONTECEU QUANDO FUI ao hospital ser fichado na repartição de sífilis. O médico não estava. Um sentenciado já idoso, de óculos equilibrando-se na ponta do nariz, me atendeu. Possuía olhos vivos, como que incendiados, traindo o espírito inteligente que vibrava debaixo do fardão numerado. O conjunto dos seus traços e o acolhimento simpático que me dispensou ficaram gravados no meu íntimo desde o primeiro instante. Fui-lhe respondendo às perguntas já mais que perguntadas desde que aqui cheguei: nome, idade, profissão, residência etc. etc. Estabelecemos nesse momento uma camaradagem. Expus-lhe meu "crime". Interessou-se por mim. Esse companheiro tinha o número 6917. Noutra oportunidade em que nos encontramos pelos corredores da Casa, ele chegou-se bem perto de mim e pôs, sorrateiramente, como quem está praticando um crime, um pequeno embrulhinho no bolso de minha blusa. Fiquei intrigado. Chegando à cela, fui imediatamente averiguar o que era. Um pedaço de marmelada com queijo. Sim, senhor! Marmelada e queijo numa prova como a que eu estava tirando... e logo comigo, o maior dos loucos por doces! Que felicidade! O 6917 trabalhava no hospital e lá havia essa espécie de "defesa", naturalmente às custas dos doentes. Seu interesse não morreu nesse pedaço de marmelada. Quis que eu fosse seu

Pai do Céu

substituto no serviço que desempenhava. Estava esperando ser liberado condicionalmente.

Apresentou-me ao médico-chefe do serviço, encarecendo minhas aptidões para a função, cheia de responsabilidade, que ele exercia: marcar, com uns tracinhos nas fichas, as aplicações de bismutos e "941" que os sifilíticos tomavam. Como a tarefa era, em verdade, muito séria e grave, o médico não se deu por satisfeito com as informações colhidas e as fornecidas por mim. Provavelmente eu não tinha cara de quem soubesse ler e escrever... Fui submetido a exame. Escrevi e li para ele ver e ouvir... Na cadeia se aprende a comprimir as explosões mais violentas do nosso íntimo.

O 6917 sempre se interessando pela minha sorte. Procurou limpar o meu caminho no presídio. Os novos companheiros, a atmosfera diferente em que ia viver doravante, exigiam muita cautela para que os pés não sangrassem muito. E o 6917 foi esse companheiro amigo que me esclareceu e me deu ânimo, dentro do clima de indiferença às preocupações e ao cansaço alheios.

No entanto o diretor penal achou que eu não devia sair da prova e trabalhar em seguida num escritório. O trabalho, segundo o Código Penal Militar — pelo qual eu estava condenado —, deve ser compatível com o grau de educação e instrução do condenado. Mas que importa isso de códigos ao excelentíssimo diretor penal?

Vinha caminhando pela galeria central. Ainda na prova. Uns me animavam:

— Talvez amanhã, ou depois, você sai para trabalhar.

Outros, mais pessimistas, vertiam sua velha experiência.

— Aqui nunca se sabe de nada; há muitos que ficam na prova durante anos...

— Mas... isso é contra a lei — interveio um novato.

— Lei — repetiu alguém. — A lei, seu "inocente", está nas mãos deles.

A prova estava me estragando. Prosseguia caminhando pela galeria. Dou de encontro com o padre Alencar, nosso capelão. Aproximo-me. Beijo-lhe a mão e suplico-lhe para me ouvir em confissão em minha cela. Quem sabe se me desabafando com ele diminuiria um pouco a opressão que me apertava o peito?

— Espere a confissão geral pela Páscoa. Está perto — respondeu-me o padre.

Fiquei deveras abalado. No instante em que tanto, tanto precisava do amparo, da compreensão e do conforto do meu Pai do Céu, ele também me abandonava. Me abandonava insensível como os demais. Nesse instante, senti que desabou algo dentro de mim. Os olhos da minha angústia assistiram à revelação de um cristianismo puro, sem padres Alencar e sem vestes negras talares.

A bem do meu estado de saúde, foi suspensa a minha prova. Fui designado para a oficina de encadernação. Vocação profissional? Ou castigo ao pretensioso que teve a audácia de se candidatar ao alto lugar de escriturário?

Os trabalhos na Penitenciária são mais ou menos assim. Existem várias oficinas: sapataria, marcenaria, mecânica, colchoaria, tipografia. Serviços de cozinha, padaria, lavanderia, almoxarifado, faxina etc. Além dessas seções, todas dirigidas por um funcionário (o mestre), os sentenciados desempe-

Pai do Céu 57

nham funções nos escritórios e são conhecidos pela denominação genérica de escriturários.[17]

Fui apresentado ao mestre Grazziani, da encadernação. É um dos raros mestres educados que existem por aqui. Designou-me a mesa nº 4. Arre, até que enfim, acabou a maldita prova!

O chefe da mesa, sentenciado 6899, me dispensou muita consideração. Misturei-me aos companheiros: 6893, 7306, 7111, 7346, 7354, 7301, 6632. Na mesa da frente trabalhava um outro que se tornou um amigo dos bons; era um tipo de má catadura, feiíssimo, mas de inteligência aguda, e que sensibilidade delicada se escondia sob aquela máscara frankensteiniana! Era violinista e o tema da sua conversa era sempre elevado. Falávamos sobre música, sobre Flaubert. Certa vez ele escandalizou o bibliotecário exigindo *Madame Bovary* no idioma original.

A natural curiosidade me picou desde o primeiro dia. A indiscrição deu de me aferroar. Perguntei ao 6899:

— Quem é aquele sujeito claro, de óculos, que está naquela mesa perto da porta?

— É o Pistone. Não se lembra do crime da mala?[18] Pois foi ele...

Na hora do almoço, quando estávamos na fila, esperando ordem para marchar, puxei conversa com o Pistone. Ele respondia a minhas perguntas com tanta delicadeza que fazia lembrar a delicadeza feminina. Respondia, mas não dizia precisamente o que eu desejava saber. Recordou-me, enquanto esperava suas respostas, um encontro que tive com o cônsul britânico em São Paulo. O assunto girava em torno duma empresa brasileira que necessitava do seu amparo. Quando lhe perguntei se podíamos contar (eu falava em nome da comissão presente) com o seu apoio, ele me pegou num braço e levou-me até a janela próxima. Apontou qualquer coisa indeterminada e falou-me: "Que pena! O bloqueio não permite que o Brasil receba maquinários...".

Pistone me pareceu assim. Não se esquivava às perguntas, porém sua resposta nada tinha a ver com elas. Servia-lhe uma complexão física de traços firmes. Suas mãos muito finas, os dedos afilados. Os olhos de míope, esguelhando-se através das lentes. O conjunto de sua figura pareceu-me originar-se daqueles tipos interessantes de florentinos, que usavam os punhais e os venenos com a mesma elegância e distinção requintada dos momentos em que se batiam a espada ou beijavam suas amantes. Pistone falou-me da sua vida em Buenos Aires, onde trabalhava para uma firma brasileira. Falou-me dos vários pareceres de médicos e jurisconsultos a respeito do seu caso. Porém, não sei se por habilidade ou falta de confiança, nada referiu que me pusesse em contato com os fatos reais e com a verdade existente sobre o seu crime. Falamos muito e não falamos nada.

5. O pequeno "desgraçado"

MUITA VEZ, o ingênuo fatalismo que vive na alma simples do povo encontra sua plena justificativa em fatos da vida real. Dentre os criminosos, então, a certeza de que nosso destino é coisa mais que assentada no grande livro divino, já antes do nascimento, assume proporções de matéria indiscutível. Por isso é comum ouvir-se aqui frases como "Foi o destino", "Isso tinha que acontecer" etc. Nas *Recordações da casa dos mortos*, Dostoiévski nos conta da pena que os forçados causavam porque, para o povo, eles não eram propriamente criminosos, porém seres caídos em "desgraça", isto é, o destino os fizera "desgraçados". Essas considerações me vieram quando me pus a recordar, na noite de minha cela, a palestra que tive com um dos meus companheiros.

O 6893 foi, dos meus colegas de mesa de trabalho na encadernação, o que mais me impressionou. Verdade que, através de notícias da imprensa e da literatura, eu já ouvira falar muito nos pequenos delinquentes, esses seres que mal apontaram para a vida e já trazem a face tarjada de negro, estigmatizada pelo desprezo e o castigo da sociedade. Porém agora o caso era muito diferente. Não se tratava de personagem de ficção, mas de uma vida que se encontrava frente aos meus olhos e ao meu coração. Vida quase ainda abotoada para o sol do mundo e já desfolhada, pisoteada, manchada por grandes nódoas e não pouco sofrimento.

O 6893 é apenas um garoto. Garoto miúdo de pele sombreada, cor de jambo. Os olhos duma vivacidade incrível, olhos pequeninos e negros de quem faz da esperteza uma profissão. Aliás, ele não poderia dispensar o traço clássico dos ladrões: a intensa mobilidade dos olhos. Seus músculos, anormalmente desenvolvidos, contrastavam com seu porte "mignon". Me surpreendeu o tratamento amável que dispensava a todos, ao par dos gestos delicados de quem está acostumado a fino tratamento.

O 6893 alegrava a mesa com seu espírito irrequieto, a alegria espontânea de menino que a própria cadeia não conseguiu reprimir. Quando o vi pela primeira vez, julguei que possuísse uns dezesseis anos no máximo. Me era impossível compreender a sua presença, quase infantil, entre tantos rostos envelhecidos, entre tantas expressões lanhadas pelo vício e já incapazes, algumas, de dissimular o seu naufrágio irremediável no seio das mais tristes perversões...

Apesar de um tanto esquivo no começo, o 6893 pouco a pouco foi se tornando um amigo meu. E debaixo do seu número descobri que possuía também um nome: C. G. O. Enquanto ele me ensinava a costurar um livro, colar a lombada ou distinguir os vários tipos de encadernações: "E", "F", "H", "EAG"..., entabulávamos longas palestras. Assim, fiquei sabendo muito da sua existência de dezoito anos apenas (era essa sua idade verdadeira), mas já tão rica de aventuras e experiência.

Muito cedo fugira da casa paterna e se atirara, aqui na capital, à vida errante, à gostosa liberdade do moleque de

O pequeno "desgraçado" 61

rua. Uma fruta roubada aqui, um pão acolá, dormir sob pontes e viadutos, foram os acontecimentos que encheram a sua vidinha até que, certa vez, foi parar no Abrigo de Menores e no Reformatório.[19] Aí aprendeu, com outros mais experimentados, certos segredos da vida malandra, associando-se aos companheiros em planos e combinações para futuros "trabalhos". Um dia resolve fugir. Foge romanticamente com uma jovem, também recolhida ao Abrigo de Mulheres, continuando, quando em liberdade, as mesmas atividades anteriores, isto é, reencetou a prática de pequenos furtos. E não ficou só nisso. Especializou-se no roubo de automóveis, o que lhe abriu um período áureo de conforto e bem-estar.

Tive curiosidade de saber com exatidão determinado pormenor e lhe perguntei:

— Mas, 93, quando foi que você cometeu a primeira falta?

Seus olhinhos deram uma volta como quem olha para dentro de si mesmo. E num tom de cabritinho assustado, mas que raciocina antes de falar, me disse:

— Ah, isso faz muito tempo. Lembro-me vagamente que furtei alguns níqueis da bolsa de uma senhora que estava em casa visitando mamãe... Eu teria meus nove anos...

— Mas... você nessa época não frequentava alguma escola?

— Não. Já havia sido expulso de muitas, por indisciplina. Na que aguentei mais tempo, foi no 1º Grupo Escolar de Lins. Oito meses. Também nessa escola não puderam com a minha vida. Parece que tinha qualquer coisa no sangue. Eu era impossível.

— E quando você foi preso pela primeira vez?

— Foi em Lins. Roubei, na Casa dos Retalhos, um pacote de linha de coser. Faz tanto tempo que nem posso descrever a sensação que senti no momento dessa prisão. Porém me recordo que papai me foi buscar na cadeia e me deu tamanha "tunda", que fiquei prostrado por cinco dias...

— Você teve uma vida cheia de trapalhadas. Mas como foi o crime que o trouxe aqui?

— É história muito comprida, que você talvez nem tenha paciência de ouvir...

— Ora, conte lá que sinto é muito prazer...

— Pois foi assim. Fui preso e escoltado para Lins por ter cometido um pequeno roubo em Guaimbé, município de Lins, onde minha família reside atualmente. Isso se passou em agosto de 1941. Fiquei preso no cubículo da cadeia durante nove dias, findos os quais o juiz de direito me chamou à sua presença. Interrogou-me, repreendeu-me severamente. Apesar da repreensão, foi muito bondoso para comigo. Perdoou-me a falta e deu-me bons conselhos, conselhos que me entraram por um ouvido e saíram pelo outro. Determinou ao delegado que me deixasse em sala livre por ser menor, até que meu pai, que ele iria chamar, me viesse buscar. Enquanto eu regressava à cadeia a contrariedade ia tomando conta de mim. Não desejava voltar à casa dos meus pais. Era demasiado vergonhoso regressar à cidade que eu dias antes abandonara todo amarrado, preso, o povo sabendo que eu era ladrão.

Assim que me deixaram na sala livre, danei a pensar. Não. Não voltaria para casa, custasse o que custasse. Desse momento, comecei a traçar um plano de fuga. Naquela mesma tarde eu ia saindo para a privada, com a intenção de pular a janela e fugir. O cabo da guarda adivinhou meus propósitos e me advertiu: "Se tentares alguma fuga, quebro-te a perna

O pequeno "desgraçado"   63

com um tiro, seu ladrãozinho". Zombando dele, voltei para o meu lugar. Não fui feliz na primeira tentativa.

No dia seguinte, antes do almoço, saí da sala numa hora em que estava deserto o corredor que levava à privada. Não perdi um segundo. Saltei pela janela e fugi, deixando atrás de mim a confusão dos soldados que me viram do seu alojamento. Não me conseguiram apanhar, embora tentassem.

Às seis horas da tarde daquele mesmo dia, eu entrava em Cafelândia, que ficava a uns trinta e seis quilômetros de Lins. Extenuado e faminto, minha grande preocupação era encontrar o que comer e depois descansar da pernada que acabava de dar. Estava sem um níquel. E isso nunca constituiu qualquer problema. Entrei num restaurante e pedi um bom jantar. Depois de bem saciada a fome, fui-me embora, deixando o garçom conversando com os pratos e talheres sujos que usei. No hotel, pedi um quarto com uma só cama. A boa apresentação do meu traje afastava qualquer desconfiança sobre pagamento e identidade. Como demonstrasse desejos de me levantar muito cedo por motivo de certos negócios, o hoteleiro me cedeu um belo despertador. Marquei-o para despertar às cinco horas e... daí a minutos estava nos braços de Morfeu.

Ti-riiiinnnnn... ti-rinnnnnnnnn.... ti-rinnnn. Levantei-me, banhei-me às pressas, e outra vez uma janela para pular. Só que dessa vez não havia soldados. Em compensação, ia levando uma lembrança do hoteleiro: o seu belo despertador.

Novamente a estrada. Uma marcha penosa de vinte e sete quilômetros e, ao meio-dia mais ou menos, alcançava Pirajuí. O drama do estômago outra vez a me afligir. Um chofer de praça deu-me cinquenta mil-réis pelo despertador e satisfiz essa necessidade. Dei voltas pela cidade até quando, ali pelas quatro horas da tarde, me encontrava nas imediações do Grupo Escolar. Ouvi toques de cornetas e rufos de tambores. Cheguei até o portão que dava entrada no pátio e fiquei apreciando o movimento da petizada. O instrutor era um rapaz que não sabia o que comandava e eu, que conhecia aquilo... imagine a minha situação. Abri o portão e entrei. "Deseja alguma coisa?", perguntou-me um professor presente. Expliquei-lhe que o marcialismo sempre fora o meu fraco e que conhecia a instrução a ser dada aos escoteiros. Não me acreditou e pediu-me que fizesse algo para ele ver. Então peguei numa corneta e comandei o pessoal durante uns quinze minutos. Quando terminei, a escoteirada exclamou: "Ah! Este sim! Este, sim!". Não é preciso dizer que o instrutor fechou a cara pra mim, quando viu o professor todo satisfeito com minha demonstração. Aliás eu também estava mais que satisfeito. Não somente por causa da instrução. É que uma garota me fez ver que simpatizava comigo. Não saí do pátio sozinho como entrei. Meu garbo e minha fisionomia retratavam os sentimentos de um dom-juan vitorioso...

— Quer dizer que você é um dos tais "irresistíveis"?...

— Bem, não digo tanto. Contudo tenho uma série de casinhos bem interessantes. Não se recorda que lhe contei que fui até transferido do Abrigo de Menores para o Reformatório por causa de rabo de saia? No abrigo havia uma janelinha (a "brecha", como nós a chamávamos) que comunicava a copa do Abrigo das Mulheres com a nossa. Eu gostava muito de beijar as meninas por essa "brecha" e por isso me tornei inconveniente à disciplina. Agravou-se ainda minha situação, quando apreenderam, "caíram em cana", diversas cartinhas de amor que eu recebia delas...

O pequeno "desgraçado"   65

— Você está saindo do assunto. Quero saber é a história da sua última prisão.

— Então voltemos ao assunto. Fiquei em Pirajuí até o dia seguinte, quando ainda muito cedo rumei para Avaí. Cheguei nessa última cidade às nove horas da noite, numa viagem demorada. Como sempre a pé, por gostar de andar, exercitando o físico. Nessa estrada havia grande quantidade de árvores marginais. Nelas eu trepava, saltava pelos galhos de uma árvore à outra. Enfim, procurava imitar, tanto quanto possível, os movimentos de Tarzan na floresta. Ao mesmo tempo que corria e pulava rios, treinava a pontaria com tiros do meu revólver.

O hotel que me abrigou em Avaí... bem, esse eu paguei. No dia seguinte, passava defronte à máquina de algodão da Anderson, Clayton & Cia. À noite tinha caído um forte aguaceiro e continuava chuviscando. Perto da máquina descansava um Ford V8, tipo 1941. Sugestivo convite! Afinal, ainda estava chovendo. Como poderia continuar andando no tempo? Não acha você?

— Eu não acho nada. Quero é ouvir o resto...

— Pois é. Entrei no carro e fiquei por algum tempo admirando as suas comodidades... Saboreando o gostinho de possuí-lo pelo menos durante uns rápidos instantes. Quanta coisa destinada ao conforto da gente! Ventiladores, um de cada lado do volante; acendedor de cigarros; cigarreira; rádio com antena na parte exterior lateral esquerda... Não me contive. Dei o contato com uma moeda de cinco tostões e o pus em movimento. Que fazer dele depois? Ora, "depená-lo" — desmontá-lo, por outras palavras — e depois vender as peças separadamente. O relógio da gasolina estava marcando o tanque cheio. Dei uma volta pela cidade à procura da estrada que conduzia a Bauru. Não a encontrando, toquei pela estrada que tinha visto, isto é, a que conduzia a Pirajuí. A chuva provocou um lamaçal danado, obrigando-me a andar vagarosamente, uns quarenta quilômetros horários. Quando atingi Araribá, fui alcançado por outro carro que tentava me tomar a dianteira. Cheguei mesmo a ouvir uma voz que me ordenava parar. Não dei ouvidos. Calquei o acelerador. O carro deu um forte arranco, jogando lama no que me perseguia. Eu, francamente, estava com medo. A carreira estava a noventa quilômetros e a estrada, perigosíssima. O instante de receio, porém, foi coisa rápida. Passou logo, quando lembrei minha antiga perícia no volante. Quando novamente olhei para trás, meus perseguidores haviam desaparecido...

A fim de impedir que os maus pensamentos me assaltassem, liguei o rádio com bastante volume. Que beleza de rádio! Mesmo com chuva, mau tempo e tudo, emitia o som claro e melodioso dum fox, se bem me lembro. E assim fui fugindo, agora já em marcha mais moderada. Numa curva, próxima a um ramal novo que estavam abrindo, quase entrei no cafezal que orlava aquele trecho da estrada, depois duma violenta derrapada que o carro dera. Nas subidas o carro derrapava muito, dando encontrões nos barrancos. Era necessário ser ótimo volante para não botar o carro a perder, tombando ou indo de encontro a qualquer obstáculo fatal. Apesar das dificuldades medonhas, eu continuava fugindo... fugindo...

Antes, porém, de chegar em Presidente Alves, uns três quilômetros, avistei um caminhão de transporte, que se aproximava em sentido contrário ao meu. A estrada, naquele pedaço, estava entalada entre altos barrancos. O caminhão cada

O pequeno "desgraçado"

vez se aproximava mais, um colosso de caminhão. Ocupava toda a largura da estrada. Que adiantava eu buzinar pedindo caminho? E foi assim que fomos nos aproximando um do outro, aproximando cada vez mais, até que os para-choques se chocaram um contra o outro. Logo que meu carro foi obrigado a parar, imediatamente procurei saltar para fora dele. Quando ia saindo, um soldado atracou na porta. Aventurei ganhar a outra porta, mas qual! Era muito tarde. Outro soldado já estava plantado nela, ordenando que me entregasse preso. Saí e tentei evadir-me. Outro soldado, que até aquele instante se conservara oculto, me torceu o braço, num golpe brutal. Um baque me pôs em terra, completamente seguro. Me desarmaram e apreenderam objetos de uso pessoal. Daí a pouco chegou o carro que tentou passar na minha frente em Araribá. Era o gerente da máquina de algodão, dono do automóvel. Fui conduzido à cadeia de Avaí. Declarei me chamar Juventino Camargo...

— Que é isso? Seu nome não é C...

— Um motivo todo íntimo me obrigou a agir assim. Acontece que aquela garota de Pirajuí, lembra-se dela?, me presenteou um anel com as suas iniciais, J. C. Não a queria envolver na minha história e improvisei outra história. No dia seguinte, 5 de setembro, me conduziram à presença do juiz de Bauru. E em Bauru fiquei preso pelo espaço de quarenta e sete dias mais ou menos. Afinal fui posto em liberdade, sob a condição de arranjar serviço e trabalhar nessa cidade.

No dia da minha soltura corri a cidade e vaguei por seus bairros. À noite fui até a porta do Cine São Paulo e vi que a afluência de pessoas naquele lugar resultava na ausência dos moradores de muitas casas. Subi a rua Araújo Leite e parei defronte ao nº 183. Minha longa experiência acusou estar a casa fechada e sem ninguém dentro. Escalei o muro, caí no quintal da casa, me dirigi para trás, em busca da porta da cozinha. Com um pedaço de pau arrombei a porta e entrei, após ter averiguado, com auxílio dos ouvidos, se alguém se aproximava. Tudo canja. Ninguém, ninguém para atrapalhar. Revistei os cômodos e ajuntei objetos no valor de uns seis contos mais ou menos. Toca a retirada.

Ao sair da casa topei com um cachorrinho que danou a latir. Com grande pesar, fui obrigado a fornecer-lhe uma passagem para o outro mundo com a ponta do meu punhal. Observei cuidadosamente. Não. Ninguém por perto. Tudo calmo, o grande silêncio das cidadezinhas do interior depois das nove horas da noite. Dirigi-me à pensão Tomita, onde passei a noite dormindo como um justo. Amanheceu sem novidades. Levantei-me, vesti-me, tomei café e saí, deixando pago o quarto que ocupei. Fui tomar café na cadeia, procurando despistar qualquer suspeita que porventura formulassem a meu respeito. Encontrei o café me esperando, pois o carcereiro tinha recebido ordens para me fornecer alimentação até que encontrasse trabalho. Um soldado, que era meu espia, se aproximou de mim quando eu estava tomando café e me disse: "Tome cuidado; o carcereiro vai lhe prender e o delegado anda atrás de você para lhe dar o mesmo fim". Claro, tinha certeza de que eles iriam desconfiar de mim. Mesmo assim, tentei bancar o inocente. Quando terminei o café, o carcereiro ordenou-me que esperasse alguns minutos, pois queria falar-me. Não fui na conversa. Assim que ele me deu as costas, passei a mão na minha capa e dei o fora. Ganhei o ponto de automóveis e pedi ao chofer: "Campo

O pequeno "desgraçado" 69

de aviação!". Aí chegando, dispensei o automóvel. Logo que este se afastou, tomei a pé a estrada rumo a Agudos. Já tinha andado quase três quilômetros, quando o auto-ônibus me alcançou. Embarquei nele e fiz a viagem com mais conforto. Em Agudos, hospedei-me na pensão Nippak e depois dum café saí pela cidade procurando, muito disfarçadamente, alguém que se interessasse na compra de algum objeto. Entrei num bar e, enquanto tomava alguma coisa, fazia ofertas a alguém de boa cara. Não queria deixar essa cidade enquanto não apurasse dinheiro suficiente para viajar. Estava assim mergulhado nessa preocupação quando dali a poucos minutos ouvi uma voz: "Lá está ele!". Olhei donde vinha a voz e vi que três homens se dirigiam para o meu lado. Deram-me voz de prisão. Levantei-me, simulando calma (já tinha bebido um copo duplo de pinga com groselha e me achava meio "tocado"). Peguei numa cadeira e a arremeti contra eles. Enquanto um deles caía e os outros se embaralhavam em confusão, junto com outros fregueses do bar, saí num carreirão, maldizendo o inventor do telégrafo. Corri quase dois quilômetros. Por fim me prenderam e me reconduziram a Bauru. Alguns dias mais e fui outra vez à presença do juiz. Prestei declarações sobre o roubo. Ainda estavam dando crédito na história do Juventino Camargo.

Um soldado de Lins veio a Bauru em serviço. Foi me ver e me reconheceu. O carcereiro estava perto quando nos encontramos, lhe fez perguntas e... ficaram sabendo a minha história verdadeira. Pronto. Descobriram todas as minhas trapalhadas! O negócio ficou feio para mim.

O meu processo correu do começo ao fim nas mãos do juiz de direito. Depois de nove meses preso em Bauru, uma escolta me trouxe para São Paulo. Quando deixei Bauru, ignorava o meu destino, ignorava qual era a minha sentença. Ignorava até se já estava condenado ou não. Somente quando os portões da Penitenciária me deram entrada foi que percebi o tamanho da minha desgraça.

— 93, qual era o motivo principal que o fazia roubar?

Outra vez os olhinhos de cabrito assustado se recolheram. E na fração de tempo que ele gastou para me responder, me vieram à lembrança os filhos de Jorge Amado vivendo o drama dos *Capitães da areia*...

— Não sei explicar. Precisão de dinheiro não era, porque em casa nada me faltava. Suponho que o mais justo motivo foi a ausência de uma séria orientação. Porque na verdade eu nunca julguei estar praticando falta grave. Tanto assim que nunca senti remorsos nem arrependimentos. Para mim, tudo não passava duma divertida espécie de aventuras...

— Hoje você ainda continua pensando assim?

— Bem diferente. A experiência amadureceu meus pensamentos. Não tenho mágoa ou qualquer desforra a tirar da sociedade. Se errei, por esse ou aquele motivo, estou inabalável na resolução de viver honestamente. Vivo sonhando com uma vida tranquila, quem sabe uma esposa e filhos...

A inflexão da sua voz foi adquirindo a tonalidade delicada de quem vai se abrir em confissões mais íntimas.

— Quer dizer que você tem uma noiva lhe esperando?

— Não. Já amei muito, com toda a força de primeiro amor. No entanto, meu coração era inconstante como minha própria existência. Fui volúvel, o amor desapareceu.

— A imprensa alguma vez lhe atacou ou defendeu?

O pequeno "desgraçado"

— Só quando fui preso em Bauru. Chamou-me "perigosíssimo ladrão arrombador", "elemento nocivo, que merece a reclusão da sociedade" etc. etc.

— A penitenciária influiu na sua regeneração?

— Sim, de modo apenas acidental. Se hoje me considero e sou na verdade um regenerado, foi pela própria evolução que se operou dentro de mim. Tenho que minha regeneração foi coisa resolvida no fundo do meu íntimo e não é consequência de qualquer pressão externa. É como a fruta que antes foi unicamente uma florzinha e depois se desenvolveu até ser fruta mesmo, e amadurece. Eu amadureci. Foi só isso que aconteceu. Quando eu sair daqui, posso até morrer de fome, porém não roubo mais...

Esse pequeno "desgraçado" ganhou a minha afeição. Realmente a esperteza era a sua profissão. Ele bem poderia estar apenas me despistando. Mas por que havia de ser assim? Que vantagem, que conveniência ele teria em me afirmar estar disposto a empreender o caminho do bem se de fato ele não sentisse e pensasse dessa maneira? Eu era apenas um sentenciado como ele... Pode ser que o 93 continue praticando "aventuras" quando sair daqui, mas será uma pena, porque ele é tão criança e um coração verdadeiramente bom.

6. "Meus amigos…"

Dizem que a morte é o melhor adubo para fazer frutificar as boas ideias e as aspirações nobres. O sangue que a terra embebe teria a virtude de produzir o milagre da vitória de certas causas que, não fosse a cabeça tombada dos mártires, jamais sairiam da esfera do puro idealismo.

As lágrimas das mães e as preces das esposas; a ingênua oração nos lábios dos filhos inocentes; mesmo as imprecações brotadas num instante de justificada revolta foram ouvidas e foram compreendidas. Alguém se apiedou ao contemplar o véu de tenebrosa noite que envolvia os presos do Carandiru. Alguém teve os olhos magoados e feridos nas arestas cortantes do sofrimento imposto a homens humanos iguais aos outros, homens talvez mais merecedores de carinho e de bondade do que outros, por constituírem, eles mesmos, através de seu destino, postas de sangue pisado, cisternas de dor, fontes de inconsoláveis tristezas…

Quem substituiria o diretor há pouco falecido? Provavelmente um dos funcionários mais graduados. Seria o mais certo. Porque esses tinham direito a promoção por força da escada burocrática…

Mas não era por nenhum desses homens que os sentenciados suspiravam para os dirigir e reeducar. Tinham sobre as costas uma experiência de vinte anos a lhes autorizar outras

"Meus amigos..." 73

aspirações. Anelavam por solidariedade, amor, compreensão e justiça. Tinham o coração triste até a morte.

Convidado pelo sr. secretário de Justiça de São Paulo, assumiu a direção dos presídios do estado o professor Flamínio Fávero.[20] Que alvoroço na penitenciária: será possível? E o dr. Fulano? E o dr. Sicrano, como é que vai ficar? Caíram por terra esperanças longa e calorosamente afagadas. Destruíram-se ambições antigas. Adeus, elo das sucessões em família!

— "Meus amigos..."

Era o dr. Flaminio. Pela primeira vez a população carcerária ia ter o ensejo de se ver frente a frente com seu novo diretor. Sua fama de homem bom havia se espalhado como fogo em palheiro. Porém não lhe tínhamos visto o rosto e ouvido a sua voz. Expectativa intensa nos deixou quase sem fôlego enquanto esperávamos, enfileirados na galeria central, entre o cinema e o terceiro pavilhão.

Aquele "meus amigos", que ele pronunciou em tom quase carinhoso, chocou a todo o mundo. Aos presos e aos altos funcionários presentes. Quando o sentenciado havia, em qualquer tempo, merecido tal designação?

Quando?

O falecido diretor, por exemplo, infundia terror ao preso que ia a sua presença. O companheiro 5763, condenado por haver matado a esposa (apanhou-a em flagrante adultério), me contou o transe que sofreu quando, terminada a prova, teve de enfrentar o diretor. (Eu não passei por ele. O leitor deve estar lembrado que por felicidade cheguei aqui precisamente no dia da bandeira enlutada...)

— Éramos oito. Um atrás do outro, lá fomos nós pela galeria branca, tremendo de frio e de medo. Caminhávamos a passo incerto e atemorizados, porque as notícias desses chamados eram alarmantes. Quando chegamos ao gabinete do diretor, alguns tremiam que nem vara verde... Fazia dó. Dirigindo-se a mim, ele falou: "Você teve uma esposa infiel. Mas não deixa de ser um mau elemento, compreendeu?", e balançou o indicador direito perto do meu nariz. Tomou fôlego: "Fique sabendo que você está numa penitenciária para sofrer. Tem que cumprir com a disciplina, com as ordens dos superiores. Você tem o lenço?". O retalho vermelho das touradas... Tirei o lenço e mostrei. "Que cor tem esse lenço? Que significa essa cor?" Como eu nada respondesse, cumprindo os conselhos dos guardas e vigilantes, ele insistiu: "Você não sabe?" "Não, senhor..." "Cale-se, cala a boca. Não me responda. Esse lenço vermelho significa perigo. Todos os passos que você der aqui dentro, veja primeiro se não tem perigo. Quando tiver dúvidas se há ou não algum perigo, pergunte a um dos guardas..." "Doutor, mas se o guarda não me souber explicar o caminho certo?" "Cala a boca, sem-vergonha". E se dirigindo ao guarda que nos escoltava: "Guarda, tire esse homem daqui". Daí a pouco eu dava entrada no segundo pavilhão, o pavilhão dos reincidentes, apesar de ser primário. Tudo porque respondi a uma pergunta do próprio diretor.

— MEUS AMIGOS. Venho para introduzir nessa Casa as reformas estabelecidas no novo Código Penal, reformas essas que visam suavizar a pena. Assim, procurarei aplicar os dispositivos legais, temperando-os com uma dose de bondade. Porque a moderna ciência penitenciária não interpreta a sentença como um castigo. O que ela procura, com a individualiza-

"Meus amigos..." 75

ção da pena, dando mais importância ao criminoso do que ao crime, é regenerar, reeducar, transformar o lado ruim do coração do homem que errou em obediência e em bondade. Para levar avante essa obra, faço um apelo a todos vós para que cooperem comigo. O novo Código Penal prodigaliza muitos benefícios que pouco a pouco irão se tornando realidade entre vós. Só dependo, para atingirmos mais depressa esse alvo, de que vos torneis cada vez mais disciplinados e bons. Pretendo falar com todos vós. Quero conhecer-vos de perto um por um, a fim de poder atender às vossas necessidades. Já recebi alguns de vós, mas vou atender a todos, mesmo àqueles que ainda não pediram para falar comigo. Podeis estar certos de encontrar em mim a solicitude de um pai...

Seriam essas as palavras suas? Não sei bem. Porém o sentido do que ele falou tenho certeza de que era esse. E grande foi a admiração de sermos chamados de filhos por aquele homem belo que nos olhava com meiguice e enternecida mansidão. O dr. Flamínio desde esse instante conquistou o coração de todos os presos. Apenas um olhar seu, daí em diante, bastou para regenerar mais que trinta anos de prisão.

Diariamente os que vinham do gabinete do diretor espalhavam a notícia: "O homem deixa a gente atrapalhado... Me cumprimentou na entrada e na saída e me estendeu a mão...", "Eu fiquei que nem pude explicar o que ia pedir. Nunca vi tanta atenção e deferência comigo", "Olhe, no duro. Nem minha noiva me trata com tanta delicadeza...". Os presos estavam emocionados. O novo diretor se julgava homem igual a qualquer um detento.

Assim, a reforma do dr. Flamínio Fávero principiou solapando a crosta de surdos rancores acumulados que o preso tinha contra todo diretor. Foi a "Revolução Sentimental", como a batizou o *Diário da Noite*. Em seguida pôs em ação as modificações de caráter administrativo. Estabeleceu o tempo máximo que o sentenciado podia ficar de prova: noventa dias, conforme determina o código, distribuídos em proporção às condenações e ao estado psíquico-sanitário do condenado. Proibiu a "disponibilidade". Nenhum preso ficaria mais trancado na cela por anos e anos. Determinou que se incinerassem todas as partes e castigos anteriores à sua administração. Os prontuários ficaram todos sem nódoas, nódoas essas advindas de coisas insignificantes, e, a maioria delas, sem qualquer fundamento. Essas partes é que estragavam tudo e levavam o preso à loucura, ao suicídio e à irritação permanente. Porque se ele requeresse livramento condicional, perdão ou comutação de pena, era certo que perdia. O Conselho Penitenciário dava parecer desfavorável. E tudo por quê? Porque a sorte dos infelizes estava nas mãos daquela gente sem critério e destituída de qualquer sentimento superior. Quem ficava livre das tais partes? Ninguém. Isto é, lá um ou outro que caía na simpatia dos diretores...

— Quem for católico, saia enquanto é tempo. Porque os que assistirem a ofício religioso de qualquer seita não poderão mais frequentar a capela. Estão excomungados...

Era o padre José. Fazia um apelo veemente e violento às ovelhas prestes a desgarrar-se. Estávamos no auditório (cinema), esperando a chegada do pastor protestante, reverendo Avelino Boamorte.[21] O padre católico não se achava com disposições para receber o "desaforo" antes de gastar os últimos

"*Meus amigos...*"

cartuchos. Por isso não teve dúvidas. Entrou no recinto e foi buscar, a poder de excomunhão, os que ainda não estavam bem firmados na interpretação luterana da Bíblia...

O reverendo Boamorte ia chegando acompanhado do dr. Flamínio e o padre ainda estava bufando. Mal acabara de pronunciar a última advertência aos que desejassem entrar no Paraíso. Alguns, não sei se arrependidos ou se aterrorizados com o vozeirão e as ameaças de castigo eterno do padre, se retiraram algo confusos. O sacerdote de Roma ainda gesticulava e atirava, desde a porta de entrada, olhares furibundos ao rebanho, quando o dr. Flamínio fazia a apresentação do protestante:

— Meus amigos, é ponto de honra para mim proporcionar a vós todos a liberdade de consciência assegurada a todos os brasileiros pela Constituição do país. Essa é também a vontade do sr. secretário da Justiça, que tão bem soube auscultar e atender às necessidades espirituais de todos vós que já sofreis o grande castigo da perda da liberdade...

Depois o reverendo Boamorte seguiu falando. E falando continua até hoje. Pregando o evangelho de Jesus, sem jamais atacar as outras árvores do horto cristão, todas elas nascidas no humilde estábulo de Belém. Talvez seja esse o segredo da simpatia e do êxito que vem alcançando o reverendo Avelino Boamorte.

O RECREIO SOFREU uma transformação radical. Não é o mesmo. Durante o recreio é que se pode valorizar bem o que o dr. Flamínio conseguiu realizar, melhorando o íntimo de cada sentenciado.

Antes de ele vir para cá, só havia recreio aos domingos. Esperava-se uma semana inteirinha. No fim, era aquela meia hora de recreio. Pobres trinta minutos de recreio dominical. Recreio esquisito, único no gênero. O sentenciado saía marchando rigidamente em formatura militar. Quando no pátio debandávamos, não era permitido fazer nada: nem conversar livremente, nem rir, nem cantar, nem brincar. Cochichava-se, assoprava-se alguma palavra ao companheiro. Éramos obrigados, tínhamos o dever de andar de um lado a outro do pátio, andar sempre, sem parar. Nem para dar uma rápida olhadinha para o céu. Tudo era proibido nesses recreios. Quando eu ainda estava na prova, me surpreendia com esse espetáculo. Foi da primeira vez que apreciei um. Quase não acreditava que fosse àquele "andar pra lá e pra cá" que davam o nome apetitoso de "recreio". Uma espécie de sussurro abafado, de murmúrio, cobria aquele recreio. A impressão que se tinha era a de uma multidão prestes a ser chicoteada a quem o medo fizesse gemer roucamente. Coisa horrível! Os guardas distribuíam olhadas de zelo feroz, como se quisessem engolir os presos. No chão, até um toquinho de cigarro que caísse era visto de longe, tal a limpeza e a ausência de adornos. Porém mesmo assim, acabada essa meia hora, os presos eram humilhados com rigorosa revista. Nem que estivessem trabalhando numa fábrica de armamentos!

O dr. Flamínio estabeleceu o recreio diário de uma hora. E se pode jogar petecas, jogar malhas, futebol. O dr. Oswaldo Arton Varoli, dedicado auxiliar do novo diretor e líder nas reformas, é o médico que dirige o Departamento de Educação Física. Durante as partidas de futebol, a torcida é tão livre que se esquece da penitenciária. Parece que estamos num campo

"Meus amigos..." 79

lá de fora, berrando, gesticulando, discutindo no ardor do "Mais um" e do "O juiz está roubando".

Pula-se, brinca-se, o riso é farto e franco. Ninguém vive de rolha na boca e chicote em cima do lombo. O recreio passou a ser barulhento e alegre. Passou a ser como devia e deve ser qualquer recreio: recreativo.

A BOIA, que de tão ruim causava até suicídio (imaginem!), sofreu grande melhora. Se não é igual à do Terminus, pelo menos já se pode comer e alimentar. Basta dizer que o fornecimento de refeições a todos os funcionários da Casa (cerca de quatrocentos) foi suprimido. E a verba desse gasto passou para a melhoria do nosso cardápio. O detento já não é mais aquele "morto de fome". Tanto quanto é possível numa prisão grande como esta, a alimentação já não é tão ruim. E fazemos as refeições numa mesa em comum, e não como antigamente eram feitas, na intimidade da própria cela, ao pé do vaso da privada.

O dr. Flamínio não tratou só do estômago do presidiário, visou também seu cérebro, fundando *O Nosso Jornal*.[22] Todo o mundo passou a escrever. Artigos, poesias, contos. Só não publicavam romances, porque o jornal está ainda na infância, com quatro paginazinhas minguadas. Porém os colegas de Machado de Assis da penitenciária têm muita paciência. Alguns dispõem de dez, vinte, até trinta anos para escrever o livro. Encarnam, bem-humorados, a obra de arte do "saber esperar". E esperam mesmo. Que remédio?

As antigas administrações da Casa contrariavam o ensinamento de Aristóteles "O homem é um animal essencialmente social". Tabuletas de "silêncio" pareciam verdadeiros espantalhos. Em todo cantinho lá estava uma delas, pregada vistosamente. As letras em preto sobre o fundo branco, gritando, exigindo, impondo: silêncio! silêncio! silêncio!

O dr. Flamínio usou, como norma de trabalho e como insígnia do seu programa, o lema da bondade. O silêncio de claustro e de hospital foi convertido em bondade viva e dinâmica. Nada da bondade lorpa das promessas a longo prazo. E as tabuletas de silêncio se viram transformadas em paternais conselhos, apelos de "seja bom", "otimismo", "bondade", "trabalho" e "disciplina".

O novo diretor não impôs ao presidiário a taciturnidade, o silêncio mortal e provocador de ideias más. Que importa um pouquinho mais de barulho, que importa que o sentenciado brinque, converse, ria, se no fim ele se convence de que todas essas regalias não devem e não podem ser prejudicadas por qualquer gesto de indisciplina? É engano pensar que o preso não sabe se conduzir bem a não ser que tenha uma ponta de faca lhe apertando o peito. O que vi foi justamente o contrário. Presos tidos e havidos como perigosíssimos, outros tidos durante anos como anômalos (doentes mentais), desafiando meio mundo de faca em punho: chegava o dr. Flamínio e ele espontaneamente depunha a arma, chorando de arrependimento por não ter sido menos impulsivo. Era a bondade agindo como sistema de regeneração. O sistema do professor Flamínio Fávero.

Todos os detentos vibraram de júbilo. O novo diretor fechou para sempre o "isolamento". Fechou para sempre, de-

"*Meus amigos...*" 81

pois de experimentar pessoalmente o que se sofria numa das tais câmaras de torturas.

O "isolamento", como o próprio nome indica, está situado fora do arcabouço arquitetônico da Penitenciária. É um lúgubre apêndice, formado por um cubículo hermeticamente fechado. Minúsculo e quase imperceptível suspiro no teto permite umas gotinhas de ar. O piso é de cimento. As paredes, duma espécie de matéria pegajosa, que verte água permanentemente. Tudo escuro. Não existe instalação sanitária: um buraco no solo, onde o prisioneiro faz todas as necessidades sem descarga ou qualquer limpeza. A bosta e a urina ficam ali exalando seus odores até o fim do castigo. O sentenciado é fechado no isolamento completamente nu. Nem meias, nem cuecas... Nudez absoluta. Também não há cama, nem colchão ou coberta de espécie alguma. O infeliz é atirado ali como um cachorro e sai como um cachorro leproso. Quando sai vivo.

Muitas vezes o castigo é acompanhado de meia ração alimentar. A maioria dos presos não aguenta mais de vinte e quatro horas de isolamento. Perde o sentido ou fica doido. Quase todos os que passaram por esse castigo são hoje tuberculosos. O isolamento é castigo acima das possibilidades físicas e morais do homem. Por isso o dr. Flamínio, depois de o experimentar, condenou o isolamento. Hoje não existe mais esse castigo. E o diretor afirma sempre que, se for obrigado a colocar alguém dentro de um, prefere antes pegar no chapéu e ir-se embora...

A tumba de vivos deixou de funcionar. Deixou de matar, de fabricar doidos, de produzir tuberculosos e paralíticos.

Pensam que exagero? É só correr os olhos nas estatísticas... Tive a oportunidade de verificar nos livros do hospital da Casa os falecimentos de sentenciados que sofreram o tratamento penitenciário, durante as três administrações. Tomando por base trezentos homens:

- Primeira administração[23] (sentenciados de nºs 1 a 300) — faleceram, incluindo os suicídios, os seguintes: nºs 7, 9, 14, 20, 36, 41, 45, 56, 58, 92, 93, 130, 131, 135, 151, 157, 170, 178, 196, 229, 242, 247, 267, 268, 269, 273, 280, 283 e 284. Total: vinte e nove falecidos.
- Segunda administração (sentenciados de nºs 3000 a 3300) — faleceram, incluindo os suicídios, os seguintes: nºs 3027, 3042, 3062, 3108, 3112, 3120, 3155, 3160, 3215, 3216, 3254, 3258 e 3281. Total: treze falecidos.
- Terceira administração (dr. Flamínio Fávero) (sentenciados nºs 7379 a 7679) — faleceu um, o de nº 7401. Esse sentenciado suicidou-se, porque se julgava condenado injustamente por um defloramento que não praticou.

O apanhado acima não quer dizer que na administração do dr. Flamínio não tenha morrido mais ninguém além de um. Mas acontece é que os outros que faleceram já vinham arruinados desde administrações anteriores. Não chegaram a gozar das novas modificações.

Concluindo: o índice de mortalidade entre os sentenciados da primeira administração e mesmo da segunda está falando bem alto para comprovar os horrores e maus-tratos de que eram vítimas.

7. Cara e coroa no destino de um homem

— Minha irmãzinha tinha dois anos e eu oito, quando ficamos órfãos de pai e mãe — dizia-me o 6237.

Esse sentenciado é o escriturário da encadernação. Aproveitamos todo momento de folga para trocar um dedo de prosa. Aparenta possuir uns cinquenta anos. Cinquenta anos de velho jequitibá, entroncado robustamente como essas árvores matusalêmicas que vencem a ação do tempo e prosseguem impavidamente vivendo, desafiando as intempéries. Muita vez apenas se curvam levemente para o lado em que a tempestade soprou com mais força e insistência...

Assim era o velho que estava conversando comigo. A face cortada de rugas, algumas nascidas da própria idade, outras impostas pelos longos padecimentos. Debaixo das pálpebras ligeiramente empapuçadas, seus olhinhos se moviam muito, num trejeito de desconfiança universal. Aos pouquinhos fiquei sabendo a sua história longa, cheia de altos e baixos. História que me consumiu bem uns dez dias para a ouvir inteira, dada a carrada de detalhes que meu companheiro fazia questão de citar, ilustrando e documentando a sua narrativa.

— A madrinha de batismo de minha irmã encarregou-se de criá-la. Eu fui encaminhado para uma fazenda de gado. O dono dessa fazenda era um tal Nhô Fá, tipo desumano, carrasco, terrível. Onde sabia existir um filho sem pai, lá ia ele se apresentar como candidato a tutor desse infeliz. Com raras exceções ele deixava de conseguir o seu intento. Era homem importante, de prestígio, e ninguém se atrevia a lhe embaraçar os passos. Sua fazenda abrigava os melhores peões da redondeza. Ótimos vaqueiros, inigualáveis domadores de animais, bons campeiros. Era assim a fazenda de Nhô Fá.

Os filhos sem pais eram desde pequeninos obrigados a aprender tudo o que os homens faziam, montando em burro bravo e cavalos chucros. Pobre do que não conseguia se manter no lombo desses animais danados! Pobre do que levasse um coice! O rabo de tatu ou o laço comia-lhe as carnes e, depois que o sangue jorrava bem vivo do seu corpinho, era jogado no cocho de salmoura. Ou morria ou se transformava num peão de primeira ordem.

Não só pelo que ia acontecendo a mim, como pelo que vi suceder aos outros meninos e homens — pois F. B., Nhô Fá, espancava até os próprios camaradas, amarrando-os no palanque da fazenda e fazendo-os verter muito sangue —, resolvi fugir junto com dois indiozinhos que também sofriam na mesma fazenda. Embrenhando pelo mato adentro, fomos topar com um grande rio que eles atravessaram sem dificuldades. Minhas forças não davam para tanto. O Paranapanema foi o responsável por ter eu ficado no meio da mata imensa. Catorze dias e catorze noites comendo raízes e frutos silvestres, dormindo no galho das árvores. Não sabia para onde me dirigir. Completamente perdido. Até agora sinto a aflição daquelas horas em que me debatia desesperadamente, procurando um caminho, uma estrada por onde me meter e alcançar qualquer cidade, uma casa ao menos que ensinasse a proximidade de gente. Mas qual nada! Só árvores, só palmitos, unicamente a mata!

Cara e coroa no destino de um homem 85

Na falta de coisa melhor, tomei a decisão e fui sempre subindo pelas margens do rio. Após muito andar, dei com o porto de Apiaí, hoje Buri. Continuando a rumar para destino ignorado, fui sair num lugar chamado Campo Redondo, hoje Aracassu. Nesse lugar encontravam-se uns engenheiros com diversos camaradas, fazendo estudos para o prolongamento da Estrada de Ferro Sorocabana. Meu aspecto maltrapilho, cabelo muito crescido, pés enormes e grossos, chapéu de palha muito velho e já sem copa, deu a essa gente a impressão de se tratar dum bugrinho. E como índio eu fui caçado pelos camaradas que, muito contentes, gloriosos com o feito realizado, me levaram para o acampamento.

Todo amarrado, bem subjugado, um pavor sem nome me enchendo o coração, fui levado à presença do dr. Varela.[24] Na sua barraca o dr. Varela não tardou, após breve palestra comigo, a descobrir não se tratar de nenhum filho das matas, mas apenas dum orfãozinho perdido, filho de Capão Bonito. Outros engenheiros conversaram comigo nesse dia triste e longínquo da minha existência: o dr. Orozimbo e dr. Emílio Schnoor. Acabaram descobrindo que eu era filho dum conhecido professor de São José de Paranapanema, hoje Guapiara, e minha mãe pertencente a uma das mais importantes famílias de Capão Bonito.

Após o encontro com esses engenheiros comecei a compreender que eu era gente como qualquer outra, merecendo o carinho e simpatia dos meus semelhantes. Eles se compadeceram muito de mim. Curaram a chaga viva em que estava transformado meu corpo, acabaram com os piolhos que escorriam pelo cabelo comprido, me limparam os pés quase deformados de tanto bicho. Souberam, certo dia, que de Capão Bonito já haviam expedido precatória por todas as vilas e arraiais circunvizinhos. Não tardaria que a notícia da minha permanência entre eles chegasse até aquela cidade. Por isso resolveram me levar a Itapetininga e solicitaram à polícia dessa cidade um rigoroso auto de corpo de delito. Resultou que Nhô Fá foi chamado à responsabilidade e processado, e o dr. Varela, nomeado para meu novo tutor. Que felicidade! O dr. Varela dali por diante não foi meu tutor: foi pai dedicado e amoroso. Em sua companhia viajei por vários estados do Brasil em estudos de engenharia determinados pelo governo federal.

Mil novecentos e dez. Eu já era quase um homem: tinha dezenove anos. Estávamos em Goiás, nos estudos da estrada de ferro goiana. Penso que, devido à visão acanhada, ao atraso dos fazendeiros goianos daquela época, resultou um certo embaraço na continuação dos trabalhos. Creio que houve até escaramuças, motivo pelo qual a comissão de engenheiros resolveu ir ao Rio conferenciar com o sr. presidente da República. Nesse ínterim, o dr. Varela teve necessidade de ir com urgência a Nova York. Fiquei recomendado ao dr. Cândido Peralva, empreiteiro da construção da estrada de ferro goiana, até que meu tutor regressasse.

Decorreram dez meses. Meu tutor, desde os Estados Unidos, pede ao dr. Cândido que me envie para lá. Este, por cartas e telegramas, solicita-lhe me deixar aqui mesmo, porque já estava acostumado comigo. Eu era o seu auxiliar. Assim fui ficando a seu serviço até que atingi a maioridade. Recebi minha carta de emancipação junto com uma caderneta da Caixa Econômica Federal com a importância de catorze contos e oitocentos mil-réis, e outra da Caixa Econômica Estadual com a importância de onze contos, trezentos e oitenta e seis mil-réis. Estava apto a dar meu primeiro passo de homem no mundo. Iria enfrentar, daquele momento em diante, com exclusiva responsabilidade, os embates, os torvelinhos que injustificadamente enleiam e enlameiam a vida dos mortais.

Meu ideal era ir ao encontro do meu tutor e benfeitor. Sonhei muito com a viagem à América do Norte. Comecei a encetar os preparativos para, no ano de 1914, seguir tão sonhado destino. Eis que surge, inesperadamente, o fato que vai dar aos meus ideais uma direção bem diferente. Soube que minha irmã se encontrava abandonada. Embarquei imediatamente em busca de minha única irmã. De tutelado tornei-me, dum instante para o outro, tutor. Senti a necessidade de dar à minha irmã uma segunda mãe, capaz de completar a sua criação. Pobrezinha! Viveu durante muito tempo longe do carinho, da afeição sincera de quem quer que fosse.

Em Goiás eu havia tido muitas namoradas. Até mesmo uma noiva rica, chamada Maria das Dores, filha do coronel H. M. O. Porém o assunto do meu casamento tornou-se sumamente urgente. Minha irmã tinha necessidade de alguém que cuidasse dela, a fim de poder restaurar as forças; a pobrezinha se achava muitíssimo maltratada pela vida. O casamento em Goiás, mormente em se tratando de gente rica, seria coisa demorada. E não havia tempo a perder. Casei-me em 20 de junho de 1914 com uma moça pobre de Uberaba. Pobre em certo sentido. Porque em outro sua riqueza não tinha limites: foi em verdade a segunda mãe desejada para minha irmã; foi e continua sendo a santa companheira que me tem acompanhado heroicamente em todos os transes, bons e maus.

Minha primeira preocupação após o matrimônio foi aumentar o nosso capitalzinho. Dediquei-me, de começo, ao pequeno comércio, elevando minhas atividades pouco a pouco ao negócio em grande escala. Queijo, manteiga, couros, fumos, charqueadas. Em seguida, negócios com porcadas e boiadas. Nesse ramo me fiz muito conhecido e estimado em Goiás e Mato Grosso. Galguei meu primeiro grande degrau na escada da vida. Quando o capital já estava um tanto encorpado, voltei minhas vistas para o comércio de pedras preciosas. Comprava em grande escala dos garimpeiros de Goiás, Minas e Mato Grosso. Mandava lapidar as pedras em Uberaba e Ribeirão Preto, Passos, Três Corações do Rio Verde, Varginha, São Paulo e Rio de Janeiro.

Do meio dessa luta para garantir o futuro dos filhos que haviam de vir, surgiu, nas minhas relações com pessoas aqui de São Paulo, um tal Emílio C., também meu freguês de diamantes e que constantemente fazia viagem a Uberaba, onde eu residia. Esse homem conseguiu se impor à minha confiança e até o considerei como bom amigo. Começou a me encher a cabeça: "Mude para São Paulo, sr. Francisco. Vai ver que vida se leva na capital. Vida de barão!".

Tanto insistiu, tanto insistiu, um dia tomei a decisão: me mudaria para São Paulo. Os parentes e amigos, logo que souberam de minha resolução se opuseram. "Não vá, 'seu' Francisco. Lá o senhor não conhece ninguém. Os costumes são diferentes. Fique conosco." Debati o problema com a esposa, pensei muito no caso.

Na noite de 23 de junho de 1915, véspera de São João, desde Pirituba eu, mulher e irmã já contemplávamos embevecidos os balões que enfeitavam os céus desta capital. Pareciam grandes estrelas avermelhadas, saudando-nos, apresentando-nos, amigas, as suas festivas boas-vindas. Chegamos entu-

Cara e coroa no destino de um homem

siasmados com São Paulo. Com toda aquela beleza, só podia ser mesmo o paraíso, segundo a descrição do Emílio C. Hospedamo-nos no Hotel Belo Horizonte. O nome desse hotel sugeriu-me qualquer traço de ligação com a minha zona.

Emílio C. sempre me visitava no hotel. Apresentou-me aos seus amigos. Gente da alta sociedade, que muito me impressionou. Sim, agora eu estava metido com gente grossa. Com a nata.

Uma tarde apareceu no hotel um senhor que desejava falar comigo. O porteiro não lhe permitiu a entrada. Ele insistiu, dizendo que desejava ao menos me cumprimentar, pois fora meu amigo anos atrás. O porteiro não se deu por vencido. Consultou o hoteleiro, sr. José Amaro, o qual foi atender pessoalmente o visitante: "Que deseja com o sr. Francisco?". O traje escangalhado do visitante não autorizava amizades com tão importante personagem como eu era naquela época. "O sr. Francisco não o pode receber. Se continuar insistindo em lhe querer falar, me verei obrigado a pedir providências a um guarda civil ou à polícia."

A essa altura da discussão entre o hoteleiro e o visitante, minha irmã, que se encontrava em companhia das filhas do dono do hotel passeando no jardim, ouviu falarem no meu nome. "Sou a irmã do sr. Francisco: que é que o senhor deseja?" "Diga ao seu irmão que o Raul R. quer lhe dizer adeus".

Quando me vi frente ao maltrapilho, que se aproximava como quem me queria abraçar, recuei. Não o estava reconhecendo. "Então não quer reconhecer mais o seu amigo Raul R.?" "Não me lembro..." "Seu antigo professor. O que lhe deu as primeiras lições na cartilha de Tomás Galhardo...[25] Não se lembra mais do engenheiro dr. Raul?".

Senti um choque quando ele pronunciou estas últimas palavras. Como estava mudado meu antigo protetor e professor! Estava acabado! Barbas por fazer, terno tão velho que já nem se sabia a cor, camisa rasgada, colarinho sujo como saco de carvão! A gravata era um pedaço de pano encardido enrolado no pescoço. Que tristeza, meu Deus, quando vi o dr. Raul naquele estado! Recusou-se a jantar comigo. Nem quis ser apresentado à minha esposa. Nos dias seguintes resolvi o problema de casa, comida e vestuário do meu amigo. Foram-se-lhe os dias de fome, os trágicos dias sem almoço e sem janta, dormindo ao relento nos bancos de jardim. Tempos dos amigos esquivando-se, lá uma vez por outra, oferecendo um cafezinho como quem está generosamente oferecendo um boi. Tornou-se o dr. Raul o amigo de todos os momentos, ora aconselhando-me sobre negócios, ora acompanhando-me em passeios.

Assim, minha vidinha na capital ia correndo sem novidades de monta. Estava completando regularmente meu período de aclimatação. As cartas de Uberaba, sempre chovendo. Amigos e parentes, todos aconselhando-me: "Volte, volte para junto de nós. Estamos com muita saudade".

O amigo Emílio, a certa altura, começou a me insinuar negócios. Eu de nada desconfiava. Mas era de desconfiar a sua insistência. "Tenho um ótimo negócio para você; pode fazer, porque é vantajoso. Um meu amigo e conhecido precisa de certa quantia e paga-lhe bom juro. Ele assina uma letra, dando endossante idôneo. O prazo é para seis meses." O dr. Raul a tempo me aconselhou. Abriu-me os olhos com a gente de São Paulo: "Não troque o seu dinheiro, Francisco, por papel pintado. Letra não vale nada. Aqui não é como lá no sertão, onde a palavra é o melhor documento. Empregue seu dinheiro em coisa segura".

Cara e coroa no destino de um homem 91

Apesar dessa advertência, a astúcia diabólica de Emílio conseguiu ir levando devagarzinho o meu dinheiro. Um maço de títulos substituiu o meu capital, tão duramente ganho nos meus negócios do Triângulo. Porque eu considerava de mim para mim: "Se o dr. Raul é meu amigo, o Emílio também o é. Negociou tanto tempo comigo. Sempre correto. Dele nada tenho a desconfiar...". Emílio tornou-se meu corretor. Por seu intermédio, quando abri os olhos, haviam-se escoado mais de mil contos de réis que eu havia trazido. Meus devedores não me pagavam. Vários advogados comeram meu dinheiro com a tapeação das cobranças judiciais.

Nessa ocasião eu já havia comprado uma casa na Bela Vista, à rua Rui Barbosa nº 49. A primeira filha viera ao mundo. Meu sogro me escreve uma carta alarmante. Esperava minhas instruções a fim de se mudar para São Paulo. Em virtude da conflagração europeia, a vida no Triângulo se tornara difícil. Os fazendeiros estavam completamente desanimados, o gado tinha difícil saída. O jogo, que simbolizava a vida do Triângulo, estava proibido.

Assim, de uma hora para outra, me encontrei num verdadeiro beco sem saída. Com minha situação financeira precária, sem poder desabafar com a família, que ainda por cima solicitava meu amparo. Quando meu sogro chegou, minha atribulação era muita. E para sobrecarregar ainda mais a situação, tinha que simular muita alegria durante a festa que minha mulher preparou para recebê-lo.

Minha situação foi se tornando tão desastrosa que senti a imperativa urgência de fazer qualquer coisa. A atração de Goiás novamente me empolgou e em poucos dias embarcava para lá. Quando cheguei em Uberaba todos me consideravam o homem mais feliz do mundo, visto haver abandonado a cidade antes que a Princesa do Triângulo sofresse o colapso que a estava aniquilando. Outra vez as circunstâncias me obrigaram a simular, a esconder minha real situação. Fui convidado pelo coronel Manoel Borges, chefe político e o maior fazendeiro e criador de Uberaba, para um jantar. Exagerei as maravilhas e grandezas de São Paulo. Disse-lhe do meu projeto de ir às zonas diamantíferas negociar uma grande partida de pedras preciosas. Gesto que bem resume a gentileza e a bondade daquele povo, o coronel Borges colocou cem contos de réis à minha disposição. Ignorando meu difícil transe financeiro, o coronel estava me salvando da derrocada.

Outro conhecido, o negociante Manoel Terra, me pediu que deixasse seu filho Alaor seguir caminho comigo para iniciar conhecimentos nesse ramo. Acedi e embarcamos os dois.

Quando chegamos a Ipameri, soube pelos meus velhos amigos e conhecidos que os garimpeiros há muito vinham acumulando pedras à minha espera. Com os outros compradores não se entendiam bem a respeito de preços e demais condições. Hortêncio, o fiel camarada que sempre me acompanhou naquelas caminhadas, arranjou-nos bons animais arreados. Tocamos para os garimpos do Araguaia e dentro de cinco dias eu já examinava e comprava uma linda partida de diamantes. De volta, fiz a partilha com meu amigo Alaor, filho do negociante Terra. Quando cheguei a São Paulo apurei com a venda das pedras, livre de despesas, cento e trinta contos. Fiz nova tentativa de receber algo dos meus devedores. Nada. Procurei outros advogados e em todos verifiquei somente a gana de me embair, pois no fundo parece que todos agiam mancomunados para me arrancarem até a camisa do corpo. Desisti das cobranças. O que estava perdido, perdido estava. Era me conformar com os prejuízos. Ainda era moço, com forças bas-

Cara e coroa no destino de um homem 93

tantes para me levantar de novo. E foi pensando assim que em janeiro de 1917 preparei nova viagem a Goiás, comprando em larga escala artigos que os garimpeiros me encomendaram: calçados grosseiros, roupas de todo feitio e qualidade, palas, ponches, armas de fogo e munições, sanfonas, gaitas grandes e pequenas, violas, violões, miçangas, enfim, muitas outras mercadorias de que nem me lembro mais. Inclusive muito perfume. Despachei a carga e embarquei para Goiás. Em Uberaba apanhei o companheiro Alaor. Liquidamos a mercadoria entre os garimpeiros e procedemos à compra duma linda partida de bons diamantes. Foi grande sorte, pois pelos preços de costume encontramos pedras de até treze quilates depois de lapidadas. Pedras perfeitas, sem nenhuma manchinha de carvão. Essas valem muito dinheiro...

— Mas como era o sistema de comerciar que vocês usavam?

— Muito simples. As pedras escolhidas, selecionadas conforme o tamanho, eram postas dentro de caixas de fósforos vazias. Os demais diamantes pequeninos eram guardados em garrafas e vidros. Nas caixas de fósforos é que transportávamos as pedras de maior valor. O preço variava. Havia pedras de cinco a cem mil-réis. Dos diamantes de cinco mil-réis não me lembro de nenhum que não me tivesse dado mais de cento e cinquenta, normalmente atingindo um conto de réis cada. E não foram poucos os que custaram cem mil-réis e atingiram depois vinte contos, e mais até. Nesse negócio joga-se com muita sorte na lapidação. Eu fui sempre muito feliz. Era raro meus diamantes estarem manchados ou com defeitos de lapidagem. Por isso ganhei muito dinheiro.

Nessa partida apurei, livres, duzentos e oitenta e um contos e seiscentos. Meu amigo Raul R. nessa ocasião tornou a me abrir os olhos contra os espertalhões. Foi até um pouco duro nas suas expressões: "É bem verdade que o senhor é muito feliz nos seus negócios. Ganha dinheiro honestamente, mas... o que adianta? Você é muito fácil... tem demasiada boa-fé em todo mundo. Assim está trabalhando para alimentar aventureiros, os quais estão de boca aberta esperando os saborosos bocados da sua fortuna. Saiba ganhar, mas saiba também administrar o seu capital, empregando-o em propriedades sólidas, que ganharão o futuro dos seus filhos...". Meu amigo dr. Raul por esse tempo trabalhava na firma Araújo Costa & Cia. Homem sincero e experiente, que eu fiz mal em não ouvir.

Novos preparativos de viagem a Goiás começaram a encher os meus dias. Fiz compras das várias mercadorias encomendadas, num total de quatrocentos contos. Junto com o Alaor, cheguei aos garimpos em 1º de maio. Durante quinze dias permanecemos fazendo negócios com os garimpeiros. Dessa viagem trouxemos uma importantíssima coleção de diamantes. Havíamos percorrido vários garimpos, inclusive os de Bagagem, Estrela do Sul, Coromandel. Aqui em São Paulo, depois de lapidados, obtive um líquido de trezentos e trinta e quatro contos. Não resta dúvida. Já podia me considerar aprumado outra vez. E o melhor de tudo foi que minha família nem precisou saber e sofrer com a queda que eu levei. Novamente readquiri a alegria e expulsei do pensamento aqueles papéis cheios de assinaturas de homens que não as sabiam honrar. Os tais homens de relevo na sociedade.

Estava entusiasmado com essas viagens a Goiás. Meus pensamentos só giravam em torno delas e do quinhão que estava preparando para meus filhos. Em junho, na véspera da nova partida, um acontecimento impediu-me de embarcar. Como

Cara e coroa no destino de um homem 95

as mercadorias já haviam seguido ao destino, telegrafei ao Alaor que seguisse viagem só e fizesse todos os negócios em meu nome. Eu não podia embarcar. Acabara de nascer minha filhinha Maria de Lourdes. Transmiti-lhe todas as instruções necessárias, escrevi aos garimpeiros que o recebessem e com ele negociassem em confiança. E assim aconteceu. Nos amigos daquela zona podia-se confiar. Recebi minha parte nas pedras e consolidamos nos negócios o bom entendimento e a amizade que nos aproximavam na vida de todos os dias. Daí por diante, meus interesses em Goiás decorreram por seu intermédio. Entre a gente simples não existe a preocupação do logro, e eu continuei sempre recebendo boas partidas de diamantes. Refiz, em bases sólidas, aqui na capital, minha posição financeira que um dia periclitara.

Com o ano de 1918, chegou a São Paulo a terrível epidemia da gripe espanhola. Não se esquecem facilmente aqueles dias tenebrosos! Andar pelas ruas era encontrar enterros a todo instante. Assisti à disputa de alimentos nos postos de distribuição existentes em vários pontos da cidade. Em minha casa todos foram atacados pelo perigoso mal. Que luta, conseguir-se um ou dois litros de leite ou uma galinha a vinte mil-réis! A mais forte recordação que tenho dessa época triste foi um dia em que, muito fraco, a tremer, quase sem poder andar uma quadra, procurei minha sogra na cozinha a fim de me informar do que se necessitava para a alimentação dos nossos doentes. Eram sogro, esposa, irmã, duas filhinhas e cunhada. Nada havia que pôr nas panelas. Que fazer, meu Deus? Quem sabe arranjaria um carro ou carroça que me levasse ao mercado? Talvez conseguisse uma galinha...

Enquanto eu expunha a minha mulher esse desejo, eis que d. Palmira, minha sogra, me chama aos gritos: "Venha depressa, correndo", dizia-me ela. Em frente a nossa casa, como mandadas pelo céu, uma porção de galinhas. Logo que cheguei, pensei tratar-se dum vendedor de aves. Mas essa dúvida durou muito pouco. As galinhas estavam era soltas, como perdidas. Não pensei no pecado de roubar aquelas galinhas. Abri o portão, trouxe milho e com ele fiz um caminho desde a porta da rua até o fundo de casa. E elas entraram comendo, confiantes... catorze lindas galinhas e um galo. Para sossegar a consciência me dispus a pagar, caso o dono delas aparecesse, qualquer indenização. Mesmo um conto de réis por cada uma. Não foi preciso. O dono não apareceu e os meus doentes desfrutaram grande melhora com a boa alimentação.

Mesmo depois de acabada a epidemia eu demorei muito para me restabelecer. Havia sofrido uma recaída. Escrevi aos garimpeiros e recebi más notícias. Terminara a guerra. Os negócios das pedras estavam caindo todos nas mãos dos ingleses. Meu amigo Alaor escreve-me dizendo não ser mais conveniente fazer viagem a Goiás. Achei prudente ir pessoalmente verificar a realidade das notícias que vinha recebendo de vários pontos. Já em Uberaba me convenci. Era fato. Os estrangeiros tomaram conta das terras diamantíferas e não admitiam a mais ninguém garimpar naquelas zonas conhecidas. Os amigos reiterando sempre o convite para que eu retornasse com a família para o Triângulo. Mas eu pensava: "Voltar para fazer o quê? Só pela bondade daquela gente?" Não bastava... No bom tempo era difícil encontrar um menino de oito a dez anos que não carregasse no seu bolsinho quinhentos mil-réis e até contos de réis. As grandes exposições de gado, nas quais se compravam zebus por duzentos contos. Coronéis, como o coronel Lucas B., boiadeiro e fazendeiro,

Cara e coroa no destino de um homem

que assisti perder na roleta, durante vinte dias, mais de cinco mil contos! Na Princesa do Triângulo, rapazes e homens não podiam aparecer com um terno de roupa por mais de uma semana. Outro, novinho em folha, devia suceder o usado, que era jogado fora. Do contrário seriam censurados e até mesmo vaiados. A toalete das mulheres era grande, variada e requintada. Vestido novo para a missa; vestido novo para a tarde; vestido novo para a noite. Vestidos deslumbrantes para festas e bailes. Vestidos caros, caríssimos, que eram usados apenas uma vez. Nunca vi luxo tão extraordinário em outra parte. Nem em São Paulo e Rio de Janeiro.

Agora estava tudo transformado! O Triângulo dava a aparência dum cemitério, comparando ao seu passado esplendor. Voltei a São Paulo muito preocupado com a transformação do rico pedaço do Brasil.

Não havia muito o que escolher. A zona de Uberaba não satisfazia mais a gula dos meus apetites. O comércio de pedras preciosas fechou-se para novas oportunidades.

O dinamismo inato que vive dentro de mim reclamava algo a fazer. Me vi na contingência de lançar para outro setor a energia represada. Outra filha nascera: a Maria Dirce. Meti-me em negócios de terrenos, sendo um dos primeiros a, nesta capital, comprar e vender terrenos a prestações. Construí muitas vilas e alcancei lisonjeiro prestígio e popularidade nesse ramo de negócio. O sistema dos lotes vendidos a prestações suaves estava ainda no início. Fui indo magnificamente, progredindo junto com a cidade. E quando nasceu minha outra filhinha, Nelly, eu vivia muito satisfeito. A fortuna bem consolidada me fez esquecer completamente os prejuízos e aborrecimentos anteriores. Minha ventura atingiu o máximo ao nascerem meus outros filhos, José e Miltila.

Passa-se o tempo, e outros amigos começam a surgir no meu caminho. Esses, porém, doutra qualidade. Diferiam da tática usada pelo tal Emílio, já afastado das minhas relações. Os novos "amigos" ultrapassaram de muito a habilidade daquele. Atiraram-me nas garras tentaculares de polvo mais perigoso: a mulher. Sorrateiramente solaparam minha felicidade de esposo, de pai e de homem. Fizeram de mim um "coronelão". Minha vida deu de girar nos melhores "dancings" e cabarés desta capital. Frequentemente, ia aos cassinos do Rio de Janeiro, Santos, Poços de Caldas. Claro que nessas viagens era sempre acompanhado por um estado-maior de viciados, juntamente com suas respectivas mulheres. Amantes não me faltavam. Três, quatro ao mesmo tempo. Uma delas, particularmente, me ficou muitíssimo cara. Comprei-lhe um palacete na praça Buenos Aires, mobiliário finíssimo e automóvel de luxo. A sua verba mensal para despesas de urgência era de cinco contos, afora os gastos normais de modista, chapeleiro, cabeleireiro, manicuras, perfumes, farmácia, armazéns etc. cujas notas eram enviadas diretamente ao meu escritório para pagamento. Esse "amor" durou três anos. Em 1925 ela pretendeu fazer uma viagem à Alemanha, terra de seus pais. Custeei-lhe todas as despesas. Permaneceu lá um ano. Depois, escreveu-me que estava próximo o seu regresso e que precisava com urgência de cem contos de réis. A importância seguiu conforme os desejos dela.

Minha residência já não era na Bela Vista. Com minha família, morava numa boa vivenda à rua Dr. Netto de Araújo nº 36, na Vila Mariana. Auto de luxo para minha família, chofer, criados, enfim, um grande conforto de acordo com meus altos cabedais. Para uso exclusivo eu tinha outro carro. Com

Cara e coroa no destino de um homem 99

muitas amantes, minha fortuna foi minguando rapidamente. Dívidas foram aparecendo uma atrás da outra. Por mais que ganhasse era impossível aguentar a chuva de despesas que surgiam como praga, vinda dos amigos e das amantes. Com os olhos às bordas do precipício quase aos meus pés, tentei salvar a situação, abandonando as mulheres e cortando as relações com os amigos de orgia. Uma das amantes não se conformou. Invadiu minha residência de revólver em punho, para me assassinar. Minha pobre e bondosa esposa, junto com o irmão dessa mulher, que também a acompanhava, tiveram tempo de desarmá-la e evitar a inesperada agressão. Foi um escândalo, companheiro. Fui obrigado a abandonar a capital por alguns meses. Quando julguei passado o temporal, regressei. Ajoelhei aos pés de minha esposa e pedi-lhe perdão.

O abismo que eu vislumbrara em minha vida estava bem mais próximo do que eu calculara. O cerco das dívidas foi-se tornando apertado. Minhas rendas não davam para cobri-las satisfatoriamente, segundo as exigências do comércio. E então pratiquei o primeiro ato, realizei o gesto inicial que iria marcar a nova decadência: vendi um dos meus autos. Só não dispus do outro por necessitar conduzir meus filhos ao colégio. A luta para salvar o crédito foi-se tornando árdua. Não encontrava nenhuma solução que resolvesse rapidamente minha dolorosa hecatombe. Algo que retivesse minha violenta caída para o fundo do abismo.

De surpresa, recebo na porta de minha casa uma execução judicial. Me entendi com os oficiais de justiça, paguei a diligência, e me foi concedido um certo prazo para satisfazer os credores, ou que apresentasse os meus já desfalcados bens à penhora. Foi um transe difícil e amargo, aquele. Que deveria fazer, minha Nossa Senhora, para salvar esse restinho de conforto para meus filhos? Que desorientação! Estaria naufragado definitivamente? Por fim me veio à lembrança um primo-irmão muito rico que tinha em Capão Bonito. Quem sabe? Talvez fosse lembrança inspirada pelo Alto, a fim de me salvar. Ora, esse primo várias vezes já me havia feito oferecimentos... Chegou a ocasião.

Trinta e um de dezembro de 1926. A 3 de janeiro esgotava-se o prazo concedido. Não havia tempo a perder. Embarquei em busca do Nhô Fidêncio, e, às três e meia do último dia do ano, desembarcava na estação de Buri. Tomei um auto que conduzia passageiros a Capão Bonito. Fui recebido festivamente pelo primo e demais parentes. Fiquei hospedado na residência dele. Estava já seguro de haver dado o golpe certo. Me sentia até com o alívio dos que, já desesperançados, conseguem sobreviver a uma grande catástrofe. Como era o último dia do ano, realizavam um baile em sua casa. Diverti-me bastante, apesar da preocupação que de vez em quando me cortava o espírito. O dia 1º de janeiro amanheceu me oprimindo o peito. Sabe Deus como estava meu coração, o pensamento nos assuntos de São Paulo, na grave situação que a família iria enfrentar, caso não arranjasse o dinheiro. Mais dois dias e o prazo se esgotava. E tudo o que havia conquistado com tanto suor, para meus filhos, passaria às mãos da justiça e dos credores! Não. Isso não deveria acontecer. Não poderia acontecer! Meus parentes nada suspeitavam. Muito contentes, já preparavam outro baile na residência dum sobrinho. Insistiam para eu ficar com eles uns quinze dias. No dia de Reis havia outro baile. Outro sobrinho, João Arruda, diretor do Grupo Escolar local, desejava também me homenagear.

Cara e coroa no destino de um homem

Antes de sentarmos à mesa para o primeiro almoço do ano, resolvi expor a situação ao meu primo. Seria melhor assim. Quem sabe se resolveria meu problema e poderia almoçar mais bem-humorado? O primo ouviu atenciosamente minha exposição. Não exagerava quando lhe pintei as cores negríssimas do meu problema. O nome comercial às portas da desmoralização. A família na miséria... Aliás, eram desnecessárias as muitas palavras. A expressão do meu rosto deveria refletir o desespero, a aflição mais intensa. Aguardei por alguns instantes a sua resposta. E ela veio. Veio no tom calmo, descansado, de quem nada tem a ver com os assuntos dos outros: "É pena, Francisco, ser assim com tanta pressa. Porque aqui não há nenhum meio de lhe poder servir. No mês que vem vou a São Paulo fazer a contagem dos juros no London Bank e na firma Martins Costa & Cia. Nessa ocasião, sim, lhe servirei com todo o prazer...". Reiterei-lhe a urgência. Mostrei-lhe a forma comercial de se conseguir uma retirada bancária mesmo em conta a prazo fixo, como a sua. Nada. Tudo inútil. O homem se plantou naquela desculpa do prazo marcado, e nela ficou, insensível ao meu desespero.

À mesa do almoço estavam sentadas umas vinte e tantas pessoas, entre parentes e convidados. Eu era o alvo de todas as conversações. O homem que devia trazer muitas novidades de São Paulo. Causei-lhes boa decepção. Não conversava. Com muito custo respondia às perguntas. Assim mesmo por monossílabos. Acharam que eu estava doente. "O sr. Francisco viajou o dia inteiro, mamãe, e nem descansou", "É isso mesmo. A culpada foi você mesma. O tio ainda bem não chegou e vocês já com ele pra baixo e pra cima no baile...".

O meu desespero foi crescendo... crescendo... Impossível comer. Não me aguentei mais. Saí à procura do único auto existente na cidade. Que maçada! O carro estava quebrado. Como chegar até a estação de Buri? Às quatro horas da tarde meus parentes ficaram assustados quando chegou o automóvel que eu pedi por telegrama a Itapetininga. A estrada era péssima e eu tencionava apanhar o noturno do sul que passava em Itapetininga. Tencionava e foi o que fiz.

Como era de se esperar, de nada valeu minha volta a São Paulo. Se nada conseguira no interior, com quem arranjar dinheiro na capital? Tudo o que tinha foi penhorado. A miséria que tanto temi despencou em cheio sobre mim e minha família. Um desgosto muito grande, imenso, sem fim, me levou à bebida. O desânimo tomou conta do meu corpo. Um porão de velha casa em Pinheiros, cedido quase que por esmola, substituiu minha linda residência de Vila Mariana. Uma pobre e boa cozinheira que residia no mesmo porão, ao voltar do serviço, trazia todas as noites uma lata de comida para meus filhos. Com pena da minha mulher e filhos, o chacareiro vizinho e sua boa esposa davam-nos leite e frutas. Meu crédito não atingia nem a vintém. Já devia bastante a todos.

Esse capítulo de minha vida guarda sofrimento indescritível. Somente quem já passou por situação igual pode avaliar o que seja andar muito, caminhar sem ter duzentos réis para o bonde, atrás dum emprego qualquer. Atrás de algumas moedas para matar a fome dos filhos. Carreguei malas nas estações a quinhentos réis o carreto. Minha mulher chegou a lavar roupas para algumas famílias. Meus filhinhos já não frequentavam nenhuma escola. Eu andava descalço.

Um dia apareceu, não sei de onde, um compadre. Arranjou-me na Sociedade Construtora um lugar de corretor. Com pouco tempo de trabalho já estava me arranjando regular-

Cara e coroa no destino de um homem

mente. Mas quando a desgraça vem, vem sempre acompanhada da desgraça toda. Alguém que não gostava de mim fez ciente a Sociedade de que eu era um bebedor e jogador; que já tinha posto fora, com amantes, jogos e bebidas, minha grande fortuna e, portanto, não merecia confiança. Poderia, a qualquer momento, causar grandes prejuízos à firma.

Nesse emprego eu gozava bom conceito. Percebia o ordenado de trezentos e cinquenta mil-réis mensais e mais a comissão de um por cento sobre todo o movimento da casa. Merecia muita confiança, pois até um automóvel da Sociedade estava a minha disposição, para correr seus serviços e propriedades. Tinha tudo. Estava no caminho da reabilitação. Já não bebia, não jogava, e muito menos me importavam as antigas amantes. Fui chamado à presença do diretor da Sociedade. Este queria ouvir de minha própria boca a veracidade das acusações atiradas contra mim. Eu, que nunca soube mentir, contei-lhe pormenorizadamente as peripécias por que havia passado. Terminei e meu interlocutor ficou como que pasmado ou muito pensativo. Depois falou-me assim: "Será que o senhor não nos vai causar aborrecimentos? Olhe, sr. Francisco, um homem assim não esquece facilmente de seus vícios…". Procurei esclarecer-lhe os motivos e as circunstâncias que me arrastaram na enxurrada. Combinamos que ele iria consultar os outros responsáveis pela empresa, antes de tomar qualquer decisão. Chamado, depois de alguns dias, ao seu gabinete, encontrei-o pesaroso. Se não me engano, até com lágrimas nos olhos. Entregou-me uma ótima carta de recomendação, atestando meus dezoito meses de trabalho honesto e eficiente. Isso acontecia no ano de 1928 e a Sociedade me abonou quatro meses de vencimentos e comissões, num total de catorze contos trezentos e cinquenta mil-réis.

Fiquei muito aborrecido com esse sucesso. Porém não desanimei. Total, havia um capitalzinho com que tocar a vida. Meti-me pelo interior adentro. Pus-me a negociar em cereais. Viajei muito. Conquistei estima. O crédito foi me bafejando aos poucos, devagarzinho... Paralelamente ao crescimento do meu capital e crédito, fui alargando o raio das minhas atividades. Não demorou muito eu já estava transformado em forte comerciante, operando em larga escala. Tornei a me afirmar. Fui novamente às alturas. Os negócios corriam maravilhosamente. Meus cinco filhos retornaram ao colégio. Com otimismo tornei a encarar a vida bem de frente, olhando dentro dos olhos dela. Ela tinha que arranjar um jeito de proporcionar amparo seguro aos meus filhos.

A colonização de terras me abanou as mãos, e lá fui eu...

Adquiri três mil alqueires de boas terras em Biguá, linha Sorocabana; peguei grandes glebas na linha Araraquarense, de Catanduva até Mundo Novo, de São José Itaguaçu até Ibirá, de Cedral até Rio Preto. Finalmente, Marília, Garça. Na Noroeste e Paraná. Ganhei muito dinheiro e concorri também muito para o povoamento de todas essas zonas. A preocupação de limpar meu nome na capital jamais me abandonou. Por intermédio dum advogado, paguei integralmente todas as minhas dívidas anteriores.

Alguém me fez ciente de que no 1º e 2º cartórios de Capão Bonito constavam grandes tratos de terras pertencentes aos meus falecidos pais. Foi uma surpresa! Maior surpresa, quando constatei ser verdade. Promovido o necessário inventário, levei a cabo a medição geral. Cinquenta e oito mil alqueires reivin-

Cara e coroa no destino de um homem 105

dicados, para serem divididos entre dezoito herdeiros. Comprei os direitos de quinze herdeiros. Fiquei na posse de toda a herança, pois as outras duas partes cabiam a minha irmã e a uma tia, das quais eu era procurador. Comecei a exploração das terras. A pôr em movimento a riqueza oriunda das madeiras de lei que lá existiam em grande quantidade. E o negócio ia indo muito bem. Ia indo muito bem até que foram descobertas em minhas terras jazidas de chumbo e galena, além de outros minérios. As amostras analisadas pelo departamento especializado de São Paulo positivaram minhas expectativas. Consegui o direito das lavras, atentando a que tudo estivesse bem legalizado.

Junto a essas atividades, outras ganhavam terreno entre minhas preocupações. Firmei contrato e consegui concessão, por trinta anos, do fornecimento de luz e energia elétrica para o município de Capão Bonito. Dei início à construção da usina e da estação elétrica. O empate de capital era enorme. Fazia-se necessário levantar algum dinheiro mais. Entrei em contato com companhias inglesas. Embarquei para o Rio de Janeiro, levando cento e oitenta e cinco quilos de chumbo, galena e outros minérios. Permaneci no Rio pelo espaço de dois meses, ultimando negócios, contratos etc. A Companhia Cobrasil mostrou-se interessada. Mandou seus engenheiros comigo a Guapiara fazer estudos. Aparecem nessa ocasião outros pretendentes. Novos interessados, fazendo ótimas propostas. Como estes últimos eram brasileiros, interrompi as negociações com os estrangeiros. Que diabo! Mesmo em negócios a voz da pátria soa com simpatia. Com esses nossos patrícios, no dia 4 de outubro de 1933, no 5º Tabelião desta capital, firmei um contrato de exploração das minhas terras e jazidas minerais. Indenizei a firma com quem rompera as anteriores negociações.

Fiquei estarrecido. Talvez uma bala ou um raio que me atingisse não me faria perder o sangue e suar frio, como quem vai morrer. Que momento aquele! Foi dos raros momentos de espanto que um homem pode ter durante a existência mais agitada e aventureira. Mandaram me entregar a cópia do contrato que eu havia assinado. Quando leio... Será verdade? Meus olhos não estarão me enganando? Qual nada. Estava tudo muito certo. Tudo direitinho. Tudo conforme os dispositivos da lei. Parece mentira. Incrível. Devia ter sido um hábil manipulador e prestidigitador, para me fazer assinar um documento por outro. Ao invés dum contrato social, eu havia assinado uma escritura pública, pela qual entregava todas as minhas terras e bens a esses sócios! Quase fiquei louco. Por todos os meios amigáveis procurei invalidar essa escritura. Não foi possível. Constituí advogado e demandei. Ah, as demandas em nossa terra! Quanta morosidade e quanta custa! De 1933 até 1937, lutei contra os usurpadores. O dr. Afrânio Calazães Bitencourt conseguiu minha vitória em novembro de 1937. Após rumoroso inquérito corrido na 1ª Delegacia Auxiliar, ficou provada a ação criminosa dos tais. Estavam sendo já processados, quando deram de aparecer intermediários trabalhando junto a mim, dia e noite, para que desistisse do processo. Muitas e muitas pessoas lutaram com interesse ferrenho para abafar o caso e o escândalo que ele iria provocar. Meu advogado e pessoas de influência a quem consultei foram de parecer contrário à minha quase resolução pela desistência.

Aconteceu depois da mudança do governo Armando Sales. Os que amparavam meus diretos foram afastados dos cargos públicos. Meus traidores movimentaram os cordões da admi-

Cara e coroa no destino de um homem 107

nistração estadual e fui perdendo terreno com ameaças até à minha própria liberdade. Meu advogado não me abandonava um só minuto. Os inimigos estavam alerta, na tocaia, aguardando o menor cochilo. E não desaproveitaram o momento vulnerável, que se abriu quando meu advogado, em 10 de dezembro, foi ao Rio. Ele era de lá e foi passar as festas de fim de ano com a família. Mesmo porque, os tribunais só reabririam seus trabalhos depois das férias, no mês de fevereiro.

A cilada foi arquitetada e executada com precisão cronométrica. Eu me encontrava no prédio Sampaio Moreira,[26] 6º andar, na porta do escritório do dr. Aragão. Estava à sua espera a fim de liquidar um negócio sobre o terreno meu, situado no alto do Cambuci. Quase em cima da hora combinada. De repente aproxima-se de mim um grupo formado dumas dezenove pessoas. Quem seriam? Pelo visto se encaminhavam em minha direção... Já bem próximos de mim jogaram-me aos pés uma maleta. Em seguida ouvi: "O senhor está preso". Nada adiantaram os meus protestos. Nada valeu eu querer ao menos saber por que estava preso. Abriram a maleta e dentro dela estavam três vidros contendo algo em pó, muito branco. Tipos suspeitos foram colocados junto de mim, bem colados a mim. E o fotógrafo encheu o ar com a fumaça do magnésio.[27] Dali mesmo fui encaminhado ao Gabinete de Investigações.[28] Foi lavrado o auto de flagrante. Eu figurando como o vendedor de pseudoentorpecentes. Figurando como estelionatário, junto com dois malandros que seriam meus companheiros de "trabalho" e duas supostas vítimas. Três testemunhas! Diga-me sinceramente: haverá quem possa se livrar de tão diabólico plano? Foi um escândalo! Minha fotografia, no meio daquela encenação mirabolante, gastou muito espaço nos jornais da capital. Como negar, se fui apanhado em flagrante, fotografado no local do crime, junto dos meus ajudantes, das vítimas e das testemunhas? Não sei como não perdi o juízo.

Dois dias após minha prisão, fui levado à presença de certa autoridade policial do Gabinete. Foram mais ou menos estas as suas palavras: "Você não me quis ouvir... Lembra que lhe avisei para desistir das suas ações judiciais contra mim e os meus amigos? Adverti até a sua família e ninguém me quis atender. Agora você está em nossas mãos. Pode crer que vamos escangalhar com a sua vida. Jamais se livrará desta. Você é quem vai ser processado em nosso lugar. Preparou a cama, agora deite-se nela. Talvez para sempre. Quer brincar conosco, que somos da polícia...".

Dito isso, pôs-se a tirar os papéis da minha pasta, apreendida no momento da prisão. Documentos que o comprometiam, e ao seu bando, eram rasgados na minha presença. Entre esses documentos havia uma letra de câmbio no valor de cento e trinta e cinco contos de réis aceita por essa mesma autoridade num empréstimo que lhe fiz. O sangue começou a me ferver na cabeça ante tamanho canalhismo. Os frangalhos dos meus documentos de valor iam enchendo o cesto de papéis usados. Perdi o controle. Avancei no delegado, procurando arrebatar alguns papéis. Não consegui. Fui subjugado pelos capangas do homem. Arrastado me conduziram para os porões do prédio, e fui jogado completamente nu na solitária. Baldes de água com amoníaco foram atirados sobre mim. Quase morri.

Procedente do Rio, chegou meu advogado a 1º de fevereiro de 1938. Minha prisão fora às duas horas da tarde do dia 25 de janeiro. O inquérito já estava encerrado e os autos, em juízo.

Cara e coroa no destino de um homem 109

O dr. Afrânio imediatamente entrou em ação. Encaminhado à Casa de Detenção, fui posto em liberdade mediante fiança. Provada minha inocência, desmascarada a trança infernal em que me enlearam, fui impronunciado.

Os efeitos da publicidade foram rápidos. A versão espalhada aos quatro ventos de que eu era um perigoso vendedor de tóxicos, estelionatário, vigarista e ladrão criou em torno de mim um anel de aço. Quando liberto, estava completamente liquidado. Minha presença causava descontentamento até aos meus amigos mais antigos. Tive o capricho de juntar todos os documentos comprovando minha inculpabilidade naquele crime, esclarecendo amplamente meu passado de homem honesto e trabalhador. Pelo espaço de sessenta dias, clamei pelas colunas dos jornais, lutei pela minha reabilitação frente à sociedade. Tempo perdido. Esforço vão. A dúvida já estava com raízes profundas. Fiquei sabendo que o mundo não quer saber da verdade. A humanidade é má. Sua perversidade é terrível. Ninguém acreditou mais em mim.

— Mas você acha que eles agiram conscientes do mal que lhe estavam causando?

— Que dúvida?! Eles sabiam perfeitamente ser eu inocente. Caso eles sejam pais, é impossível que não sintam fundos remorsos ao lembrar-se dessa infâmia. Foram eles que me atiraram impiedosamente na lama e no lodo. Debaixo de violência, à força, me obrigaram a ingressar na estrada do crime. Esses homens sem coração arruinaram meu passado honesto, jogaram na miséria uma família inteira. Não merecem perdão de mim nem de meus filhos. A justiça da terra é cega, porém entrego tudo nas mãos da justiça divina.

— E depois, que aconteceu?

— Vendo que aqui em São Paulo não podia mais ficar, embarquei para Capão Bonito. No bairro de Fundão, iniciei trabalhos visando colonizar minhas terras. A exploração das matas prometia bons negócios e me dediquei também a tirar lenha para a Estrada de Ferro Sorocabana, que a transformava em carvão e remetia para a capital. Comecei ainda a indústria de palmitos em larga escala. A coisa, que parecia bem no princípio, deu de se complicar. Devo à imprensa o favor de me desmoralizar até no cantinho mais ignorado do interior. Muitos conservaram pedaços de jornais com minha fotografia e as notícias escandalosas. Minha autoridade de proprietário viu-se solapada e, quando era obrigado a despedir algum empregado por abuso, não raro ouvia frases como esta: "Ora, o senhor também é ladrão. Olhe aqui a prova no jornal". Com minha presença no lugar, a difamação ganhou novo impulso. Correu célere nas asas do vento. Minha fama de ladrão estelionatário chegou ao cúmulo. De modo que, se eu precisasse comprar um frango ou qualquer coisa insignificante, era preciso pagar adiantado; assim mesmo verificavam se a nota não era falsa. Só faltavam desinfetar o dinheiro, passando-o pelo fogo para evitar o contágio do temido micróbio... Quando procedia ao pagamento dos meus operários, aos sábados, muitos deles corriam cedinho no domingo à cidade, para certificar se o dinheiro não era falso ou roubado. Em toda a redondeza de Capão Bonito, Buri, Itapetininga, adquiri um descrédito absoluto.

Retirei-me novamente para São Paulo. O empregado de minha inteira confiança, João Flores, ficou tomando conta dos meus negócios lá, mas em breve adoeceu gravemente. Veio para cá se tratar. Assim encerraram-se minhas atividades

Cara e coroa no destino de um homem

em Capão Bonito. Tudo ficou abandonado. Rapidamente foi tudo por água abaixo.

E agora, que fazer? O futuro que tanto sonhei para meus filhos? Só restava a pecha de ladrão consumindo meus dias e minhas noites. Quanta amargura, Deus meu! O desânimo caiu sobre mim, qual tempestade furiosa. Pela primeira vez os maus pensamentos deram de me visitar. Cheguei à dolorosa conclusão de que de nada adianta o homem ser sério e honesto, se quiser viver e gozar bom nome. Devia é ser ladrão e bem perverso e desumano. Devia era seguir o exemplo daqueles que me exploraram. Viver à tripa forra, nas costas de pacatas famílias. Era só questão de aplicar astúcia, combinada com a prudência. Porque o problema grave, seriíssimo, na vida dos ladrões de casaca é operar com inteligência, sem deixar rastros.

Em junho de 1939 fui novamente preso. Preso com outros companheiros. Já havia feito minha estreia, aliado a ladrões profissionais. Hoje estou cumprindo a pena de quatro anos por crime que não pratiquei. Fui acusado pelo motivo de conhecer os verdadeiros criminosos. Estes gozam todos de liberdade. Não pense que estou querendo me vestir com roupa de santo, mas...

— Quer dizer que você não se julga ainda regenerado?

— A lição foi muito dura. O que tenho sofrido! Você nem pode fazer ideia. A sociedade me transformou num ladrão. Porém agora sou outro novamente. Outro, propriamente, não. Sou eu mesmo que me encontrei, nas longas e tristes noites de meditação. Recuperei minha velha fibra de caboclo que não se verga às injunções do meio. Estou regenerado. Quero distância, muita distância da vida criminosa. Já pela minha idade, cinquenta e três anos, isso não seria mais possível. Porém, caso pretendesse seguir novamente a malandragem, já estaria em liberdade há muito tempo. Porque há sempre interesse por parte dos companheiros que ficaram lá fora...

Quando sair, com liberdade condicional ou em cumprimento da pena, pretendo tratar das minhas terras no interior e restabelecer o sossego na minha existência já quase por findar-se. Viver na paz de minha família que tanto adoro. No carinho da minha boa esposa e dos meus filhos, que jamais acreditaram que me dedicasse ao crime e não me abandonaram um minuto sequer nessa longa trajetória de indescritíveis sofrimentos.

E o 6237 terminou, filosoficamente, o seu relato com as seguintes palavras:

— Dizem muitos que Deus é o culpado de nossa desditosa existência. Discordo. Deus não nos enviou ao sofrimento. Nos ama tanto que nos concede liberdade para tomarmos nossas próprias decisões. O homem goza de liberdade para escolher o caminho do egoísmo e da contenda, que conduz inevitavelmente à dor, ou escolher o caminho da abnegação e da harmonia, que realiza o contentamento e a plenitude da vida. Do egoísmo do homem brota o sofrimento do mundo. Deus, desde seu amor, não pode evitar o sofrimento como consequência da atividade humana; mas ajuda-nos a suportar reveses e a transformá-los, de dor pungente, em triunfo glorioso. Não fosse assim e não suportaríamos a vida.

8. Lágrimas, risos e versos

AGORA ESTOU NO HOSPITAL. Deixei a encadernação. Guardo dela belas lembranças. Fiz boas amizades e ganhei, durante um mês que estive lá, duzentos réis por dia. Era aprendiz do ofício. Não tinha vocação. Me transferiram para escriturário no serviço de sífilis e tuberculose. Antes, minha vida presidiária era lidar com livros. Agora passou a girar em torno de reações de Wasserman, Kahn, de treponema pálido e bacilo de Koch. Eu que sempre detestei cheiro de remédio! Havia até desistido, quando rapazinho, da carreira de farmacêutico tão do agrado de minha mãe. Agora estava metido ali com doentes e aventais brancos de enfermeiro e médico. Sim, senhor! Que voltas dá a vida...

Em compensação, o serviço é mais leve. Encher fichas e escriturar cadernos. Há ainda mil e quinhentos réis diários...

O que estragava eram certas cenas tristes que se tinha de presenciar quase diariamente. Dias atrás, por exemplo, morreu o 4395. Levou quinze dias morrendo. Que coisa dolorosa! Morrendo ali devagarinho, solitário, abandonado!

O sentenciado Carnaval, depois de sofrer muito na Casa, o dr. Marcelo Nogueira, médico dedicadíssimo — de quem os presos sabem reconhecer os méritos profissionais e o bom coração —, o dr. Marcelo trouxe o Carnaval para a sua clínica. Clínica cirúrgica. Curou-o e ele agora é doador de sangue.

Mas o Carnaval não dá somente o seu sangue. Procura ajudar os companheiros socorrendo-os solicitamente em suas necessidades.

O 4395 estava morrendo havia quinze dias. O Carnaval dava-lhe leite condensado na boca. E o moribundo muito resignadamente enfrentava o instante decisivo. Era pele e osso. Estava condenado a trinta anos. Tinha um tumor no pulmão. O padre católico sempre aparecia, insistindo:

— Quer confessar?

— Oh, por que o senhor se esforça? Eu nasci com minha religião e quero morrer nela... — respondia com voz fininha. Era protestante.

A morte foi-se aproximando dia a dia. Alguns companheiros iam até sua cela e não resistiam a assistir àquela agonia sem fim. Pobre 95! Como foi forte.

— Por que é que vocês estão chorando? Eu estou pagando o que fiz...

Soltava uns fracos gemidos. O rosto gordo do Carnaval se cobria de lágrimas, enquanto procurava fazer descer algum alimento pela garganta do moribundo. E ele continuava, cada vez mais aumentando a dor dos que lhe assistiam os últimos instantes:

— É, Carnaval... se você soubesse... — deu um fundo suspiro; parecia haver chegado ao fim... mas voltou a si e com os olhos brilhando intensamente continuou: — Se você soubesse...Vocês não precisam ter dó de mim... Estou pagando...

Quando o dr. Flamínio soube da morte do sentenciado foi imediatamente ao hospital. Entrou na pobre cela do morto. Orou durante algum tempo, de cabeça baixa. Depois seus olhos se dirigiram ao rosto do defunto. Estaria chorando o

Lágrimas, risos e versos

nosso diretor? Não sei. Seus olhos pareciam-me que estavam nadando em água. Pronunciou comovido:

— Descanse em paz, irmão!

Pela primeira vez o cadáver de um preso merecera a honra de ser carregado pelas próprias mãos do diretor... Outro preso faleceu numa postura grotesca, dolorosa, tragicômica. O 6364. Quando os companheiros o foram acudir na sua cela, estava esticado, a mão segurando nervosamente o membro duro, num estado desesperado de priapismo dolorido. Na parede, junto à cama, o esperma corria ainda fresco. Sucumbira durante o gozo alucinante da masturbação...

Certo dia eu estava ajudando o médico-chefe do serviço a fichar os novos sifilíticos entrados no estabelecimento. Entra um detento. Um detento?

Parecia mais um criançola. 7390. Parecia ainda ter nos lábios de gatinho novo gotas de leite materno. E já era um criminoso! Tanto assim que ele estava ali na minha frente todo trêmulo. O temor que nos agarra quando, ainda de prova, somos arrancados brutalmente da cela para destino que ignoramos. Ninguém se dá ao trabalho da menor explicação. O guarda o muito que faz é gritar "Gaiola". Na gaiola nos botam em forma e somos comandados: "Siga pra frente", "À direita", "À esquerda". O infeliz segue para o não sei onde, procurando adivinhar o que lhe estão reservando para dali a pouco.

— Que é que você fez, 90?

— Crime de morte — respondeu trêmulo como se fosse apanhar.

— Você está nervoso. Fique calmo. Eu também sou preso como você. Me conte como foi tudo.

— Eu tinha dezesseis anos quando isso aconteceu. Nós morávamos no sítio perto de Porto Marcondes. Eu, minha mãe, dois irmãos que também estão aqui e outro ainda pequeno. Uns grileiros queriam tomar nossas terras. Somos órfãos de pai. Um dia chegaram em casa quando estávamos trabalhando na roça e bateram em mamãe. No outro dia voltaram. Deram uma foiçada num irmão meu. Eles eram em dois. Outro irmão não estava na hora. Dei um tiro e matei aquele que quase acabava com meu irmão a foiçadas. Fui condenado a dez anos e meio. Os outros dois, mesmo aquele que tinha saído e não presenciara a briga, foram condenados a sete anos cada um. Coitada da nossa mãe! É velha, tem cinquenta e cinco anos, e ficou sozinha, abandonada...

Estava quase chorando e eu o interrompi. Pobrezinhos dos filhos da roça, sem experiência. Sofrem todas as injustiças deste mundo.

O médico continuou atendendo. Entra um dos pacientes tuberculosos:

— Doutor, será que o senhor pode dar ordens para me fornecerem um par de meias? Tenho sentido muito frio nos pés...

— Olhe. Estive falando com o roupeiro e não há meias. Outros também vieram se queixar. Que quer que eu faça? Se fosse permitido pelo regulamento eu compraria um par para você lá fora. Mas não pode...

Esse regulamento! Esse regulamento também me pregou uma boa. Foi nessa mesma época fria de junho. Como nós recebemos duas blusas, uma de brim e outra quente, azul, resolvi vestir as duas, uma por baixo da outra. Naquela manhã fazia um frio!... Os corredores e o prédio, tudo de cimento, esfria mais ainda. Vesti a blusa azul por debaixo da outra. Quando cheguei na gaiola do primeiro pavilhão, me

Lágrimas, risos e versos 117

dirigindo ao hospital, fui barrado. Porque não reparei, e, ao fazer continência ao vigilante central, ele notou as beiradinhas azuis da manga aparecendo... A azul era só para os domingos. Fez-me voltar e ainda por cima me passou um "sabão". O primeiro "sabão" que recebi; outros vieram noutras oportunidades...

Assim é o regulamento. Um tabu de incompreensíveis proibições.[29] Por causa dele eu e o tuberculoso continuamos a passar frio.

O PROFESSOR SABIÁ é um dos maníacos mais curiosos do presídio. Preto retinto e lustroso, usa óculos na frente de uns olhinhos arregalados. O gorro alto e engomado não lhe sai do alto da cabeça. Um palito sempre aparecendo no canto da boca. Diz que lhe ensinaram o uso do palito a fim de evitar o assovio. A história do assovio é devido a um defeito da dentadura. Ao pronunciar a palavra, ela vem acompanhada do chi, chi, chi, espécie de mussitação, donde resultou o seu apelido. Mas o companheiro Sabiá não gosta que o chamem assim. Prefere o simples título de "professor". Fica todo melado quando, ao encontrar com alguém na galeria, é saudado "Como vai, professor?".

Seu peito afla, o sorriso lhe enche as bochechas, ao contar orgulhosamente:

— Fui classificado pelo dr. Flamínio, professor em contas e gramáticas. Ah, eu sou um bicho em minutos, segundos e milímetros! Só o senhor vendo...

Conversa um pouquinho, no seu fraseado incompreensível, depois se despede "em inglês", como diz ele:

— *My good friend, goodbye.* Não tenha superstição. *Goodbye...*

E assim o professor Sabiá vai, muito lampeiro, certo de haver dado uma notável aula de matemática e de língua inglesa. Ontem o professor Sabiá trazia debaixo do braço, além da gramática inglesa da qual nunca se separa, um outro livro. A certa altura, ao cruzar com o 7394:

— *How are you do?* Não tenha superstição. Pode responder meu amigo, estou falando inglês...

— Como vai indo essa inteligência, professor? — responde diplomaticamente o 94. E enxergando o livro que o professor trazia espremido no sovaco:

— Que tal o livro que recebeu esta semana? Bom, professor?

— Meio *good*, meio *good*. Assim, assim. "É isso aí." Tem umas cento e oitenta páginas. O amigo não recebeu?

— Recebi sim, professor.

— É bom? Quantas páginas tem?

— Ainda não li. Tem umas... quinhentas páginas — informou o 7394.

— Quinhentas páginas? Ah! Então o seu livro deve ser bom mesmo...

Falou com convicção, balançando a cabeça pra baixo e pra cima, e lá se foi de gorro empinado e palito no canto da boca.

O 6632 é outro que também faz rir. Bolinha é seu apelido. Porque ele na verdade é uma bolinha de carne, bolinha ou bolão, considerando-se melhor o seu volume baixo, porém largo. Muito preto, reluzente. Faz lembrar a bola 7 do jogo de "snooker". Certa vez, ainda quando eu trabalhava na encadernação, Bolinha pediu a palavra. Foi num daqueles momentos de folga em que o mestre sai para tomar café. Hora de se "ar-

Lágrimas, risos e versos 119

mar banca", como dizem meus bem-falantes companheiros presidiários. No dia anterior todos nós recebêramos na cela uma ficha para preencher. Declaramos a religião professada. O diretor estava dando as primeiras determinações para objetivar a liberdade religiosa assegurada pela Constituição do país e por ele proclamada como um dos elementos básicos do seu programa de reforma. A conversa de diversas "bancas" (rodinhas) giravam em torno desse assunto. Ataques e defesas ao catolicismo, ao protestantismo, ao espiritismo cruzavam a atmosfera da sala. Porém tudo em tom baixo, cochichado. O guarda, com sua farda amarela, impunha esse murmúrio carregado de ardor e paixão. Substituindo as cavalheirescas lanças e fidalgas espadas, as réplicas terçavam-se como surdas facas de lâmina larga e cabo curto.

O Bola 7 pediu a palavra quando ouviu certa passagem espiritista na "banca" ao lado. Meteu-se no meio da conversa com aquela maneira toda especial que ele usava, pronunciou um imperativo "olha aí":

— Olha aí... isso me aconteceu ontem quando estavam tomando nota da religião da gente. O guarda vinha se aproximando. O lápis e fichas na mão, anotando protestante numa, católico na outra, evangelista naquela outra. Meu vizinho de cela pôs-se a vacilar. Rapidamente calculou os benefícios que poderiam advir do protestantismo. O guarda estava quase alcançando a porta da sua cela. Não havia tempo a perder. Tinha que se definir imediatamente. Cadê tempo para raciocinar? Concluiu que se declararia protestante. Nisso ouviu bulir no trinco para abrir o guichê. Quando ele preparava na ponta da língua as respostas... Oh, infelicidade! Bem à vista, sobre a mesinha, e pregadas na parede, duas gritantes estampas de Nossa Senhora e um rosário de grandes contas escorrendo-lhes dos pés!

Foi num relâmpago. O vizinho, todo afobado, pregou uma tapa na parede. Ao chão vieram de cambulhada, amarrotadas, as santas, o rosário, prego e tudo.

Abriu-se o guichê e os olhos do guarda percorreram o interior da cela. Quase para enxergar as santas caídas no chão, o vizinho, em extrema dificuldade, não encontrou outro remédio: deitou sobre os rostos piedosos a planta bruta do sapato! Em seguida começou a responder aos quesitos da ficha. Ia indo pela metade, havia chegado precisamente na pergunta: "Qual a religião que professa?", quando sentiu fortíssima pontada no pé que esmagava a cabeça das santas. Ficou aflito. Que seria? Algum castigo? Um grande peso sobre o pé iconoclasta substituiu a violenta pontada. Lágrimas quentes umedeceram-lhe os olhos. Uma súplica funda e sentida vibrou-lhe no interior do peito: "Ai, minha Nossa Senhora, valei-me! Inspirai-me e me auxiliai a dar uma boa resposta ao guarda. A Senhora bem sabe que eu sempre pertenci a Vossa Igreja. Mas agora é impossível eu continuar sendo católico. Porque a protestante me vai dar muito mais vantagem…".

O guarda, já arreliado, não estava para mais espera e insistiu, energeticamente, que respondesse à pergunta. Foi então que o meu vizinho mostrou para quanto vale. Pois não sei onde ele ouviu esse nome, mas o fato é que respondeu distintamente: "Eu sou Batista, 'seu' guarda…".

Olha aí — finalizou o Bolinha —; eu não sei não, ouviu? Mas estão dizendo que os cachorros lá no pátio não querem outra vida. Cada qual se diverte com seu pedaço de rosário nos dentes…

Lágrimas, risos e versos

O 7306 não quis desaproveitar o momento de riso e contou o diálogo que ouviu entre um sentenciado e uma visita:

— "Então a prova antigamente era mesmo de amargar?", perguntou o visitante. "Ora, mais que isso; nem cigarros tínhamos…" "Nem cigarros?" "Às vezes, conseguíamos um pedaço de fumo em corda, que algum companheiro nos passava escondido, através da espia…" "Mas só o fumo? E papel para fazer o cigarro?" "Bem, quanto ao papel… O padre capelão tinha nos dado um catecismo…" "E os que não eram católicos?" "Esses… se desapertavam com as páginas do regulamento…".

DEPOIS QUE O dr. Flamínio Fávero fundou *O Nosso Jornal*, deu de surgir "homens de letras" aqui dentro. Folhas, pudicamente enroladas, deram de andar disfarçadas nos bolsos e nas mãos dos meus companheiros.

— Que é que você leva aí, Manoel?

— Nada. Uns rabiscos…

— Deixe ver.

— Ora, não valem nada…

Mas foi mostrando. Quem não conhece a fita dos poetas? Era um:

DESALENTO

A brisa que perpassa sussurrante…
Por entre as trevas do meu viver tristonho,
Traz em seu seio a lucidez de um sonho,
Maravilhoso e bom, num passado já distante.

A saudade me invade o pensamento
Trazendo a cada instante a lembrança
De minha mãe, que ansiosa esperança
De rever, mais aumenta o meu tormento.

E quando à noite me reclino e deito
Sua imagem abre as asas sobre o leito
Acariciando o meu corpo fatigado...

O meu sono então deslisa em desejos
De colher dos seus lábios santos beijos
Que foram meus... e ficaram no passado!

Certo dia, chego à minha cela e encontro sobre a mesa a seguinte saudação:

O TEMPO

Que foi o Tempo eu sei. Esse inimigo
Da mocidade, da paixão, da vida.
E pr'a o amor, decerto, o mor perigo
O Tempo tudo leva de vencida!

Que foi o Tempo, eu sei, meu pobre amigo.
Devo-lhe já muita ilusão perdida
Mas vê, não me revolto, nem maldigo
As horas que o Tempo leva de fugida.

Pr'a que lutar? A vida, pr'a ser boa,
Só pode ser assim, vivida à toa.
Prender o Tempo! Meu Deus, quem o pensou?

Lágrimas, risos e versos

Como tudo o que é bom, alegre e doce,
Assim o Tempo bons dias me trouxe,
E ainda o Tempo rápido passou!

Abdias: porque será que os Tempos estão duros?
Abraços do Luiz
64-onze
Natal de 943

Com o canto dos olhos, eu estava observando o 6888, meio encabulado, mostrar ao 7306 uma folha de caderno, por cima da mesa cheia de livros para encadernar. Com muita dificuldade (porque o rapaz é esquivo), pude ver o que era. Era de poesia que estavam tratando, leitor. Versos do 6888. E veja só que

DEPOIMENTO
A lua no céu vagava mansamente,
Circundada por estrelas cintilantes...
Além — um sino plangia dolentemente
Sobre a relva avistei os dois amantes

Acolá, o rio murmurava docemente
Uma cantiga que os deixava extasiantes...
A voz do sino repercutia ternamente
Edificando os momentos delirantes.

Depois... a lua escondeu-se tristemente
E com ela as estrelas reluzentes
E a voz do sino tornou-se soluçante

Só o rio continuava murmurante
Quando os amantes partiram sutilmente
Deixando no abandono o leito verdejante.

Bilhetes e versos aqui são mato. Senão vejamos outros que me enviaram também pelo "correio":

Caro amigo e colega Abdias Nascimento,
Vasculhando a memória, quis transpor-me ao reino da poesia...
porém, a inspiração, para mim tantas vezes ingrata, desampara-me, fazendo-me crer que não nasci para compô-la, mas que também não a poderei desprezar. Enfim, depois de mil tentativas, e por um capricho pertinaz, julgo ter mais uma vez vencido essa obstinada inspiração. Ei-lo, condena-o, porém perdoa-me, pois a vontade não faltou para fazê-lo melhor.
P.S.: Diz o adágio "À míngua morre o poeta". Quisera sê-lo mesmo que assim fosse.

B. M. P. sent. 6576

JESUS FOI POETA
É noite... Tudo é silêncio e nostalgia;
Triste e abatido descerro a janela,
E a contemplar o céu, me deixo n'ela...
Qual sonhador a sondar a poesia

Meu amigo. Que triste é o céu sem estrelas,
Que contraste... o Nazareno quando nascia,
Horas antes, mil estrelas no céu se via
Cintilantes... que contar era perdê-las.

Lágrimas, risos e versos

Quero sonhar...fazer um céu deslumbrante
Todo ofuscante...belo e fulgurante
Mas... Jesus surge e diz: — Não penses em tal.

O teu sonho nasceu na minha meta...
Vês? Nasci, cresci e morri num ideal
Mas... como tu, amei e fui poeta.

Para terminar o capítulo, autoria do 7054, os que o queiram fazer, meditem sobre esta

MEDITAÇÃO

Todas as noites que a lua misteriosa
Vaga na amplidão celeste,
Minha alma qual pirilampo em voos de meteoros
Traz do firmamento todo o enigma.
E fascinada pela vastidão indecifrável
Dos ritos da filosofia
Soluça e chora a sua pequenez...

Medita, e nesse pensar em busca da verdade
Que aumente ou sacie a sede do saber
Sofre os suplícios de Tântalo acorrentado
Ou de um Prometeu que as vísceras expostas
Ao adunco bico da águia feroce;

Onde há, porventura, na lousa negra,
Na noite iluminada por lanternas magas
Os livros da gênese, do realismo teologal?

Se todas as vozes são sussurros de folhas
A segregar ao vento a história dos perfumes;
São sopros de asas céleres, são cios de animalidade?

São lamentos ou cantos fúnebres,
São espasmos sensuais da transmutação da vida
Em vida continuada!
Nada responde ao anseio humano em desvendar
Dos céus as páginas matemáticas da proporção
Do ser ou não ser, do auverne ou paraíso
Que amedronta os cérebros infantis.
Vida! Por que não se explica a sua existência?
Deus! Por que não se explica a existência tua?
Se é possível crer na linguagem que dita
Qual sentença: "vocces populis, vox Dei"
Diz a verdade das nossas consciências,
— Uma vez que ela é real, que podemos crer
Nos contos encantados das noites românticas
Das lendas orientais...
Se nesse mito, em que o pensamento voa,
Como absorve o ar o olor...
Absorve-se em ânsias o coração aflito
Que não descobre
O sentido se sua própria vida!

Medito... e nessa elucubração
Em que se desfalecem todas as esperanças,
Espero receber ainda a mensagem sobre-humana
Que revelando a vida

Lágrimas, risos e versos

Descortine a própria existência dos céus
Tendo como princípio Alfa
Ômega como fim...
Limites extremos
Da eternidade!

9. A condessa e seu chofer

— E SE VOCÊ ESTIVESSE em liberdade? Gostaria de seguir a frente de batalha, Farina? — alguém na mesa, durante a refeição, perguntou ao 2390.

— Não sei dizer. Já estive em uma... Depois estou velho... cansado...

Mas na realidade o 2390, Domingos Farina, não é tão velho assim. Dos presos antigos é um dos poucos que joga futebol como os rapazes e que se entusiasma com as representações do Teatro como um jovem de dezoito anos.

— Em que guerra você já esteve, Farina?

— Na de 1914.

— Uai! O Brasil não mandou tropas... Como foi isso?

— Me apresentei como voluntário quando tinha dezenove anos. Saí daqui em dezembro de 1914 e, no dia de Reis do ano seguinte, desembarcava em Gênova. Segui para Nápoles e depois para Roma, onde fui incorporado no 13º Regimento de Artilharia. Entretanto, havia falta de motorista e, como eu era chofer, me transferiram para a 5ª Companhia Automobilística, também em Roma, situada na Caserna Farnesina. Nesta estive até 29 de maio, quando segui para o front com minha unidade. Atravessamos muitas localidades e chegamos, após longa jornada, em San Giovanni di Manzano. Depois fomos para Cormons, a primeira localidade austríaca. Quando da

A condessa e seu chofer

retirada italiana em Trentino, seguimos para Carso. E daí em socorro para Trentino. Como automobilistas que éramos, fazíamos o transporte das tropas em caminhões, depositando-as em Asiago, ponto da resistência italiana. Foi daí que partiu a nossa contraofensiva.

Eu estava descontente nesse trabalho de motorista. Alistei-me para lutar de verdade e não suportava a condição de simples auxiliar de retaguarda. Solicitei quatro vezes transferência para a infantaria. Não fui atendido. Aconteceu-me que fiquei doente e depois do período de hospitalização, os quinze dias de repouso que me deram, pedi que fossem transformados em licença. Não consegui. Fiquei aborrecido e fui "por conta própria" à casa de meus tios em Miranda. Nesta passei vinte dias, findo os quais me apresentei em Pádua, onde ficava o meu quartel. Em virtude dessa falta, me arrancaram as divisas de cabo que eu já havia conquistado e me transferiram, também por castigo, para a infantaria. Agora sim! Havia alcançado, por linhas travessas, o que há tanto tempo vinha pleiteando!

Na infantaria, fui mandado para o Monte Columbali. Permaneci uma temporada nessa frente. Era um setor tão calmo que nossas patrulhas se encontravam com as patrulhas inimigas. Como tínhamos muito alimento e eles, não menor quantidade de cigarros, fazíamos permutas, numa atmosfera da melhor camaradagem possível. Passado algum tempo, fui removido para Altopiano di Bainsizza, onde comecei verdadeiramente minha vida de soldado e de guerreiro. Tomei parte em vários combates, ataques e assaltos contra os austríacos, até a retirada de Caporetto. A Itália sofreu um grande fracasso. O inimigo não só retomou aquilo de que ela havia se apoderado, como também invadiu até o Piave. Nossas tropas regulares, antigas na frente de batalha, se dispersaram numa debandada sem ordem. Quem nos socorreu foram os jovens, a mocidade quase criança ainda da classe de 99. Opuseram tenaz e heroica resistência ao inimigo no Piave, impedindo que ele avançasse. Deu tempo de ser reorganizado o exército, o que foi feito em um mês pelo general Luiz Dias,[30] que substituiu Luigi Cadorna no comando-geral das tropas. Depois voltamos novamente ao combate. Retomamos todo o território perdido e chegamos até Trento-Triestre. Nessa altura veio o armistício. Terminara a guerra.

— Mas você foi combater e não realizou nenhum ato de bravura?

— Não gosto de dizer. Podem julgar que sou exibicionista. Mas numa das avançadas em Bainsizza eu, como soldado de iniciativa, assumi o comando do pelotão quando o comandante dele morreu em combate. Comandando esse pelotão conseguimos nos apoderar de uma posição perigosa e muito avançada do inimigo, a qual funestos trabalhos já nos havia dado. Por esse feito me condecoraram com a medalha de bronze por "valor militar"...

— E onde está a medalha?

— Junto ao processo. O juiz, em vez de me condenar a trinta anos, deu-me vinte cinco e meio, reconhecendo como atenuante os meus serviços prestados à sociedade, numa guerra em que o Brasil também tomara parte.

— Farina, foi a única atenuante que encontraram? Você é tão culpado assim?

— Se você quer saber, prepare-se. Porque a história é comprida...

Terminou o horário da refeição. Subimos para o quinto pavimento, onde moramos. Eu na ala contrária à dele. Quase em

A condessa e seu chofer

frente um do outro. Quando os companheiros se dispersaram, Farina, antes de dar começo à palestra, cantou algumas cançonetas italianas na sua voz macia de barítono. Depois chegamos ao janelão que fica em cada extremidade dos pavilhões. E ali, apreciando aquele pequeno leito verde e alegre, formado pelas copas de algumas árvores, sentindo bater no rosto a aragem fresca das últimas horas do dia, Farina principiou sua história dramática e romanesca. O 2390 é brasileiro mas guarda o tipo clássico de camponês italiano: entroncado, musculatura forte, gestos másculos, modos simples, sinceridade por vezes rudes, e um doce lirismo jorrando de suas palavras como se viessem de alguma fonte de poesia e de música.

— Empreguei-me como chofer particular da sra. condessa N. L. C., esposa do falecido conde D. C.[31] Residiam na rua Pamplona nº—. Trabalhei algum tempo e, como achei o serviço demasiado, pedi demissão por duas vezes, no que não fui atendido. Os primeiros tempos decorreram sem nenhuma novidade além dessas. Na garagem e quando descansava no meu quarto, era meu costume cantar canções italianas e julgo ter sido esse fato o princípio do interesse que a condessa começou a demonstrar por mim, através de olhares suspeitos. Com o tempo percebi mesmo certo quê de lascívia nas suas olhadas para mim, pois eram, de vez em quando, acompanhadas de algum suspiro. Porém isso não passava de conjecturas minhas. E disso não teria passado se a condessa não insistisse afincadamente. Uma sexta-feira, por exemplo, ao terminar o serviço do dia, à noite ela me dispensou com as seguintes palavras: "Está dispensado, mas não volte tarde".

Naquele dia voltei às cinco horas da manhã, isto é, voltei no dia seguinte. Quando nos encontramos ela me interpelou: "A que horas você veio?".

Notei-lhe no rosto traços de aborrecimento, de arrufo. Eu frequentava o Máxime, um cabaré da rua Xavier de Toledo. O irmão do conde me encontrara lá e certamente contou alguma coisa, porque ela continuou assim: "Eu sei onde é que você estava... Você faz mal. Não deve procurar essas mulheres à toa...".

Fiquei pensativo, procurando descobrir o significado encoberto dessas enigmáticas palavras. Seriam meros conselhos de patroa ou de mãe? Ou haveria algo mais?

Decorrido pouco tempo desse diálogo, nessa mesma manhã de sábado, ela foi à garagem. Eu estava de cócoras regulando os breques do carro e batia fortemente com o martelo, fazendo muito barulho. O sol entrava em cheio pela porta da garagem. Ela, pé ante pé, se aproximou sem que eu a pressentisse, tão mergulhado estava nos meus afazeres. De repente vi a sombra dela. Parei o trabalho e fiquei imóvel, agachado como estava. E vi que ela trajava apenas um vestido de casa muito transparente. Estava sem meias e de chinelos de salto alto. Desde minha posição, mesmo que não quisesse, era obrigado a enxergar por debaixo de suas vestes. Asseguro-lhe que vi até as calças dela. Emocionado com o quadro por demais forte, não pude reprimir o suspiro sentido que me escapou da garganta. Perguntou-me: *"Che sospiri?"*.

A voz não me saiu para a resposta. Os meus braços executaram um gesto de desolação. Ela voltou à carga: *"Chi sospira ama"* "Mas... *signora contessa, anchio sono uno uomo"* *"È bene. Ai diritto di amare"*.[32]

Não resisti mais. Levantei-me, e como estava com as mãos lambuzadas de graxa, pus-lhe os braços sobre os ombros e... a beijei calorosamente! Ela exclamou um "ah!" indefinível,

A condessa e seu chofer

acompanhado de suspiros, e fugiu. Deixou-me debatendo-me em uma dúvida atroz: teria feito bem? Ou teria praticado uma loucura? Minha cisma foi grande. Passou-se a hora costumeira de ela sair com o auto, e como não me chamou só serviu para aumentar minha aflição. Contra seus hábitos, só muito mais tarde a criada Beatriz veio com a ordem para que eu pusesse o carro lá fora. Acanhado, receoso, com mil pensamentos atravessando-me o cérebro, pus-me a esperá-la. E ela veio. Sorridente, aconselhando aos dois filhinhos que se comportassem bem durante a sua ausência. Veio cantando aquela famosa marchinha: "Sou da fuzarca, sou da fuzarca, não nego, não etc.".

Entrou no carro e se jogou sobre as almofadas. Ordinariamente eu perguntava o itinerário, mas, aquele dia, estava tão atrapalhado que ela foi obrigada e me perguntar: "Para onde vamos?". Como não lhe dei resposta, ela mandou que tocasse para a casa da sua irmã I. Chegando aí, também contra seu costume, não desceu do auto. Toquei a campainha e à criada que atendeu transmiti seu recado: "Diga à d. I. para se vestir que a sra. condessa a fica esperando no automóvel". Enquanto esperava, me pus a passear pela calçada, fazendo o possível para não enfrentar a condessa. Temor e vergonha ao mesmo tempo. Porém ela não era da mesma opinião. Bateu com os nós dos dedos no vidro me chamando.

"*Comandi, signora contessa*", atendi eu. "*Lo sae che sei un'inbecille? Ciai voluto tanto a capirme*", me disse. "Não. Eu já tinha compreendido. Mas lembrando que sou o chofer e a senhora, a condessa, não ousei me declarar…" "*Che contessa a contessa! Quando si vuolo si vuol…*".[33] Nesse tom conversamos até vir sua irmã. Fizemos o percurso comum: Casa Ratto,[34] cabeleireiro, manicura etc.

Outro dia. Domingo. O conde tinha por hábito ir às corridas, fazendo questão de assistir desde ao primeiro páreo; por isso comia às pressas. Saiu no seu automóvel, com o seu chofer. Eu deveria levar a condessa mais tarde ao seu encontro. Almocei e fui para o meu quarto aguardar ordens. Depois de algum tempo, observo um vulto que passa perto da janela do meu quarto. Olhei. Era a condessa que me fazia sinal com o dedo, me chamando e indicando o caminho que deveria seguir para ir ao seu encontro. Atendi muito sobressaltado com as atitudes misteriosas que ela estava tomando. Foi em voz baixa, sussurrante, que ela me disse: "Suba." "Mas onde?" "No quarto das crianças". Quando ia dar os primeiros passos, ela me advertiu: "Vai devagar. Que ninguém perceba" "Mas como? E a Hercília? E a Ana?" Eram outras criadas. "Por isso não tem perigo, porque mandei elas passearem. Só ficou a Beatriz, que está lá embaixo" (talvez a condessa julgasse a Beatriz uma "tontinha" sem importância).

Cheguei ao quarto e esperei alguns minutos até que ela chegasse. Eu estava tremendo de emoção quando lhe toquei carinhosamente nos braços e a conduzi, qual pomba rendida, até o leito de um dos seus filhinhos. Neste sentamos um pouquinho. Acariciei-a, ela me passou os braços em volta do pescoço, brincou com meus cabelos. Foi-se excitando e sua boca arquejante, os lábios em brasa, procurando os meus.

E estávamos na cama de seu filhinho.

Fiquei assombrado, perplexo, quando dali a duas horas, já no prado das corridas, ela dava o braço ao seu marido, com a maior naturalidade do mundo, um sorriso de viva satisfação e inocência lhe inundando o rosto em festa...

A *condessa e seu chofer*

O romance continuou por uns seis meses. Ela frequentava tanto a garagem que provocou zum-zum entre os criados. O chofer do conde um dia me disse: "Diabo! Que você fez para a condessa? Ela só anda falando bem de você quando viaja no automóvel do conde. Fez algum feitiço para ela? Abra os olhos, não vá cornear o conde..." "Que é isso rapaz? Como é que você tem coragem de dizer uma asneira dessa? Se ela fala bem de mim é porque cumpro com os meus deveres." "Sim. Eu sei como é que é...", arrematou meu colega.

O "negócio" estava sendo falado. Muito comentado. Resolvi fazer-lhe uma advertência: "Se a senhora continuar assim, sou obrigado a deixá-la. Pode chegar aos ouvidos do conde e que vai acontecer?" "O quê? Tens medo?" "Não é medo. É precaução".

Prometeu tomar mais cuidado, não frequentando a garagem e me tratando como aos demais empregados da casa. Mas qual! Estava sempre incorrendo na infração. A condessa era mesmo um caso sério. Veja, por exemplo, os estratagemas baratos que ela usava. Mandava uma criada na garagem para me dizer para lhe levar uma chave de parafusos no segundo andar. Quando lá chegava, estava já a sra. condessa deitada no divã, me esperando para dizer "Preciso falar com você"...

Certa noite todos da casa já se haviam recolhido, já era tarde. Meu quarto dava de frente para a janela do quarto da criada Beatriz. Essa empregada mantinha também comigo relações sexuais. Nessa noite, quando eu ia entrar no meu quarto, tive a surpresa de encontrar com ela: "Que é isso, Beatriz? Está sentindo alguma coisa? É quase uma hora da manhã..." "Estou esperando porque preciso falar com o senhor", disse-me ela, me convidando a entrar no seu quarto.

Entramos. "Que é que há?" "É, a Beatriz agora não serve para mais nada. Antes era só Beatriz daqui, Beatriz dacolá. Eu sei por que é isso tudo..." "Se eu não tenho vindo aqui é porque tenho andando cansado, muito trabalho..." "Você só ficou cansado depois que conheceu a sra. condessa...".

Quis negar. Ela insistiu e me convenceu até que ponto estava bem informada, reproduzindo exatamente o meu primeiro encontro com a condessa. Não tive outro remédio senão implorar-lhe segredo, e prometendo não a deixar de lado, abandonada. E como prova das minhas boas disposições, dormi com ela aquela noite...

No outro dia, pus a patroa ao par do que se passou.

"É muito fácil", respondeu-me ela. "Mandamos a Beatriz embora..."

Fiz oposição a essa medida, para evitar que o escândalo rebentasse sem remédio. Roguei à condessa que se corrigisse, fosse mais comedida, mais cautelosa. Não houve meios. Ela prometia tudo, para depois de alguns dias proceder mal novamente. Resolvi me afastar de sua influência. Pedi demissão. Ela não concordava mas eu tanto insisti que não teve outro remédio. Com certa demora e alguma dificuldade, encontrou-se outro chofer para me substituir. Fui-me, deixando peças de roupas, cama e outros pertences no meu quarto. Voltaria para buscar depois. Dei à condessa, a seu pedido, meu telefone para futuros encontros. Depois de alguns dias voltei lá para buscar minhas coisas. Tive uma pequena altercação com meu substituto porque este não me queria deixar retirar nada, sob a alegação de que eu não tinha deixado nada lá. A condessa, avisada por uma criada, surgiu a tempo de passar uma severa descompostura no tal chofer.

A condessa e seu chofer

Trinta dias sem nenhuma comunicação. Nem ela me procurou nem eu a ela. Casualmente, defronte à Casa Michel, nos encontramos um dia. Ela, dissimuladamente, ao entrar nessa joalheria, me mandou que a esperasse. Ao sair jogou-me um papelzinho embrulhado nas mãos e se foi. Quando apanhei o papelzinho, julgava ser um bilhete ou coisa parecida. Mas não era nada disso. Uma cédula de duzentos mil-réis estava nas minhas mãos. Foi a primeira vez que recebi qualquer importância dela. Por sinal, esse dinheiro joguei todo no "bicho" na primeira "esquina da sorte" que encontrei.

Outra ocasião eu vinha passando pela rua do Arouche. Regressava da rua Rego Freitas, onde fui a uma garagem ver um carro de praça para trabalhar. Carro usado, porém muito caro. Não quis fazer negócio. Voltava quando nos encontramos na rua do Arouche. Como ela perguntasse donde vinha tão suado, contei-lhe, sem segunda intenção, a história do carro.

"Por que não compra um carro novo?", disse-me ela. "E onde vou buscar o dinheiro?" "Oh, isso não tem importância. O dinheiro a gente arranja" — e nos despedimos.

Certo dia jogava bilhar. O telefone do bar me chamou. Era ela me chamando em sua casa. Perguntei-lhe pelo conde. "Não se incomode pelo conde. Ele vai no Fascio."[35] Fui. Matamos as "saudades" mútuas.

Para evitar algum contratempo ou incidente, combinamos uma espécie de código telefônico. A senha era essa: *"Benissimo"*, devia dizer ela primeiramente, ao que eu responderia *"Benissimo gia"*.[36] Nessa ocasião, como ela provocasse o assunto do automóvel, contei-lhe que, se fosse para aplicar dinheiro, seria melhor então comprar o bar de um conhecido meu, às portas da falência. Seria compra vantajosa por trinta e cinco contos de réis, e, com mais quinze contos para as primeiras despesas de reorganização, se faria ótimo negócio. Poderia reembolsá-la dentro em breve. Ela gostou, achou bem mais interessante que a vida de chofer de praça. Prometeu arranjar o dinheiro dali a alguns dias mais.

Passam-se alguns dias. Ela me chamou pelo telefone. Isso se passava num domingo e a família costumava jantar fora. Porém ela me avisara que não sairia, pretextando doença. Fui. Fui pensando nos cinquenta contos de réis, na amizade que já lhe estava pegando, e, ao mesmo tempo, no prazer sexual que ela me proporcionava. Um sentimento misto dos três interesses me agitava quando entrei na casa da condessa, seguindo as instruções que ela me dera desde o primeiro encontro. Por uma espécie de claraboia (a casa ficava abaixo do nível) pude observar o chofer dela jantando. Sorrateiramente passei pela garagem, pelo meu antigo quarto, e me escondi na sala de brinquedo das crianças, logo adiante. Eram seis horas e meia e fiquei esperando que a casa se pusesse em silêncio. Só aí a condessa viria ao meu encontro. Notei a saída de todos os empregados da casa. A folga geral dos domingos, pois para isso a família jantava fora. Eu esperando que ela descesse. Foi quando ouvi as vozes de várias pessoas, inclusive uma de mulher. Reconheci ser a de I., irmã da condessa. Fiquei descansado, na certeza de que realmente ela não sairia. Estaria só esperando uma oportunidade para vir ao meu encontro.

Esperei… esperei… esperei… e nada! Nada de a condessa descer. O que teria acontecido? Eu estava no portão. Resolvi subir para investigar. Chegando ao primeiro andar, enxerguei

A *condessa e seu chofer*

a luz no quarto de passar roupa. Devia ser Hercília passando roupa. Estava descoberta a causa da demora. Sentei-me na sala de jantar das crianças. O tempo passando, passando. De súbito o telefone tilintou. Estava a uns quatro metros distante de mim. Passei um mau bocado quando a criada Hercília veio atender. Tive que ouvir, à força, o caso do Bruno, ex-chofer da casa e noivo da criada Ana. Estavam brigados e ele pedia a intercessão de Hercília para conseguir as pazes. Quando ela subiu fiquei conjeturando não me ser possível esperar naquele lugar. Caso o telefone chamasse novamente eu teria a mesma sorte de não ser pressentido? Não. O melhor era "dar o fora dali". Passei pela copa, atravessei a varanda e cheguei à sala de visitas. Nesta, atirei-me sobre o sofá. Estava cansado. Oh, que peso! A cal do quarto das crianças me havia sujado a capa. E agora, enquanto descansava, sujei todo o sofá... a marca de cal ficou estampada, muito branca.

Notei que a Hercília se dirigia para o seu quarto. Quando vi que tinha apagado a luz, podiam ser umas dez e meia mais ou menos. Resolvi subir até o quarto da condessa. Certamente ela, cansada de esperar que a Hercília desse o fora, adormeceu. É isso mesmo. Iria até o segundo andar e me certificaria do que aconteceu à condessa.

Saí da sala. Dei alguns passos. Cautelosamente subi o primeiro degrau, com todo cuidado, procurando evitar que a tábua "gemesse". Subi o segundo degrau. Subi o terceiro. Ia indo tudo muito bem. Para que ter medo? Pois não estavam em casa somente a condessa e a Hercília? Subi o quarto degrau. Quando preparava o pé para alcançar o outro degrau... *rao, rao!* A porta que ficava atrás de mim abriu-se de supetão. A figura do conde D. C. foi a primeira que vi surgir, seguida de outras. D. I., o professor A. M. C.[37] e outra pessoa que não pude reconhecer. Guardando pequeníssimo intervalo, chegou também o marido de d. I., L. M. O hall era iluminado apenas por meia-luz, lâmpada fraca, que formava uma espécie de claro-escuro, de penumbra. Que susto quando me virei, com aquele movimento atrás de mim! O conde sacou o revólver. Tenho certeza de que ele não me havia reconhecido quando desfechou o primeiro tiro. Procurei escapulir voltando à sala de jantar das crianças. Mas tinha que passar por um corredor. Seria fatalmente atingido. Que fazer? Não havia outro meio de escapar. Só restava, além da porta por onde eles entraram, aquele corredor, onde encontraria a morte na certa. O conde disparou o segundo tiro. Aí então saquei do meu revólver: um cano longo preto, calibre 38. Puxei o gatilho por duas vezes. Nada! Oh, azar sem nome! Minha arma não detonou nem uma vez. O conde, vendo-me sem defesa, avançou, o revólver em punho, apontando... Vi-me completamente perdido! Joguei o revólver no chão e avancei nele. Atracamos. Segurei-lhe a mão armada, desviando sua pontaria para cima. Ele deu no gatilho novamente. A bala foi se alojar no batente da porta de entrada. A luta continuou. Quando o conde compreendeu que não podia me subjugar, pediu aos que assistiam à luta: "Atirem! Atirem!". Aquela pessoa que não pude reconhecer subiu os mesmos degraus que eu havia subido. Quatro degraus. Detonou a arma. Atingiu o conde na nuca, da direita para a esquerda, de cima para baixo! A bala alojou-se na sexta vértebra, conforme o laudo médico. O conde, logo que foi ferido, me largou, e eu a ele. Caiu redondamente no assoalho. Eu quis fugir, porém não me deixaram. Enfrentei nova luta corporal com os demais, até que por fim caí também. Estava ferido.

Farina levantou a camisa e me mostrou a marca na altura da boca do estômago.

— Nem sei em que momento fui atingido. Não senti nenhuma dor e, se não fosse a grande perda de sangue, creio que ainda teria lutado por muito tempo. Antes de eu cair, a condessa, que já havia descido, chegou-se perto de mim. Mesmo lutando ainda lhe pude ouvir: *"Cosa ai fato?".*[38] Estava me esvaindo em sangue, mas guardava plena lucidez. Ouvi quando o conde, respondendo a uma pergunta, disse: "Sinto como se fossem formigas me andando pelo corpo...".

Quando a polícia chegou já haviam chamado antes os médicos da família, e transportado o conde para a Casa de Saúde Matarazzo. O delegado, quando chegou, reclamou a arma criminosa. Só apareceu o revólver do conde. O meu havia desaparecido e desaparecido está até hoje. Porque do contrário se verificaria facilmente que as cápsulas estavam "picadas", sem detonar. Mesmo ferido como me achava, não fui para nenhum hospital, e sim para o xadrez do Gabinete.

— Que alegaram para o condenar?

— Segundo eles, a família do conde falecido, eu atirei frente a frente, a uma distância de cinquenta centímetros. Pergunto agora: atirando de frente poderia atingir a nuca desse homem? Atirando a cinquenta centímetros de distância poderia não chamuscar-lhe as vestes ou a pele? Eu sendo direito, poderia acertar-lhe um tiro da direita para esquerda?

Durante o inquérito me neguei a confessar o verdadeiro móvel da minha presença naquela casa. O escrivão da Delegacia de Segurança Pessoal[39] daquela época, para encerrar o inquérito, vendo que eu nada declarava, fez com que eu assinasse papéis sem me permitir ler primeiro, embora eu fizesse empenho disso. Alegou-me que não me deixaria ler porque ele não tinha nenhum interesse em me prejudicar. "Não sabe que sou vizinho dos teus pais?", me disse ele. Dei-lhe crédito porque de fato ele referiu certo endereço dos meus "velhos". "Se eu fizer alguma coisa, só farei em teu benefício e nunca no interesse dos C." Não sabendo até que ponto poderia chegar a maldade do homem, "fui na conversa dele" e assinei a minha própria desgraça. Porém quando compareci na presença do juiz desmenti categoricamente. Porém ainda não havia confessado meus amores com a condessa. Até o último instante procurei evitar-lhe mais esse desgosto. Porém quando li a queixa-crime que ela apresentou, dizendo que eu havia ido lá para roubar, perdi a calma. Se ela que era condessa não trepidou em mentir, com muito mais razão eu, chofer, tinha obrigação de falar a verdade. Contei tudo. Para testemunhar, pedi ao advogado que arrolasse Beatriz. Porém quando ele foi no endereço de um tio dela, lá lhe informaram que Beatriz havia se suicidado. Hoje acredito que ela estivesse morta. Mas será que Beatriz tinha se suicidado?

Requeri outra prova: a acareação. O juiz primeiro a concedeu. Marcou até o dia. Porém, com grande surpresa minha, no dia marcado para a acareação, o juiz mandou que se prosseguisse o sumário, dizendo que deixava de "ser acareado por tratar-se de pessoas de diferentes classes…".

Estava mesmo difícil de provar a verdade. Não desanimei. Pedi ao meu advogado que requeresse exame de sanidade no corpo da condessa. Queria comprovar as manchas roxas que ela tinha nas costas, no ventre, nas coxas, em virtude de tratamento de beleza. O advogado aconselhou-me a desistir dessa prova. "Já há provas suficientes", me respondeu ele.

A condessa e seu chofer

Durante o sumário, uma das testemunhas, era criada da casa, à pergunta do juiz, pergunta essa sugerida pelo meu advogado, disse: "Eu vi um senhor alto, bem trajado, com um revólver preto, comprido, aberto, nas mãos. Olhou, olhou, e depois o fechou, botou no bolso e foi-se embora". Quem seria esse misterioso? A mesma diz não conhecer essa pessoa: em primeiro lugar por ser empregada nova na casa, e, em segundo, porque era míope. Seria o mesmo homem que também não pude reconhecer logo que o conde chegou acompanhado? Atribuo a esse personagem a autoria da morte do conde D. C. Autoria involuntária, pois sua intenção era atirar em mim.

Assim fui acusado pelo dr. Covello[40] e condenado a vinte e cinco anos e meio. Fui preso às vinte e três horas do dia 15 de setembro de 1929, tendo dado entrada neste presídio em 14 de janeiro de 1930.

— E a imprensa, Farina, não auxiliou seu advogado a restabelecer a verdade?

— Não me lembro bem. Só sei que em relação ao desaparecimento da arma o jornal *A Noite*, do Rio, fez uma grande campanha, chegando mesmo a tachar a polícia paulista de incompetente e fazendo outras conclusões pouco elogiáveis.

— Suas recordações dos velhos tempos...

— Sofri muito. Quando dei entrada aqui era diretor o dr. F. T. P.,[41] homem enérgico, de uma energia excessiva. Após a revolução de 1930, ele, que muito trabalhara a favor de São Paulo, viu-se obrigado a pedir demissão.[42] Todo o mundo esperava que os drs. A. N. e F. R.[43] o acompanhassem nesse gesto, quando menos a título de solidariedade. Mas o homem é insensato nas suas amizades. O dr. A. N. ficou, para logo

144 Submundo

depois ser nomeado diretor... E foi na gestão desse homem que comecei a sofrer horrivelmente.

A Penitenciária, quando nela dei entrada, não me causou má impressão, pois a perseguição que eu sofria na Cadeia Pública era sem limites. Porém, depois da mudança de direção, me arrependi de ter vindo para cá. Dizem que nessa casa cessam todas as perseguições. Isto é pura balela. Por exemplo, em relação ao Meneghetti,[44] tudo o que se imaginar em brutalidades e perversidades que se pode fazer a um homem fica aquém da realidade. Houve um tempo em que, além de ele dormir no chão limpo, ainda lhe encharcavam a cela com água, a ponto de o obrigarem a permanecer trepado nas grades da janela, como um macaco, durante horas e horas perdidas. Ele era posto no isolamento algemado. Lembro-me que durante a revolução de 1932 esse pobre e infeliz companheiro, entre os meses de agosto e setembro, somente comeu nove dias. Nessa mesma época eu também fiquei em completo jejum durante onze dias consecutivos. O que salvou Meneghetti, nessa ocasião, foi a bondade de um guarda que ainda hoje trabalha neste presídio. Esse guarda, quando dava serviço no pavimento dele, às escondidas jogava-lhe pedacinhos de pão pela vigia. Embora instruído, pois tem o curso secundário, esse funcionário nunca conseguiu ser promovido, porque aqui só vão para frente os carrascos, aqueles que sabem cumprir com zelo as ordens brutais que recebem. Certa vez, não sei por qual motivo, o dr. A. P. C.[45] mandou que dessem uma surra no desditoso Meneghetti. O zelador C., esse miserável, foi quem executou essa ordem. Deram-lhe tanto que o deixaram meio morto. Aí o dr. A., com um medo covarde do que havia mandado fazer, telefonou ao juiz das

A condessa e seu chofer

execuções criminais, o qual chegou ao presídio poucas horas depois. Dirigiu-se à cela do Meneghetti. Este, não conhecendo aquela autoridade e irritado como estava com a surra, muito naturalmente não a recebeu com o devido respeito. Creio que qualquer homem faria o mesmo quando ele cuspiu no rosto do juiz. Foi novamente espancado barbaramente! Não sei como resistiu. Pobre Gino!

O zelador C. também comigo procedeu infamemente. Por isso não estranhei o que ele fez ao Meneghetti. Quero crer que Meneghetti muita vez fosse merecedor de certo castigo. Mas nunca da forma que recebeu, castigos pavorosos, brutais. Os castigos devem e podem ser aplicados com brandura e humanidade. Humanidade? Que digo? Isso era letra morta, pois quando percebiam que um guarda era bom, demitiam-no sob qualquer pretexto. Hoje Meneghetti conseguiu sair da masmorra em que viveu por dezessete anos, graças ao dr. Flamínio Fávero. Tenho fé que ele ainda virá a gozar de melhores benefícios.

— Você crê na regeneração?

— Não sei o que dizer. Porém se houver regeneração não será com ponta de faca. O homem é um animal indomável quando o tratam mal. Mas quando recebe o bem, pode demorar um pouco a compreender, mas sempre acaba reconhecendo. E também ele nunca é um delinquente nato. Ou é ignorante ou é um doente. Entre as duas grandes categorias de criminosos, temos o assassino e o ladrão. O primeiro quase sempre é obra do momento, nesse minuto de loucura que qualquer um pode ter. O ladrão, na maioria, são uns cobiçosos. Portanto, acho certo os que dizem não existir propriamente regeneração, mas sim cura e instrução. O próprio ladrão, que faz tudo calculadamente, é um doente, um fraco de espírito. A doença da vontade. Na última hipótese, se houver regeneração, não há de ser com trinta anos que ela será possível. Um homem preso há trinta anos constitui um perigo social, porque, em primeiro lugar, aprende a odiar a sociedade. E, em segundo, ele não mais consegue lutar pela vida. Sai esquecido de que deve lutar e também sai combalido, não servindo para mais nada. Veja-se, para ilustrar, o que aconteceu com o sentenciado nº 12. Teve bastante resistência para cumprir trinta anos e três meses de pena. Mas quando saiu e o dinheiro, após curto tempo, se acabou, tratou logo de praticar outro crime, como quem diz: "A cadeia comeu minha carne, agora que roa também meus ossos".

— Você guarda algum rancor da sociedade?

— Eis uma difícil pergunta para se responder. Verdadeiramente rancor não guardo. Sinto, sim, mágoa. Mágoa de todas as pessoas que sabiam e sabem claramente o que se passou naquela noite trágica e que, por motivos injustificáveis, não confessaram a verdade. Acusaram-me para atender aos preconceitos sociais. Não tiveram escrúpulos para concorrer para minha condenação, simplesmente por se tratar do chofer da condessa. Nem sequer conseguiram provar minha culpabilidade! Da família do conde não guardo nenhuma mágoa. O que eles fizeram foi porque acreditaram ser eu o assassino. Sim, acreditavam, pois tenho certeza que agora eles pensam de outra forma.

— E a falta de mulher, Farina?

— Nos primeiros tempos da minha prisão, senti muita falta de mulher. Mas acredito que eram mais saudades que neces-

A condessa e seu chofer 147

sidades de relações sexuais. A continência sexual não me fez nenhum dano que eu pudesse perceber. Ao contrário, penso me ter feito bem, pois logo comecei a engordar...

— Conte mais alguma coisa dos outros tempos.

— Só se for sobre a surra que me deram. Uma turma de capangas presos, nºs 200–, 146–, 231–, 232–, 213–, 239– e mais alguns outros, era chefiada pelo vigilante especial H., tendo como auxiliar o então zelador C. Não tenho o hábito de jurar, e se assim não fosse juraria por tudo que há de mais sagrado que não havia dado motivo algum. Mas naqueles dias tenebrosos não precisavam de motivos. Deram-me uma surra tremenda de cabo de vassoura. Quebraram-me um dente a poder de murros. Meus testículos ficaram do tamanho de uma bola de futebol. Porém não ficou nisso a vilania. Segui no outro dia para o isolamento, onde passei cinco dias sem comer. Quando estava sendo espancado pelos companheiros, apelei para o vigilante H., dizendo que o que estavam fazendo era desumano, ao que ele respondeu tranquilamente no seu sotaque acaipirado: "Guenta o baque".

Outra vítima do crudelismo sádico daquela época foi o companheiro 2069. Era um anômalo. Certo dia foi visitado pelos então vigilantes J. P. M. e S. P. C. Chamaram o infeliz, e este foi até o guichê atender ao chamado. Eles, com a maior crueldade que se pode imaginar, atiraram-lhe, de surpresa, um monte de cal nos olhos!! Não se deram por satisfeitos. A seguir jogaram mais cal na cela desse companheiro, a ponto de quase o matarem sufocado. Imaginem que barbaridade! Os olhos queimando e sem poder respirar. É demais! O pobrezinho nunca mais conseguiu enxergar bem. Se existe justiça divina, M. e S. jamais hão de sair do inferno!

M. ainda por cima arrancava dinheiro dos presos. Uma vez chegou até a ser afastado da casa por causa de importâncias que pedira emprestado a um sentenciado. O fato foi parar nos ouvidos do diretor, que o pôs no olho da rua. Porém, não sei como, ele conseguiu provar (com dolo, já se vê) que a assinatura existente na letra de câmbio que ele assinou ao sentenciado-credor não era sua, mas sim assinatura falsa. E dessa forma essa bela autoridade continua ensinando aos presos como voltar, regenerados, ao seio da sociedade...

No primeiro raio e no primeiro pavimento do segundo pavilhão é o pavimento dos doentes mentais (anômalos). Um desses infelizes teve a lembrança de, na hora da distribuição da comida, jogar um punhado de fezes dentro do latão. Horrível! Os outros presos que viram aquilo não aceitaram a refeição e os que não viram comeram fezes como mistura. Quando foram jogadas as fezes, o guarda que estava distribuindo a comida participou o ocorrido ao então zelador, hoje vigilante, S. Este respondeu-lhe: "Distribua assim mesmo". Os que não quiseram se alimentar com merda protestaram, reclamando outra boia. Piorou. Porque, além de não comerem nada naquele dia, no outro foram para o isolamento, onde ficaram durante quinze dias consecutivos. Uns resistiram. Outros saíram tuberculosos. Outros apanharam uma inchação nas pernas e nos pés da qual nunca mais se livraram.

— Que tristeza, hein, Farina?

— Me corta o coração recordar as misérias que sofri e que vi sofrerem os meus companheiros neste "jardim de rosas". Sinto é não ser um homem instruído, porque então saberia contar muita coisa...

10. Onan e Sodoma

— QUANDO EU ESTAVA NA PROVA, recebia muita coisa de comer, cigarros etc. O portador, quando me entregava algo, dizia: "Foi o 19 quem mandou". Não o conhecia nem procurei conhecê-lo, porque adivinhava nele um dos tais "gaviões" que me haviam dito existir muito por aqui.

Somente fui conhecê-lo quando terminou a prova. Assim mesmo não porque eu provocasse. Olhe, foi assim: logo que comecei a trabalhar, pedi matrícula na banda de música. Um dia, quando me encontrava solfejando a lição, se aproximou de mim um companheiro aí dos seus trinta anos, que me perguntou: "Como vai você?". Olhando o seu número verifiquei ser o "tal" e lhe respondi secamente: "Bem, obrigado".

"Você não me conhece?" Com um sinal de cabeça dei-lhe a entender que não. "Sou o 19..." "Bem vejo pelo número...".

Atingi o alvo. Ele desconcertou-se e se afastou simulando qualquer serviço. Por aquela vez fiquei livre dele. Porém continuei engordando ainda durante alguns dias. Porque, passados esses, deu-se outro encontro. Eu estava só no mictório da sala da banda. De repente ele entrou também. Com certeza ele pensava lá consigo mesmo: "Bem, já engordei o porquinho; agora vou lhe passar a faca...". Mas isso só se passava dentro da cachola dele, porque na realidade jamais o conseguiria. Mas ele não sabia disso. Por isso, chegou-se para perto de mim: "Como é, C.?" "Como é... o quê?" "Não é preciso me responder dessa maneira, C.! Eu só queria saber como é que vai nossa amizade..." "Vai bem, visto não haver entre nós nenhuma incompatibilidade...".

Mediante essa resposta ele animou-se, pois foi logo dizendo: "C., se eu pedir uma coisa você me dá?" "Isso depende! Se eu a tiver, poderei pô-la ao teu dispor, com prazer, senão..." "Queres que eu te diga o que é?", interrompeu-me ele, vendo que eu falava muito. "Pode dizer".

Aí então, descaradamente, com todo o cinismo, como jamais vi igual, ouvi: "Quero que tu me dê o teu corpo...". Não sei por que não lhe dei na cara. Pude me conter a tempo, limitando-me a dizer-lhe somente: "Honra essa barba, seu sem-vergonha!".

Saí deixando o tipo meio bobo, pois creio que ele já me considerava "comida no papo". Acredito desnecessário adiantar que daquele dia em diante não comi mais da sua "muamba" nem fumei mais do seu cigarro. Nunca mais falei com ele.

Esse fato foi-me relatado por um dos companheiros meio homem, meio criança que existem por aqui. O cerco aos sentenciados jovens é apavorante. São solicitados, acuados, tanto pelos "febrônios"[46] como pelos "passivos". Grande parte dos criminosos por furto e roubo tiveram antes seu estágio no Abrigo de Menores e no Instituto Disciplinar... Todos esses são viciados, pervertidos, a maioria praticando simultaneamente a pederastia ativa e a passiva. O mesmo que contou aquela passagem transcrita acima me referiu outro assalto de que foi vítima.

— Quando eu habitava a cela 204 do primeiro pavilhão, certo dia, quando regressei da oficina onde trabalhava, encon-

Onan e Sodoma 151

trei, logo à entrada, um pedaço de papel dobrado no assoalho. Apanhei-o e li:

Querido amigo C.,

Saúdo-te!

Tenho com este, o fim de fazer-te ciente que tens um amigo ao teu dispor, para o que precisares. Segundo informações, soube que és um bom menino e entretanto quero servi-lo no que estiver ao meu alcance. Não tenhas acanhamento em me pedires o que precisares, pois tudo o que tenho é teu. Assim como desejo que o que tiveres seja meu também.

Sem mais, conto com a tua amizade.

W.

Com esse bilhete ele já tinha me passado meia "cantada". Fiquei de sobreaviso. E como naquele primeiro caso, meu estômago passou por uma boa melhora. Cigarros não me faltaram mais. Até roupa lavada e engomada! Um vidão! Eu bem sabia qual era o intuito daquela amizade, mas "aguentava a mão", pois precisava me "desatolar". Se ainda aparecerem mais alguns desses, continuarei a passar do gordo, porque cinco anos não é brincadeira, não. E como quem quer que os anos diminuam sou eu, o ideal é tirar a cadeia nas costas dos "bobos".

Passou-se um mês de vida boa. Recebi do "homem", por mãos próprias, outro bilhete, contando o seguinte:

Meu queridinho,

Num dia desses vou precisar de você. Te avisarei. Quero que tenhas saúde e... sejas forte... Eu te pertenço.

Teu W.

Compreendi bem minha situação. Porém me fiz de inocente quando outro dia lhe perguntei, num encontro na galeria: "W., queres me dar uma explicação?" "Explicação do quê?" "Das reticências daquele bilhete que você me escreveu...".

A resposta veio com o desembaraço próprio que os caracteriza: "Quero que sejas o meu homem".

Contive a custo uma boa gargalhada e me fui, dizendo-lhe: "Está bem, meu negrinho", isso porque ele é preto. Decorridos alguns dias mais e ele notando que eu não lhe dava mais "pelotas", acercou-se da porta da minha cela e me disse comovido: "Então C., não queres ser o que eu te disse?" "Não. Sou fraco e... não tenho saúde...".

AGORA O RELATO de outro companheiro:

— Certa tarde do mês de maio o zelador me mandou fechar uns caixilhos. Eu estava executando esse trabalho quando ouvi um guarda, desde a cela ao lado, dizer ao sentenciado 634–: "Vou descer pela escada do centro. Vá ao primeiro pavimento que lá tem umas celas desabitadas. Falarei ao zelador que há muita pulga nelas e que é preciso lavá-las com creolina. Ele vai me mandar escolher um ou dois para fazer o serviço. Eu escolho você e o outro é limpo". Limpo, na gíria, é o que não alcagueta. "Ele ficará na 'campana', enquanto nós fazemos o 'serviço' numa das celas vazias." "Que é que você precisa?" "Nada..." "Bem, eu trago a você um pedaço de fumo Tietê. Está certo?" "Estupendo. Estou mesmo sem fumo. Vem na hora...".

Onan e Sodoma   153

Terminado o diálogo tudo decorreu conforme a combinação. Depois de algum tempo observei o guarda "ativo" e o nosso companheiro saindo da tal cela. Saíram satisfeitos qual casalzinho feliz que nunca brigou...

Doutra feita vi um zelador falando ao faxineiro:

— Quer limpar a "alma" me dê dez mil-réis que eu ponho você e o outro numa cela. Vocês podem gozar à vontade que eu fico tomando conta...

O faxineiro, mesmo na minha frente, pagou a importância pedida. O zelador foi até a gaiola e pediu ao vigilante central a chave-mestra (a que abre as celas), dizendo que ia passar a revista no "raio" (metade de um pavilhão). Escolheu uma cela vaga, colocou nela dois sentenciados, os quais "se divertiram" durante meia hora sob a tutela do zelador!

Outra vez, tinha eu um colega que "vivia de amores" com outro rapazinho que hoje está em Taubaté. Como sofria esse companheiro! E tudo por causa dessa "bicha" (pederasta passivo). O homem chorava como criança quando brigava com "a sua amante". Esse rapaz trabalhava na cozinha e roubava escandalosamente para que nada faltasse ao "garoto". Dizia ele para mim:

— Se souber que ele aceita alguma coisa de qualquer gajo, eu o apunhalo. Sou casado e pai de três meninas, mas não quero saber mais de família. Falta-me um ano para minha liberdade e ele está com o perdão em andamento. Vou tirá-lo daqui e vamos morar juntos. Seremos muito felizes. Não consentirei que ninguém atravesse o nosso caminho e me faça um infeliz. Devo reservá-lo para mim, não é verdade?...

Outra noite desci ao primeiro pavimento e... o que vi? A cela estava trancada. Um sentenciado pelo lado de fora e outro pelo lado de dentro.

O guichê [estava] aberto e por essa abertura o de dentro, trepado num banquinho, se deixava masturbar pelo outro. Como foi uma dupla surpresa, para mim e para eles, quase morreram de susto. E se fosse um guarda?

Tive curiosidade de ouvir um desses conhecidos como "bichas". Rapaz educado, apesar do lodo em que se achava mergulhado. Acredito que ele fizesse "das suas" guardando certa discrição, procurando evitar tanto quanto possível o escândalo. Tinha o número 702–.

— N., por que é que você pratica isso?

— Não sei dizer, 49. Está na massa do sangue. O pior de tudo é que sou dessas criaturas que gostam de ter muitas pessoas presas a mim. Porém eu não me prendo a ninguém...

— Muitas aventuras aqui na casa?

— Quando cheguei fui trabalhar na vassouraria. O 252– tomou-se de amores por mim. Fez-me a corte e então comecei logo a explorá-lo. Sim, a explorá-lo. Levei sessenta dias que não soube o que era pegar comida no latão. Por fim ele pôs-se a se queixar: "N., quando é que vamos lá?". Eu, sempre cheio de evasivas, ia protelando... protelando. Saía-me muito bem. Ele sempre insistindo em querer "ir lá". Um dia pensei: "Esse homem tem instintos maus. Quando ele cair em si, há de querer se vingar de mim. E não vai dar certo isso". Mudei de tática. Se ele havia de cair um dia em si, que caísse logo, seria melhor. Agi da seguinte maneira. Comecei por pedir cinquenta mil-réis. Ele os arranjou. Tornei, após cinco dias apenas, a pedir sessenta mil-réis, e aí ele parou. Aproveitei

Onan e Sodoma

para lhe dizer que eu não podia viver assim só de conversas. Ele imediatamente prometeu-me arranjar o dinheiro. Eu exigi: "Que seja ainda hoje, senão não conte mais comigo". Ele não pôde arranjar a importância para o mesmo dia. E assim perdi mais um "fã"...

Mas nessa ocasião já tinha um outro para substituí-lo nos suprimentos financeiros. O 709–. Coitado! Quanto sofreu o pobre por mim. Gastou tanto comigo e eu o tratei sempre com desprezo. Mas o que fazer, se minha vida é essa?

Outro foi o –16. Um dia ele me chamou na escada e disse: "N., você não gosta de mim. Estou persuadido disso, mas eu te quero bem, e isso é o bastante. Sou homem novo, você não me procura. Não posso viver assim. Sou obrigado a procurar outro para que eu possa satisfazer meu corpo". Virando-se para mim: "Você não acha?". Dei-lhe razão, porém o adverti: "Vais te arrepender. Eu tenho confiança em mim...".

Saí da escada e fui à minha cela. Passados uns dez minutos, subi até o quarto pavimento e, olhando pela "espia" da cela dele, o vejo na sua cama, o 503– com as nádegas ao vento e ele introduzindo-lhe o membro. Fiquei meio desapontado com aquele quadro, mas ele, pressentindo-me na porta, mais que depressa disse ao 503–: "Você saia já daqui porque fomos flagrados...". Passaram-se os dias e eu não o procurei. Já faz dois meses que não conversamos. E assim é a vida...

— Mas você é uma espécie de nova Jezebel...

— Não sinto por ninguém afeição verdadeira. Essa é a verdade. Se eu tivesse que me apaixonar por alguém, aqui na penitenciária, esse alguém seria um alto funcionário da vigilância, quero dizer, se eu insistisse na simpatia mútua que vínhamos trocando. Mas em tempo vi que não era negócio paixão por ninguém, pelo menos em prisões... Agora tenho um punhado de "fãs", de admiradores. Porém não me despertam nenhuma emoção em particular. Isto tudo faz parte da minha vida, para mim é acontecimento comum, sem importância...

— Você, como pederasta, acha que esse vício pode desaparecer das prisões?

— Não. A pederastia há de sempre imperar nas prisões, por mais vigilância que se faça. Sempre sobram tempo e oportunidade para que se pratiquem tais atos. E sobretudo porque esses atos não partem só dos prisioneiros. Há funcionários que corrompem os sentenciados, funcionários pederastas, tanto ativos como passivos. Não falo por ouvir dizer. Guardo experiência própria, quando não o testemunho dos meus olhos.

Ainda ontem, eu fui levar, a um preso velho aqui, alguns cigarros. Aproximando-me da sua cela ouço: "Meu negro, como você sabe fazer gostoso... Só que está me machucando...". Espiei. Por cima do 320– estava outro sentenciado também antigo: o 327–, que dava uma risada e dizia: "Deixa disso: se você não tem paciência... então não pode 'andar' com ninguém, porque não há homem mais delicado do que eu...". Fiquei bobo com o que estava vendo, apesar de toda a minha experiência. Mas não para aí a história. Fiquei observando e acabei de ver como foi que o 320– satisfez o outro. Como estava lhe doendo muito, resolveu fazer-lhe um "bouché"...

Outro fato, para terminar. Há dias passados, eu ia descendo a escada de mármore rumo ao primeiro pavimento. Quando olhei lá na galeria baixa, presenciei um fato até impagável.

Entre a porta do banheiro e a da capela, um companheiro dizendo ao outro: "Eu não quero que você ande comigo ou se apaixone por mim. Mas para me satisfazer basta que me morda no rosto". Nisto, o rapaz "passivo" deu-lhe uma dentada. Mas o outro não se satisfez com tão pouco e pediu que desse outra, "com mais força". O –15 não se fez de rogado. Deu-lhe tamanha dentada, com força tal, que os meus olhos se encheram d'água. Você veja, esse é dos tais que só goza apanhando, não é mesmo? — arrematou o 702–.

O PROBLEMA SEXUAL na vida diária da sociedade se reveste de tanta gravidade, quanto mais aqui, onde os que não entram já anormais dentro em breve podem se tornar um poço de desvios psíquicos, nervosos e biológicos? A continência absoluta dos órgãos de reprodução, se pode acarretar a responsabilidade da maioria dos momentos exaltados que arrastam os sentenciados a violentos desatinos, de consequências tristes e lastimáveis. A maioria, no entanto, é adepta do onanismo. Não foram poucas as confidências que recebi nesse sentido. Aliás, também experiência própria. Quanta vez, dentro do coração da noite, o prisioneiro se revolve no leito, agitado por uma sensação indefinível! A cama queima-lhe as carnes e ele se vira de um lado para o outro, cozinhando em febre! Febre que lhe circula pelo subterrâneo endovenoso até explodir no sexo enrijecido, latejante, em fogo!

E o sexo é traiçoeiro. Apanha um de surpresa, assalta e aniquila a sua razão alerta contra as exigências alucinantes da sua carne. E fica-se como que vencido! O pedaço de carne, até há pouco inerte, o sexo, o divino sexo inútil, acorda para a vida. Exige insolitamente, gritando, com violência: "Quero realizar minha função. Quero meu lugar ao sol". E aí derramamos sobre o sexo — o divino sexo — um olhar carregado de piedade e de ódio. Por que continua ele a insistir? A martirizar? Por que não deixa a gente dormir tranquilo como nas outras noites? E o sexo não deseja saber de altos pensamentos. As mãos trêmulas, vibrantes, já prontas para dar fim ao desespero. Mas ainda há um defensor na fortaleza. A cama vai-se transformando em suplício. Levantamos, molhamos os pulsos com água fria. Dum lado a outro do cubículo, caminhando, fazemos um derradeiro esforço. Pelo lado de fora o vigilante acende a luz, fazendo a ronda noturna pela "espia". O cansaço do corpo obriga o relaxamento do falo. Voltei para a cama avaliando melhor a tortura da carne de que meus companheiros tanto se queixam comigo. O 756–, que é rapaz casado, instruído, de exemplar moralidade nos atos e pensamentos, me confessa não poder suportar a vida sem a cópula. Vê-se obrigado a se masturbar, pelo menos quinzenalmente. Do contrário é atacado dum mal-estar, a mente não funcionando direito. O nervosismo lhe ataca. Só a masturbação dá jeito. O mesmo me disse o 7394, me referindo que certo dia em que se encontrou na galeria com umas visitas, mocinhas bonitas, pensou até que estava doente. O coração bateu-lhe com tal violência no peito que o obrigou a tomar fôlego. Logo que voltou à cela, se masturbou... masturbou... até cansar! Agora ele pretende fazer um regime para ver se se livra do vício solitário.

Outro, bem mais novo, 6893, diz que procura todo meio de não levar sua imaginação para os gozos sexuais. Procura evitar, a todo o transe, que isso aconteça. Mas qual! Sente

Onan e Sodoma 159

mal-estar, uma indisposição. Parece haver um nó na sua garganta. Fica nervoso, quer ler e não pode. Fica num estado intolerável. Só depois que dá, auxiliado pelas mãos irmãs, livre curso ao esperma é que se sente bem. Então tudo corre maravilhosamente e com normalidade.

Essa abstinência do sexo provoca os grandes desarranjos mentais. Quando não fabrica os idiotas pela excessiva masturbação, produz exaltados — os que não praticam o onanismo — e os pervertidos, passivos e ativos. São raríssimas exceções os que atingem a esfera da absoluta continência e conseguem manter o equilíbrio nervoso e moral. Daí se concluir que noventa e nove por cento dos que saem das prisões são infalivelmente degenerados. Aliás, não há espetáculo mais doloroso que ver-se uma pessoa entrar aqui sadia e pura e, algum tempo depois, já ir apresentando, aos poucos, sinais de degenerescência, marcas exteriores dos caminhos escusos que sua consciência e seu corpo principiam a trilhar...

Há, entre os sentenciados, algumas opiniões que certamente os doutos em assuntos penitenciários já estudaram a fundo, os quais certamente ririam se se dessem ao trabalho de ouvi-las de nossa boca. Entretanto, como não creio que eles se deem ao trabalho de ler estas minhas páginas, vou ligeiramente explicar algumas dessas ideias.

O 518– acha que, como solução desse problema, o ideal seria que em nosso Código Penal fosse exarado um artigo dando o direito ao preso de realizar a cópula com a mulher, o que, como medida higiênica, evitaria serem lançados à sociedade elementos anormais e pervertidos.[47] No entanto acho irrisória tal ideia porque esse artigo, por si só, abalaria a atual estrutura do Código, implicando uma grande série de modificações e obrigando, por isso, os legisladores a grandes trabalhos, em favor do "insignificante" objetivo de evitar (com a pouco recomendável aparência da satisfação de desejos bestiais) que no homem infeliz que aqui vive uma parte da sua natureza relegada ao ostracismo não viesse a ser um futuro mal social.

Logo, enquanto lhe forem inexequíveis os benefícios de tão necessária reforma, deve o preso mergulhar no abismo do seu próprio eu, e, desse fundo insondável, arrancar a solução que lhe pareça mais plausível, a fim de conservar sua saúde e a sua dignidade.

Outra ideia, a do 734–, é de que o Estado funde cidades presidiárias — a exemplo das cidades universitárias — onde o sentenciado possa manter não só relações de caráter sexual, como também as afeições domésticas. Se é verdade que hoje as penas não visam castigar, mas sim reeducar, faz-se mister que se olhem esses problemas de frente, sem medo. O Estado que se diz cristão e civilizado não castra os seus servidores só porque erraram, não força a que eles, desesperados com os problemas básicos da espécie humana, se despenhem no abismo das perversões ou das práticas ilícitas pelo senso comum e pelas leis eternas da vida. A permissão para relações sexuais do preso, que se apresentaria quase impossível nas prisões comuns na cidade, seria de fácil exequibilidade numa cidade ampla, fora do perímetro urbano, no campo, onde o detento casado poderia alojar sua família nas proximidades e com direito a visitá-la, assim como aos solteiros se permitiria receber periodicamente as suas "amadas". Bem sei o horror que tal ideia vai causar aos tipos de moral "imaculada e íntegra", aos que tratamos aqui "filhos de Maria". Porque esses

Onan e Sodoma 161

não gostam de aceitar o homem com toda a humanidade que mora dentro dele. Por mais que as religiões o queiram transformar em anjo, ele só atinge — falo dos homens normais — as grandes alturas espirituais e morais quando satisfeitos o estômago, o coração e o sexo. Depois, a gente de "moral vertical" nunca esteve aqui dentro. Ou se esteve só viu a superfície. Não sabe, por exemplo, que muitos dos tidos e havidos por verdadeiros "santos" foram apanhados quando praticavam atos menos dignos atrás do altar da capela, a sacristia! Esse, sim. É o maior pecado, o escândalo gravíssimo. O de obrigar um homem, que muita vez tem real desejo de subir numa límpida ascese espiritual, obrigar a esse homem que traia sua natureza superior quando se debate com as necessidades da sua natureza inferior...

E a pederastia aqui não respeita ninguém.

Porque dizem que "quem vê cara não vê coração". Branco, preto, feio, bonito. Católico, protestante, espírita. De todos os lados surgem pederastas ativos e passivos. Não faltam discípulos de Onan, nem habitantes para Sodoma...

11. Tipo lombrosiano ou vocação de santo?

— ENTRE POUSO ALEGRE E BORDA DA MATA, tomei parte no primeiro combate da Mogiana.[48] Pertencia ao batalhão Fernão Dias Paes Leme, das tropas constitucionalistas, durante a revolução de São Paulo. Na Mogiana, tivemos que enfrentar o 8º R. A. M.[49] Ganhei as divisas de terceiro-sargento por ato de bravura. Depois, em certa oportunidade, houve uma brincadeira para se saber quem era capaz de roubar um porco em determinado sítio perigoso. Vai fulano, vai sicrano. Como ninguém se aventurava, resolvi trazer o porco. E o trouxe mesmo, para satisfação de muitos estômagos esfomeados. Na hora do repasto, alguém teve a jocosa lembrança de premiar o autor de tão quixotesca façanha com um par de divisas. Como já tinha três, fiquei com cinco: primeiro-sargento, por causa do porco!... Assim foi a revolução paulista...

Depois me aborreci com aquela frente. Junto com o conhecidíssimo Paulo Negrinho,[50] regressei a São Paulo. Logo que pus os olhos na multidão de tipos agaloados que enxameavam a cidade, vesti também uma fantasia. Eu mesmo me promovi a oficial. Fardado de tenente, reatei minha antiga vida de antes da revolução. Praticava meus furtozinhos, tomava minha religiosa cerveja e frequentava os prostíbulos da Pauliceia.

Num desses, o da rua Riachuelo nº 26, tive ocasião de livrar uma mulher dos tapas que seu cáften lhe aplicava por

Tipo lombrosiano ou vocação de santo? 163

questões de dinheiro. Fato muito comum nas "casas do prazer". Entrei no meio da encrenca, agarrei o indivíduo (que por sinal não era nada valente) e o atirei fora da casa sem nenhuma formalidade. Desse dia em diante, toda vez que ia àquele bordel, a mulher se embandeirava para o meu lado. Ela não me atraía muito, pois lhe faltava beleza. Talvez fosse servida de alguma simpatia, e nada mais. Como eu possuía outra amante, recusava sempre seus carinhos e seus convites, quando insistia: "Preciso falar com você no quarto". Mas o que tem de acontecer, acontece. E, tratando-se de homem e mulher, não causa nenhuma admiração que eu, certa noite, já meio bêbado, aceitasse seu beijo numa noite de amor. Como é natural a essas pobrezinhas desamparadas, sem ter quem as compreenda e as trate com um pouco de bondade, aquela, logo que me apanhou em seus braços, encheu-me de carícias e de confidências. Também, se eu não a ouvisse, quem lhe enxugaria as lágrimas tépidas e salgadas que chorou? Fiquei sabendo, dentro de pouco, o trecho de pequenas e fundas misérias por onde caminhara. Viera para São Paulo junto com o indivíduo que a desvirginou. O "seu homem", um desses vulgares dom-juanzinhos que andam sobrando por aí, logo que viu sua presa bem segura nas mãos, achou jeito de mandá-la a busca de dinheiro com outros homens. Ela, coitada, obedecia à voz do seu primeiro homem. Ainda era inexperiente, como quase todas elas quando se atiram à dourada miséria dos prostíbulos. Financiou o indivíduo até ficar grávida. Ela "fazia a vida", porém morava na casa do pai do rapaz. Quando estava com o filho nas entranhas, não quis mais sair à cata de homens. Ele não concordou com esses "dengues" de mãe rica. Obrigou-a. Ela se negou energicamente. Aí... a infeliz não teve o gosto de embalar o filhinho nos braços e de o alimentar no bico do peito. Porque o rapaz era malvado. Bateu-lhe, e por fim deu-lhe com o pé no ventre. O filho abortou e ela esteve na Santa Casa. Coitada! Destino estranho dessas criaturas que tanto sofrem e ainda por cima são acuadas, perseguidas por todo mundo, pela sociedade, pela polícia, pelos jornais, pelos homens...

Quando se restabeleceu e deu alta da Santa Casa, não quis mais voltar para a companhia do rapaz. Ao invés de ir morar na casa do pai dele, procurou novo abrigo. Também ela já conhecia alguma coisa, a custa do seu corpo manchado. Passou a morar no prostíbulo. O antigo amante não se conformava e sempre aparecia para vê-la e apanhar algumas moedas. No dia em que eu apartei a briga, foi um dos momentos em que ela não lhe queria dar mais dinheiro. Ele reagiu a socos.

Desde a primeira noite que dormi com ela, pegamos amizade. Comovera-me sua pequena história. A história lacrimosa de Angelina Fagiolo.

Fim da revolução. Por andar com farda sem ser soldado, fiquei sete dias preso na Barra Funda, na unidade do famigerado capitão S. B. Nesse cárcere, levei alguns dos banhos que o capitão costumava dar nos paulistas. Os perfumados banhos de mijo e merda. Fugi depois de uma semana.

Na rua, vesti terno comum. Reatei meus hábitos de roubos e bebedeiras. Procurei Angelina e tivemos algumas noites bem calorosas...

Preso novamente. Por causa de roubo, dessa vez. Preso no Gabinete de Investigações. Angelina, que já se julgava minha amante, trabalhou para me soltar. Instruí-a convenientemente, mesmo de dentro do Gabinete. A troco de uma

Tipo lombrosiano ou vocação de santo? 165

suposta tuberculose, seu pai, fazendeiro no interior, mandou-lhe dois contos e quinhentos mil-réis. Com essa "gaita", ela "trabalhou" o pessoal da polícia e em menos de duas horas eu estava de novo em liberdade. Nessas gestões, a coitada gastou quase todo o dinheiro: dois contos e trezentos mil-réis. Logo no automóvel, ao sairmos do Gabinete, ela me entregou a sobra. Pobrezinha. Como foi boa para mim!

Passei com ela no "puteiro" aquela noite. No dia seguinte fomos para a Vila Clementino, para a casa de sua irmã casada. Passamos a viver nessa casa. Comecei a trabalhar com seu cunhado em transportes de terra. Depois de algum tempo, arranjei coisa melhor, e me empreguei no curtume que existe defronte ao matadouro da Vila Clementino.[51]

— Passaram a viver como casados, Faria? Quer dizer que você a amava?

— Sim, levávamos uma perfeita vida de casados. Ela trabalhava nos serviços domésticos, com sua irmã, e eu, fora, também ganhava honradamente o nosso pão. Nesse instante, quase cheguei a esquecer a vida passada. Contudo, não posso dizer que a amava de acordo com a compreensão que tenho do amor. Apesar do sentimento que nos unia, sem uma única vez algo turvar nossas relações, eu me prendia a ela num amor exclusivamente carnal. Não havia aquele desprendimento, aquela abnegação sobrenatural que eu sempre procurei descobrir em mim para com as mulheres. Aliás, esse fenômeno eu observei junto das várias mulheres que passaram por minha vida. Como nunca experimentei esse amor espiritualizado, penso até que ele não exista de homem para mulher...

— Chega de filosofia. Ao assunto, Faria.

— Cinco ou seis meses levamos vidinha modesta e pacata. Ela, sim. Me amava com desprendimento. Não havia nada que não fizesse por mim. Um belo dia recebo o ordenado. Ao invés de ir para casa como de costume e pagar minhas continhas, resolvi primeiramente fazer uma visita às caras e lugares antigos. Dirigi-me ao prostíbulo da ladeira de São Francisco nº 23. Nessa casa de mulheres foi onde, pela primeira vez, me senti homem. Com uma das raparigas perdi a castidade. Aos doze anos de idade. Foi a primeira e última pensão que frequentei. Por sinal, era lá muito considerado. Tinha até crédito, sem restrições ou limites. Fui ao prostíbulo. Bebedeiras, mulheres. Dormi nele. Foi-se todo o dinheiro. Como voltar para casa? Angelina estaria aflita, me esperando, já imaginando que alguma desgraça me havia acontecido... E havia acontecido mesmo. Onde estava o dinheiro para pagar as contas?

Achei que não devia e que não podia voltar para casa sem antes arranjar algum dinheiro. E o meio fácil e infalível para conseguir será pular uma janela. Foi o que fiz. Só que depois não voltei para casa, segundo havia premeditado. A sedução da ladeira de São Francisco foi mais forte. Regressei ao prostíbulo. Cervejadas, passeios de auto com as vagabundas... Outro dia, novo roubo...

Reencetei minha vida criminosa. Ia em casa de vez em quando. Encontrava Angelina de olhos vermelhos de tanto chorar. Uma leve turbação na paz doméstica de nossas vidas. Alguma reprimenda que ela me passava, mais por ciúmes do que por outro motivo.

Nessa altura, sucedeu um fato (ou vários fatos, como quiserem), de autêntica veia humorística. Mas o acontecido foi

Tipo lombrosiano ou vocação de santo?

crime. Deu-se que meu vizinho alemão, chamado M., roubou uma mula do quintal dum ferreiro. Algum operário de carroça tinha deixado o animal para ser ferrado e o alemão não teve escrúpulos em largar o homem de ferradura e martelo na mão, procurando o casco... Fazia três ou quatro meses que a mula estava no pasto do M. Ele não tinha coragem de vendê-la a ninguém. O medo de ser descoberto. Um dia, em certo joguinho de subúrbio, ele perdeu todo o "cobre". Ofereceu-me o animal por cinquenta mil-réis. Dei-lhe trinta mil-réis e fechamos negócio. O dono da casa em que eu vivia com Angelina, em Vila Clementino, como já lhe contei, tinha carroça de transportar terra, e vários animais de tração. Me fiz intermediário de compras e vendas de animais, não só na zona como em Itapecerica, Indianópolis, Santo Amaro etc. A mula que comprei por trinta mil-réis estava sempre na carroça que eu tocava pelas ruas e pela estrada afora. Animal robusto, fogoso, e de muita vista. Passou a ser muito cobiçada, a minha mula. Porém eu não me resolvia a vendê-la. Um tanto por truque comercial, à espera de melhor oferta, como também alguns gramas de receio. Mas no fim acabei vendendo-a por oitocentos e cinquenta mil-réis a um leiteiro da estrada de Santo Amaro. Paguei uma cervejada ao M. Ele, como bom alemão, era louco por essa bebida. Depois, no mesmo dia da venda, dei cinquenta mil-réis ao M. e ele foi "buscar" novamente a mula no quintal do leiteiro, logo que anoiteceu. Na outra manhã, fiz outro negócio. O dono do Mercadinho Jabaquara deu-me pela bela mula setecentos mil-réis e um burro de volta, o qual vendo em seguida por trezentos e cinquenta mil-réis. M. age outra vez. Para esse trabalho, dei-lhe cem mil-réis. A mula desapareceu na mesma noite do quintal do turco do Mercadinho. Comprou-a finalmente M. A. por cerca de oitocentos mil-réis. Houve qualquer coisa com a polícia do distrito, porém tudo acabou em nada.

O Bar 21 Estados figurou, na crônica policial da cidade, como o ponto de desordens de soldados do Exército, mulheres do baixo meretrício, guarda civil... A nata dos embriagados, desordeiros e rixentos. Seu proprietário era meu primo. Passei a trabalhar no 21 Estados como gerente. Revezava com meu primo: uma semana trabalhava de dia e outra, de noite. Mudei-me com Angelina para a rua Asdrúbal Nascimento nº 28, pensão familiar. Quando eu trabalhava de dia, ela vinha, junto com sua amiga manicura, e ficava na esquina me esperando às sete horas da noite. Íamos juntos para casa e tudo corria bem outra vez.

O guarda civil estava bastante "alto" num reservado dos fundos, bebendo com várias mulheres. Era de noite. Eu atendia no balcão, quando o conflito entre o guarda e vários soldados do Exército estalou. Vieram dos fundos atirando. Ao ouvir os primeiros estampidos, saquei do meu .32, cano curto, e fiz dois disparos para o ar. Meu intuito foi assustar os desordeiros e restabelecer a calma. Mas quando vi um, que vinha com dois revólveres, um em cada mão, apontando como os antigos bandidos das fitas de faroeste, me abaixei atrás da geladeira. Para que me expor numa encrenca que nada tinha a ver comigo? Fiquei agachado, esperando. O fogo continuou. Daí a pouco chega até junto de mim o Chico, o cozinheiro, que veio lá dos fundos, e me diz: "O pessoal fugiu!".

Ele ainda continuava a conversar comigo sobre os sucessos, quando chegaram dois inspetores da Delegacia de Furtos e Roubos. Me prenderam com o .32 na mão. Eles tinham en-

Tipo lombrosiano ou vocação de santo?

trado pela porta da rua Conceição, pois o bar era de esquina. Depois que me desarmaram, uma das mulheres descobriu que havia um soldado do Exército caído na sarjeta. O dr. Lino Moreira, de plantão, levantou o cadáver e o removeu para a Central. Me convidou e fui com ele prestar declarações. O guarda civil foi o primeiro a ser interrogado. Do exame do cadáver resultou haver sido morto por bala calibre .38, carga dupla. No bolso da túnica do morto foram encontradas seis balas desse tipo e no cinturão, a capa da arma menos o revólver. Depois, a polícia técnica constatou os dois furos no forro do bar, provenientes dos disparos que fiz para ver se espantava os briguentos.

Na noite do crime, fui posto em liberdade. Durante quatro dias, diariamente, compareci ao Gabinete a fim de prestar declarações no inquérito aberto. Depois me prenderam. A mim e a três mulheres que presenciaram o tiroteio. O Chico cozinheiro também foi preso. Durante nove dias, enquanto eu e Chico, completamente nus na solitária, apanhávamos de borracha e de pedaços de pau, a polícia visitava as casas de todas as pessoas de minha família, por força querendo encontrar nelas o revólver que assassinou o soldado. Angelina também foi presa, quando respondeu à polícia que eu nunca usara revólver calibre .38.

As mulheres e o Chico declaram haver visto um sargento com dois revólveres nas mãos. Quando chegou fora do bar, ele estava na calçada, ainda com as armas em punho, e um soldado na sarjeta e na sua frente. Em dado momento quis se apoderar de uma das armas. O sargento deu um arranco e, acidentalmente ou propositalmente, atingiu o soldado com um tiro na testa, à queima-roupa! Ficou com o rosto queimado de pólvora. O soldado rodou e caiu na sarjeta. O sargento fugiu correndo para a avenida Brigadeiro Tobias. Isso declararam as quatro testemunhas de vista. Percorreram os quartéis da capital e dos arredores. Na unidade do capitão S. B., em momentos diferentes, as quatro testemunhas oculares reconheceram o assassino. Intimado a ir ao Gabinete, lá compareceu o sargento acompanhado pelo capitão. Na delegacia, diante das autoridades e do capitão, foi reconhecido pelas quatro testemunhas como o matador do soldado. Nesse instante, o sargento arrancou de sua arma e, em pleno Gabinete, ameaçou céus e terras, caso sofresse qualquer prejuízo. Diante disso, as autoridades acharam "prudente" arquivar o inquérito. Tudo resolvido, depois que a culpabilidade do sargento estava mais que provada e confirmada, fui posto em liberdade junto com o Chico e as mulheres.

Dez ou doze dias em São Paulo. Deixei Angelina e fui para o Rio Grande do Sul, onde fiquei um ano. Regressei. Dei de roubar e frequentar "puteiros" como antigamente.

Angelina, depois que fui para o Sul, mudou-se para Santos, onde fazia a vida. Quando voltei, ia sempre visitá-la. No prostíbulo bebíamos e dormíamos juntos. Muitas vezes, quando regressava a São Paulo, ela vinha comigo em visita a sua irmã de Vila Clementino. Nunca houve o menor desentendimento entre nós. Camaradagem e amizade extremas.

Novamente fui "encanado" por roubo. Dois ou três meses no Gabinete e depois Cadeia Pública. Respondi a vários processos, inclusive um por causa da célebre e bonita mula. Enquanto estava preso, escrevia muito a Angelina em Santos. Como fosse condenado a seis meses, requeri os "sursis" e fui posto em liberdade.

Tipo lombrosiano ou vocação de santo?

Depois de vinte dias na rua, fui outra vez preso em virtude de um roubo na casa da irmã do então chefe de polícia. É interessante notar que esse deu resultado "mais ou menos" sessenta e cinco contos de réis em dinheiro limpo. Quando me prenderam, ainda restavam vinte contos de réis, e, por causa deles, sofri a condenação "micha" de quatro meses e quinze dias. Eis um índice de nossa Justiça! Por coisas insignificantes, e que, por isso mesmo, não me permitiam untar bem a mão de advogados e de outros personagens, sofri condenações muito maiores.

Como ainda não tinha cumprido aquela primeira condenação de seis meses (faltavam dois meses e pouco), e com a nova sentença de quatro meses e quinze dias, vim enviado para a Penitenciária, onde tomei o número 3666. Cumprida a pena, fui encaminhado ao Gabinete e daí para Casa Branca, responder a um processo por ferimentos. Fui absolvido depois de dezoito dias.

Em São Paulo, já solto. No mesmo dia em que cheguei, no Paraíso, saltei uma janela e me apoderei de quatrocentos mil-réis.

— Mas tanto trabalho por causa de quatrocentos mil-réis, Faria?

— Os tempos estavam, como se dizia, "bicudos". E depois, por ser no Paraíso, não voga nada. Porque quanto mais "bacana" for a casa, menos probabilidade há de boa colheita. Com os quatrocentos mil-réis me vesti num terno usado, comprado de judeu, e adquiri também um revólver. Alguns trocadinhos de sobra. Tomei bom trago com eles e depois, ao fazer novo assalto, fui pressentido. Atirei para espantar alguém e, como me quiseram pegar, me vi obrigado a sustentar fogo enquanto fugia. Mas finalmente fui parar na Central, e ao saberem que eu era ladrão, me encaminharam ao Gabinete. Quando cheguei à Delegacia de Roubos, acompanhado do revólver novo que havia adquirido, calibre .38, o sr. V. me requisitou para a sua Delegacia de Segurança Pessoal.

Queria por toda a força que eu confessasse haver matado o soldado de dois anos atrás com aquele revólver. Depois de muitas diligências na Casa Mato Grosso, onde havia comprado a arma, e verificada a autenticidade da aquisição alegada, fui solto.

Depois de nove dias, fui a Santos. Em casa de Angelina, bebi e me diverti. Quando voltei trouxe uns oito gramas de cocaína e outros tantos de maconha. Vendi as drogas, ficando apenas com a porção destinada ao meu uso.

Seguiram-se dois dias e penetrei na casa do sr. C. M. A. e roubei quatro contos de réis. Ao assaltar outra residência, não tive a mesma sorte. Houve tiroteio e fugi num auto de aluguel para Santo Amaro. O chofer obedeceu-me de revólver encostado na nuca. Desci, o chofer me perdeu de vista. Tomei o proletário bondezinho e me juntei com amigos, aos quais paguei bebida. Daí a pouco, a imprensa já estava publicando minha fotografia, fazendo relato escandaloso das minhas atividades. Fui em casa de meus pais. Mamãe me recebeu chorando. Já sabia de tudo. Parafusei como sair da enrascada. O dinheiro fazia cócegas nos meus bolsos. Não tinha jeito. Mais algumas horas, e seria preso com toda a certeza. Entregar a "gaita" para os inspetores se divertirem nas minhas costas? O mais sensato seria gastar tudo. Ir para o xadrez, mas ir de bolsos vazios, limpos. Apanhei o Dodge fechado, carro de praça de velho companheiro de farras. Tocamos para Santos,

Tipo lombrosiano ou vocação de santo? 173

depois de começarmos a "encher a cara" desde aqui. A prisão era coisa certa, líquida. Não tinha por onde me escapar dela. Os jornais gritando, gritando. Bebi muito. Fumei maconha. Continuava bebendo. Eu e o chofer. Em Santos, prosseguimos na farra louca. Meu desespero exigia álcool, muito álcool, álcool sem medidas. Maconha e cerveja. Cerveja e maconha. Aos poucos fui-me transportando ao estado de pré-alucinação. Uma espécie de euforia se infiltrou dentro de mim. A prisão iminente não me causava qualquer alarme. A bebida e a maconha são ótimas companheiras. Fazem a gente esquecer que é desgraçado, que a desgraça está nos alcançando, que está nos calcanhares da gente.

Na hora do regresso, estava na casa onde Angelina enfrentava os homens. Pediu para vir, como sempre fazia. A cafetina também viria, porém ficou. Teve sorte. Tomamos o Dodge todo fechado. Os pneumáticos rodaram sobre a areia da estrada, me trazendo para a boca sequiosa da polícia de São Paulo. Pobre Angelina. Tão boa, tão inocente do que se passava. Estava feliz ali ao meu lado, abandonada, a cabeça encostada nos meus ombros, enquanto o carro corria e trepidava. Lembro-me que no Cubatão o auto parou. Que seria? Algum imprevisto já em Santos? Não. Não era nada. O Dodge reclamava gasolina. Enquanto esperávamos, pedi conhaque no bar próximo. Bebemos os três. Uma boa dose, bem forte. Minha cabeça girava. Minha cabeça regirava por esferas fantásticas, por mundos desconhecidos. Lembro-me vagamente que comecei então a cantar. À minha voz se juntou a voz melodiosa de Angelina; na semiescuridão do carro, os seus olhos castanhos sobressaíam, emoldurados pelos claros cabelos de filha de italianos. Angelina cantava comigo, enquanto o carro nos disputava o silêncio da noite com o barulho do seu motor. A mistura de nossas vozes se perdia nas quebradas da serra. A franjinha de Angelina, a franjinha que quase lhe roçava as sobrancelhas, foi desaparecendo de minha vista... Por mais que tenha me esforçado, não consegui recordar de mais nada. Só me lembro que estava cantando com Angelina...

Faria Júnior nesse trecho parou. Sua voz estava molhada. Mesmo assim, insisti brutalmente:

— Mas se você não se lembra de mais nada, conte-me pelo menos o que os outros, o que o chofer disse que aconteceu depois...

— Falo pelo que contou o chofer. Disse que eu e Angelina cantamos um tempão, enquanto o carro rodava pela estrada afora. Quando atingimos mais ou menos o quilômetro 43, perto da curva da morte, fiz muitos disparos. Ele parou o carro e acendeu a luz interna para ver o que havia acontecido. Disse que eu peguei o corpo inanimado e ensanguentado de Angelina... Pobre Angelina! Diz que peguei seu corpo, corpo gasto pela concupiscência dos homens, diz que peguei seu corpo e o atirei, qual fardo inútil, às bordas do barranco! O corpo rodou, mole, para o fundo do buraco. Conta que depois mandei tocar para São Paulo. Ele me deixou na Vila Mariana. Não sei de que maneira cheguei ao inesquecível prostíbulo da ladeira de São Francisco. Fui preso nessa casa.

Estava trancado no Gabinete, por causa daquele roubo e do tiroteio que me obrigaram a ir até Santos gastar os quatro contos de réis. Só depois de um dia e meio que estava preso é que souberam ser eu o assassino de Angelina. O chofer, assim que se inteirou da minha prisão, confessou meu crime da estrada de Santos.

Tipo lombrosiano ou vocação de santo?

Depois que eu fiquei livre dos efeitos da bebida e da maconha, soube do que havia praticado. Que horror! Matar Angelina, a mulher que talvez fez por mim o que minha própria mãe não fizera! A dor me atingiu até as vísceras. O suicídio. Só o suicídio podia justificar o crime que pratiquei em condição tão impressionante. Sim, os jornais estamparam o retrato de Angelina morta. O rostinho meigo deformado por um projétil. A bala pegou no canto direito do lábio superior, repuxando-lhe a boca num rictus espantoso. Eu lhe havia feito quinze disparos! Nove tiros com o Colt .44 e seis com o .38 Smith! Ali estava Angelina estampada no jornal. O rosto levemente marcado de varíola, lambuzado de sangue e todo deformado. Os cabelos empapados em sangue, escorridos, as franjinhas na testa arrepiadas de medo! Os olhos castanhos semiabertos me dizendo adeus para sempre!

Não! Só mesmo o suicídio. Acabar de uma vez com essa vida desgraçada. Vida de crime, vida agora manchada pelo sangue, pelo assassínio. Assassino da mulher que tanto fez por mim. Só a morte me reabilitaria.

Fechado na ideia do suicídio, meu único desejo, na prisão, era ficar quieto num canto. Detestava qualquer conversa. Só a ideia do suicídio me interessava, e eu a acalentava dentro de minha cabeça. Para evitar os processos nojentos que a polícia usa para conseguir declarações, estava disposto a assinar todas as que me fossem apresentadas. Contanto que não me aborrecessem com perguntas. Foi o que aconteceu. Me puseram nas costas todos os crimes sem autores do Gabinete. Até do crime de Poiares, na biquinha do Pacaembu,[52] que aconteceu quando eu tinha doze anos de idade, me fizeram responsável. Tinha começado já o processo, quando um repórter fez ver àquela gente o absurdo em que estavam incorrendo. Mas como esse não deu certo, me responsabilizaram pela morte de Geni de Souza, uma das testemunhas de vista do assassínio daquele soldado. Lembra-se?

Eu estava muito abatido, abalado, e com a certeza de, na primeira oportunidade, me suicidar, como já lhe disse. Quando foi a hora de assinar a confissão do crime de Angelina, o dr. V. me perguntou qual foi o motivo. Respondi-lhe que pusesse qualquer um. Qualquer motivo servia, desde que me deixassem em paz. Ele novamente: "Vamos por que você a assassinou, porque ela sabia que você havia matado aquele soldado? Está de acordo?" "Pode pôr qualquer coisa, doutor, que eu assino".

Assim assinei, indiretamente, que havia assassinado também aquela outra vítima. Porque, passado um pouco, o dr. V. voltou à carga: "À propósito. Tem aí um processo que me tem dado muito trabalho. Você faça uma camaradagem. Já confessou mesmo que matou Angelina porque sabia do seu outro crime, faça também a confissão do outro. Você será absolvido, porque não há mais provas... Concorda?".

Eu estava esgotado. Certo de que me suicidaria na primeira oportunidade. Que me importava um homicídio a mais ou a menos? "Concordo, doutor..."

Duma hora para outra, me transformaram no autor de três homicídios: o de Angelina, o do soldado e o de Geni de Souza. Relativo a este último, "minha confissão" já estava sendo preparada quando descobriram o absurdo dela. Acontecia que eu estava preso na ocasião do crime...

Tentei me suicidar por duas vezes: uma, ingerindo vidro moído. Não deu resultado. Outra, engolindo trinta e nove

Tipo lombrosiano ou vocação de santo? 177

comprimidos de adalina. Dormi durante quatro dias. Quem descobriu foi o 7054 e o 5183. Isso foi na Cadeia Pública. Me acudiram a tempo. Não consegui morrer.

Pelo assassinato do soldado, me condenaram a seis anos. Por aquele assassinato cujo autor foi reconhecido dentro do Gabinete por quatro testemunhas de vista! Por aquele caso já arquivado três anos atrás! Para me condenarem fizeram tudo. Como não havia nenhuma testemunha contra mim, prenderam o pobre do Chico, o cozinheiro. Este sofreu tanto, apanhou tanto para confessar coisa que não tinha visto, que saiu da prisão com passagem fornecida pela própria polícia. Foi tuberculoso para Campos do Jordão, onde faleceu pouco depois...

Pelo homicídio do soldado, mesmo com testemunhas só por "ouvir dizer", fui condenado a seis anos. Não pude entrar com o recurso de apelação, porque logo após o julgamento me mandaram para esta penitenciária. Quando ia chegando, encontrei-me na revisora com o dr. A. N., que ia saindo. Solicitei-lhe que me recebesse, porque necessitava explicar-lhe minha situação e tratar da minha defesa. Respondeu:

— Pode ir tranquilo; daqui a pouco eu mando lhe chamar para conversar comigo...

Fui tranquilo diretamente para a cela-forte. Daí a alguns dias me levaram nela a sentença para eu assinar. O prazo esgotara-se. Não fui chamado pelo diretor e fiquei sem a apelação.

No processo de Angelina, não me deram defesa. Apenas um solicitador sem nenhum interesse na causa. Julgaram-me sob a atmosfera do ódio armada contra mim. Sede de vingança, e não propósito de fazer justiça. Minha qualidade de menor, provada com documentos autênticos, não foi reconhecida! Será isso fazer justiça? O dr. V. inoculou sua baba venenosa durante o processo, dizendo que minha ex-amante foi assassinada por ser testemunha do meu outro crime, do soldado. Que eu era o matador de Geni de Souza, assassinada em Araçatuba. A imprensa corroborou as afirmações da polícia, e assim me vi frente a verdadeiros inimigos, e não julgadores imparciais. Para provar minhas relações com Angelina, que eram as mais amistosas que se imaginar possa, bastaria que a polícia exibisse as vinte ou trinta cartas que apreendeu em casa dela. Cartas que eu mandava a Angelina quando estava preso na Cadeia Pública. Mas essas cartas foram "enrustidas" para melhor prevalecer o ponto de vista policial. Por esse crime estou condenado a trinta anos. Mas espero ainda conseguir justiça.

— Quer dizer, Faria, que pela quantidade de crimes que você praticou justifica-se o diagnóstico que o define como um clássico "tipo lombrosiano" e "criminoso nato"?[53]

— O direito de classificar alguém creio que ainda não paga imposto. A sociedade representa esse famigerado Lombroso. Porque a ela, inteirissimamente, atribuo minha formação criminosa. Porque até a primeira vez que fui ao Instituto para Menores eu não era nenhum ladrão ou assassino. Fugi de casa com medo de apanhar, por travessuras de criança. Mas quando a sociedade deu de me educar, foi o que aconteceu. No Instituto aprendi de tudo. Tínhamos aulas práticas de como pular uma janela, como bater carteiras ou roubar um automóvel. Todas as espécies de pederastias...

— Faria, conte-me um pedaço desse tempinho...

Tipo lombrosiano ou vocação de santo? 179

— Ora, o que hei de contar? O que lhe adianta dizer que fui um menino igual aos outros? Se Lombroso me visse naquele tempo, ficaria decepcionado... Dos meus dez anos em diante, minha leitura predileta foram os romances policiais. Eu, que sempre fora meio desinteressado pelas leituras, com o banditismo, mas principalmente com os lances impregnados de audácia, heroísmo e valentia, me transformei por completo. Aprendi mais que em todo o tempo de frequência nas escolas, onde nunca consegui passar do primeiro ano. O tal do alfabeto não me entrava na cabeça. Verdade que, antes dos romances policiais, os filmes de heróis aventureiros sempre me entusiasmaram. Ainda me recordo com saudades de *O roubo dos milhões* e do *Fantasma verde*. *Detetive* e leituras do Rocambole[54] completavam a minha sede do fantástico que é a própria vida das crianças.

Meu pai é desses portugueses antiquados, de honestidade a toda prova. Seu processo de educar os filhos é o das bordoadas. Minha mãe, muito amorosa, porém de um amor mal compreendido. Ocultava minhas pequenas faltas para me livrar das mãos do velho. Eram momentos de dupla choradeira, aqueles em que eu prometia a ela não fazer mais "isso e aquilo". No princípio, só eu chorava. Mas após os conselhos que me dava, os olhos de mamãe não resistiam: derramavam lágrimas copiosas que se vinham juntar às minhas.

Eu devia ter aproximadamente meus seis anos e tinha meu pai na conta do homem mais correto do mundo. Imaginava que ele e mamãe formassem o par que desfrutava toda a harmonia e felicidade que o lar pode oferecer. Havia-me enganado; notei que meu pai, de vez em quando, chegava em casa "meio bebido" ameaçando espancar a velha. Sofria muito quando presenciava essas cenas.

Depois fomos a Portugal. No regresso, fui acusado injustamente pela minha tia, de ter metido a mão no bolso de papai. Me bateu e até bem pouco tempo eu ainda guardava amargo ressentimento dessa injustiça sofrida.

Minha primeira fuga de casa foi assim: frequentava o grupo escolar da Bela Vista. Cabulei as aulas uns vinte dias. No fim do mês o boletim ia acusar minhas faltas. Com medo da tunda do velho, fugi... Durante sete dias zanzei pelas ruas de São Paulo, até que fui preso, em companhia de outros três moleques, quando dormia nuns caixotes vazios na rua 25 de Março. Fiquei dez dias no Gabinete de Investigações. Dizem que há xadrez de menores. Mas isso só em teoria. Na prática, a disposição do corredor que me destinaram, com uma gradezinha me separando do xadrez dos adultos, era o mesmo que estar tudo junto. Como justifiquei ser órfão e fugido do interior, acabei sendo solto, continuei a perambular, alimentando-me de frutas podres no mercadinho do viaduto de Santa Efigênia. Dormia na parte coberta dos batelões que tiravam areia do Tietê. Após quinze dias, acabei sendo preso, quando dormia num barco. Mais vinte dias de prisão. No xadrez, certa noite, eu dormia a sono solto, o sono tranquilo dos garotos, e acordei quando alguém me desabotoava as calças. Fiz um berreiro e tive a sorte de ser auxiliado por alguns outros companheiros. Me defendi mas paguei aos que me ajudaram, lavando-lhes lenços, pratos etc. Comecei a ser admitido na roda deles, quando conversavam. Tive a grande revelação, nas notícias sobre a vida das mulheres, dos ladrões e das farras. Quando saí, me aliei a dois desses novos companheiros. Com rápido

Tipo lombrosiano ou vocação de santo?

aprendizado, passei a ser o que geralmente é designado para saltar alguma janela. Os companheiros ficavam um em cada esquina para garantir o "trabalho". Caso fosse malsucedido, saía correndo. E aos gritos de "Pega! Pega!" da vítima, meus companheiros se apresentavam como investigadores e daí...

Quando fui preso novamente, não foi por roubo. Apenas por ser criança abandonada. Mandado para o Instituto Disciplinar, onde completei minha escola de malandragem. Se algum garoto levasse qualquer educação religiosa, no Instituto ela virava sorvete. Porque éramos obrigados a frequentar aulas de católicos e protestantes. Aos domingos, lá pelas duas e meia, nos dividiam em classes. Vinha d. Marieta com seu grupo de moças. Aula de catecismo e dos principais pontos da doutrina. Terminavam. Ainda bem não haviam saído as moças católicas, entravam os protestantes a dizer tudo ao contrário do que tínhamos acabado de ouvir. Conclusão: ninguém acreditava na existência de Deus. Aliás, existia também outro motivo, esse concreto, para encaminhar a todos nós na negação divina do Pai. O sr. A., funcionário do pomar, durante os recreios não perdia a oportunidade de falar em Deus, na excelência das virtudes e da caridade. Mas fora desses momentos, o homenzinho era incapaz de distribuir algumas das muitas frutas que apodreciam nos depósitos. Preferia atirá-las aos grandes cestos, para a engorda dos porcos.

A fome que sofríamos era tamanha que roubávamos mandioca, batata, cará, durante as horas de trabalho na enxada. Comíamos os tubérculos completamente crus. A boia era infame: ruim e pouquíssima.

O que sofríamos por causa dos "fanchonas"... Qualquer menino relativamente simpático vivia sempre de olho inchado, perna sangrando... Do contrário entregava os pontos. Entrava na "rola".

Os castigos eram rigorosíssimos, bárbaros. Trinta dias de solitária tomei por tentativa de fuga. Cimento, completamente escuro, meia ração de comida. O frio cortante e a fraqueza comumente desacordavam os moleques que caíam na solitária. Os funcionários também mantinham relações sexuais com os menores. Houve até o caso do suicídio do "seu" Teles, em virtude de amores contrariados...

Seis meses de Instituto. Minha família me arrancou de lá. Porém não resisti em minha casa por mais de um dia. Explodiu dentro de mim uma vontade irresistível de ser "homem". "Espiantei" novamente a fim de pôr em prática os grandes armazenamentos de teorias acumulados no Instituto. Me transformei, de criança como as outras, no tal criminoso nato de que você me falou há pouco. Quer saber mais alguma coisa?

— Sob o ponto de vista da polícia, qual seu primeiro crime importante?

— Aos catorze anos, mais ou menos, levado por influências múltiplas, principalmente cinematográficas, resisti, de garrucha em punho, ao destacamento policial de Indianópolis. Fui preso e processado por tentativa de homicídio e por ferimentos leves.

— Você delinquia a sangue-frio, ou procurava algum excitante?

— Meu estado normal era embriagado. Fazia uso constante do álcool, da cocaína, do éter e da maconha. Quase sempre tomava simultaneamente todas essas drogas.

— Você me falou antes que se considera um homem regenerado. Por quê?

Tipo lombrosiano ou vocação de santo? 183

— Disse e repito: sou outro homem. Do Faria Júnior de antigamente, só resta a carcaça. Porque o miolo sofreu radical metamorfose. Seria necessário longo tempo para lhe explicar bem essa minha evolução. Porém não irei até ela. Mesmo porque ninguém me acreditaria. Vão me julgar um hipócrita, porque quando se trata de coisas más qualquer notícia serve, mas quando se trata do bem, é preciso juntar mil e um testemunhos e assim mesmo... Considero o problema de minha regeneração um caso de consciência que só compete a Deus e a mim julgar do seu mérito. Mas posso afirmar que a religião católica apostólica romana, com seus inumeráveis meios de santificação dos costumes, é o maior fator de regeneração do criminoso. Isso quando é seguida com pureza de coração e firme vontade de trilhar o caminho indicado por Nosso Senhor Jesus Cristo. O que mais influiu na minha libertação do pecado foi, a princípio, as longas e dolorosas meditações diurnas, em quase sete anos de cela forte com três grades. Meu caráter se foi solidificando, sucedeu-se o que qualifico de "o meu amadurecimento intelectual". Em seguida, a leitura minuciosa de obras ascéticas, polêmicas religiosas, histórias eclesiásticas, e, particularmente, o *Martirológico cristão*.

— Que é que você pensa da sociedade, Faria?

— Antes da minha conversão, devido a todo o mal que ela me havia feito, considerava-a simplesmente uma enorme máquina de aço, carcomida pelo óxido dos vícios e acionada pelo dinheiro. Portanto, odiava-a, e desejava me vingar algum dia, causando-lhe todo o mal que me fosse possível praticar contra ela. Hoje, julgo-a um ajuntamento de loucos inconscientes (salvo raras exceções), que, em marcha acelerada para o sensualismo desbragado, talvez atinja seu fim nas garras moscovitas, caso não se aperceba a tempo que existe um Criador Divino. Que devemos seguir as normas do proceder traçadas pelo Criador, do qual ninguém zomba impunemente. Assim sendo, lastimo-a sinceramente e peço a Deus clemência pelos pecados da sociedade...

A essa altura, não pude continuar tomando meus apontamentos de conversa com o Faria Júnior. Seus olhos, do tamanho do girassol, tornaram-se fulgurantes, adquiriram, ao falar em Deus, uma fosforescência estranha. Se não o tivesse bem em pessoa na minha frente, mas apenas a visão dos seus olhos, diria estar avistando as pupilas do tigre, brilhando na escuridão da noite. Porém era o meu companheiro 4122, transfigurado num arrebatamento místico. Faria Júnior é um temperamento forte. Seu espírito avança pelas regiões do Eterno com a mesma resolução e coragem do seu corpo, ligeiramente curvado para a frente, quando desafiava tiros e policiais. Sua cadência no andar lhe dá uns tons longínquos de orangotango, ao compasso dos seus longos braços normalmente caídos ao longo do corpo, braços aparentemente desgovernados. Faria Júnior é o homem que olha com mais insistência nos olhos de quem estiver falando com ele. Olha fixamente, enquanto fala com pausa enervante, sublinhando ao infinito suas frases bem construídas, quase pernósticas, nas quais há sempre fina ironia.

A primeira vez que o vi, fiquei surpreso. Foi na sala de encadernação, antes de começarmos a trabalhar. Vi, numa mesa logo adiante da minha, aquele homem, olhos perdidos não sei onde, se ajoelhar e fazer o sinal da cruz! Quem conhece o ambiente das prisões, sabe o desprezo com que são tratados os "beatos". Mas com aquele ali parece que a coisa era dife-

Tipo lombrosiano ou vocação de santo?

rente. Não vislumbrei, em nenhum rosto, a menor suspeita de ironia. Todos o olharam com certo respeito.

Mais tarde, quando da fundação do Teatro, ele também foi integrar o corpo artístico. Conheci-o melhor. Pude sentir o altíssimo desprendimento que ele guarda dentro da sua estrutura formalizada, quase rígida, no falar, no caminhar, em tudo. Faria nasceu para as grandes dedicações. Nasceu marcado para se entregar apaixonadamente, integralmente, de corpo e alma, a alguma causa muito grande e muito nobre. Faria Júnior é uma alma nobre. Só sabe falar o que lhe dita o coração. É impossível supor dissimulação ou mentira nos lábios do 4122.

— Quando sair, o que você vai fazer lá fora, Faria?

— Tenho já tomada minha resolução. Resolução inabalável. Não tencionava dizer isso a ninguém. Mas a você... vou contar. Muitos me aconselharam. Acham que tenho temperamento religioso, e que devia entrar para um convento. Apesar de simpática, não adotarei tal sugestão. Porque para ficar na pura contemplação ou vivendo na atmosfera delicada e tentadora do claustro, existem no mundo muitas vocações. O que me arrasta é a tarefa mais trabalhosa, menos concorrida. Dedicarei o que restar de minha existência aos leprosos. Serei um escravo humilde e amoroso desses irmãos enjeitados e infelizes...

12. Meus "amarelos"

Fiquei na deliciosa companhia dos pardais durante trinta e um dias. Porque, logo que saí da prova e comecei a trabalhar na encadernação, fui transferido da cela 1013 para a 1172. Cada pavilhão tem cinco pavimentos (andares) de duas alas cada um. Esses pavilhões, divididos ao meio pela galeria central, têm capacidade para abrigar cerca de quatrocentos detentos. Cada metade chama-se raio. A primeira cela onde morei foi no primeiro pavimento do segundo raio do terceiro pavilhão, e a 1172 fica no mesmo pavilhão, mas no segundo pavimento do primeiro raio. Compreenderam? Porém não fica aí a mexida de raios e pavimentos. Porque ao ser transferido da encadernação para o serviço de sífilis, mudei também da 1172 para a cela 1418, no quinto pavimento do primeiro raio. No segundo cubículo que habitei minha vida era espantar os ratos que durante toda a noite vinham dançar debaixo da cama. Foi a moradia que mais me fez sofrer. Não somente pelos ratos, como pelas amolações que me dava o assoalho encerado. O segundo pavimento é o destinado a ser exibido às visitas. O antigo critério das aparências para justificar um ineficiente organismo regenerador e reeducador. As celas desse pavimento devem permanecer sempre brilhando para embasbacar o visitante com a limpeza de espelho. "Oh, como tudo é tão limpo! Estamos espantados com a ordem e esplen-

Meus "amarelos"

dor do estabelecimento!", ouvi dizer um visitante. Isso era o que interessava. Que aos olhos do peregrino menos esperto a Penitenciária de São Paulo impressionasse. Inda que somente pelo lado exterior da arquitetura, do asseio, do silêncio, dos jardins e dos pavões...

Essa cela me deu muita dor de cabeça. Porque decididamente não me acomodava àquela história de quase nem poder caminhar para evitar arranhaduras e pó no enceramento. Constantemente o zelador me chamava às falas. O que me irritou ao máximo nesse pavimento foram as tais visitas. Como é duro ser olhado assim pelo buraco da espia como se fosse fera! Nunca me conformava. Nos dias marcados para a visitação, eu arranjava qualquer coisa para ler e virava as costas para a porta da cela. Nessa postura ficava horas esquecidas. Deu resultado, porque não me lembro de uma vez sequer que tivesse tido o infortúnio de dar de cara com a curiosidade de qualquer visitante através do buraco da vigia. Afinal de contas, eu para cá vim por causa da datilografia e não para me exibir como bicho raro de porta de feira...

Todos os meses rapamos os cabelos. A careca e a indiscrição das visitas eu considero os maiores instantes de humilhação por que passei nessa casa.

Aturei os ratos e visitas durante um mês. É dizer, tive que aturá-los. Que remédio? Na cela 1418, nem ratos, nem visitas, nem pardais. Graças a Deus! É a cela onde estou rabiscando estas páginas, estes roteiros sem rota. Dentre as três, é a de que mais gosto. Apesar dos seus inconvenientes, que também nela os há. Basta dizer que estou defronte à ala dos anômalos (doentes mentais). Alguns gritam, outros cantam, outros gemem e blasfemam durante a noite toda. Nada mais impressionante que esses gemidos apunhalando a escuridão e a solidão da gente. Às vezes uma cantiga triste de fazer chorar as pedras surge daquelas gargantas, intervaladas de imprecações terrificantes. Tudo numa desordem, de mistura, tudo incompreensível e espantoso. Então quando uivam, ah! Quem pode ouvir sem arrepiar os cabelos? Uivos de animais, uivos cortantes, linguagem de um mundo desconhecido, onde só podemos adivinhar e sentir a dor que a plasmou...

E para dar uma ideia do que seja esse quadro desolador de loucos e dementes, blasfemando, e uivando como cães hidrófobos, passo aos olhos do leitor a expressão poética que a teve num soneto o companheiro Emílio Silva Araújo:

O DEMENTE

Vai alta a noite. D'entorno, — silêncio profundo!
Cansada, a prisão repousa em tétrico dormir;
Nem um passo, — nem um sopro parece se ouvir...
Dir-se-ia tudo morto: a vida, os viventes e o mundo!

Súbito, um grito feroz, o uivo iracundo
D'um cão hidrófobo, — medonho, — sente-se ouvir,
A soturnez pesada e triste destas solidões, e, — partir,
A serenidade fúnebre, d'este oceano de miséria inundo!

Sustos. Agitações febris, a população carcerária,
Perplexa, aturdida, — em vozeria multifária,
Desperta: — abrupta e confusa; — e, ainda em sonolência,

Meus "amarelos"

Indaga: — Quem a estas horas por acaso morreria?!
— Não ouviram pois, o grito agudo d'agonia?...
— Não é nada. Um doudo apenas...desvairado na demência!!!

AQUI A ACUMULAÇÃO NÃO é contrária à lei. Quando passei a trabalhar no hospital, serviço diurno, me encarregaram também do ambulatório médico do terceiro pavilhão. É claro que desempenhava funções de muita responsabilidade: auxiliar dos auxiliares dos médicos. O ambulatório atendia à noite aos sentenciados que trabalhavam no parque (jardim, horta e outros serviços externos), os quais saem pela manhã e só regressam aos pavilhões à tarde. Mas nem sempre o trabalho noturno era muito. Sobrava um tempinho para a conversa. Eu dava jeito (apesar de novo na casa já principiava a "irradiar influência...") e a turma se reunia: o 6917 era o primeiro a chegar (foi o meu mestre no conhecimento da engrenagem carcerária); em seguida aparecia o 7333 todo sorridente (o velho hábito de sorrir às plateias), depois o carrancudo 7352, o sereníssimo 7354, o silencioso 6962 e o 7115. Comigo estava completo o bloco, o qual batizamos de Clube dos Sete. Fundamos essa organização clandestina, cujo alvo eram o "bate-papo" e a luta, a todo transe, para que nenhum dos seus associados permanecesse trancado na cela além do tempo rigorosamente obrigatório. Nessas reuniões passávamos em revista todos os problemas palpitantes da casa, desde o companheiro fechado no "amarelo" sem nenhum motivo pelo vigilante Ar., até o zum-zum que corria à boca pequena a respeito de certa quantidade de vigas de ferro e milhares de metros de cano desaparecidos lá dos fundos da área do presídio.

Seria verdade? No caso afirmativo, quais os envolvidos em muamba tão grossa e tão bem levada a efeito? Duma coisa nós estávamos certos: se de fato houve o desaparecimento desse material, só poderia ter sido obra "dos grandes". O preso é que não poderia fazer desaparecer, a não ser por milagre, esses milhares e milhares de cruzeiros. Palpites sobre a política e guerra, religião e o mais.

Houve uma noite em que a troca de opiniões esteve quente. O ambiente carregado. O catolicismo, que fora a única religião admitida, agora já não estava só. O culto protestante já havia iniciado e o professor Vinícius, na quinta-feira última, também proferira sua primeira palestra, discorrendo sobre Alan Kardec e sua doutrina. Desnecessário é transcrever os chavões por demais gastos sobre o problema religioso que meus companheiros abordavam, cada qual defendendo seu ponto de vista particular. Porém o que alarmou a todos nós foi quando o 52, católico, saiu-nos com esta:

— Não faz muito tempo, assisti num teatro aqui de São Paulo a um fato curiosíssimo. Até hoje estou para encontrar explicação. Aconteceu o seguinte: o espetáculo estava marcado para as nove horas da noite. A plateia estava cheia. Quando chegou a hora marcada, nada de iniciar o espetáculo. O pano continuou arriado, como quem não tem nenhuma satisfação a dar. A assistência aguardou pacientemente os primeiros quinze minutos. Em perfeita calma. Mas depois a inquietação começou a fazer cócegas. Uns tiravam relógios do bolso, enquanto outros consultavam o pulso esquerdo. Esse desassossego foi-se prolongando. O pano na mesmíssima posição, em tranquilidade absoluta. Que teria acontecido? Era a pergunta que brotava de quase

Meus "amarelos"

todas as bocas. A plateia foi-se enervando. As olhadas nos relógios amiudaram-se. Homens e mulheres conferiam seus "patéquis"[55] de cinco em cinco minutos Onze horas! A expectativa era indescritível. Foi então que o pano subiu debaixo do alvoroço geral, e dos "óóó!!! óóóóóóó!!" que saudaram o aparecimento dum artista no palco. Estava muito calmo quando pronunciou: "Respeitável público, muito boa noite. Conforme está anunciado, vamos dar início ao nosso espetáculo precisamente às vinte e uma horas…".

Houve ligeira ameaça de vaia. O artista levantou a voz: "Respeitável público, queira ter a bondade de conferir o vosso relógio com o que tenho aqui na mão. São nove da noite em ponto. Tenham a bondade, cavalheiros…".

Mais do que depressa, espiei na minha pulseira: nove horas em ponto! Como podia ser, se ainda há poucos cinco minutos marcava onze horas? Até hoje estou procurando decifrar esse enigma. Não compreendo…

— Mas você acreditou que ele tenha de fato modificado a hora? — aparteou o 7333, que só acreditava na sua presti-digitação. — Foi puro truque. Transformação de hora não existe. A mesma coisa fez aquele da Bíblia que dizem ter sido obedecido quando ordenou ao sol que parasse…

— Isso de transformar hora eu nunca vi — aparteou o 6917, livre-pensador com tendência protestante. — Porém você não pode me negar o fenômeno da levitação. Já assisti a uma grande mesa se levantar do solo e ser transportada para longe sem nenhuma intervenção do homem e de seus métodos conhecidos. A mesa se levantou e se locomoveu sozinha, isto é, simplesmente sob a influência das forças psíquicas ou espiritistas.

— Outro truque. Tudo invenção de ilusionistas e prestidigitadores. Olhem. Vejam se conseguem permissão que eu demonstro como fazer levitações, materializações e uma porção de bobagens a poder de truques. Tudo isso é mistificação...

— Rialto, com licença — era o 7115, espírita, falando. — Podem de fato existir muitos truques e mistificações nos fenômenos apresentados como sendo espíritas. Mas nem sempre é assim. A própria Igreja, a maior inimiga de Kardek, admite que se verificam fenômenos até agora inexplicáveis pela ciência e pelo conhecimento que o homem hoje possui. Médicos insuspeitos, padres e intelectuais inimigos do espiritismo fiscalizaram e assistiram a certos fenômenos aos quais não puderam negar autenticidade...

— Mas...

— Não tem "mas...", 33. Você pode ter alguma razão, porém a verdade do espiritismo nada sofre com a sua crítica...

O católico se encheu de brios:

— Puxa, eu não contei o caso de transformação da hora para endossar nenhum princípio espírita...

— E quem é que está pensando isso?

— Bem, estamos fugindo muito do assunto que começamos a discutir — interveio o 17. — Estávamos é querendo saber aquela doutrina do "amar a Deus em espírito e verdade...".

— Jesus, se não estou enganado, procurou ensinar assim — disse o 7354. — Não se lembram daquela passagem do bom samaritano e do homem caído na estrada?

— Sim, mas ele fundou a sua Igreja sobre Pedro...

Meus "amarelos" 193

— Eu proponho que o tópico seja ampliado. Vejamos, acima de tudo, qual dos ramos cristãos mais se aproxima de toda a Verdade que Jesus ensinou e viveu...

Não cheguei a terminar o que estava falando. Porque o zelador entrou como um rojão:

— Vamos, cada um para sua cela. Já está quase na hora de tocar recolher...

Enquanto íamos saindo do quartinho do ambulatório, ele ainda bateu freneticamente palmas, como quem exige ser obedecido às correrias, ou como quem está enxotando porcos.

E assim terminou mais uma tertúlia do Clube dos Sete.

As fechaduras das celas são munidas de um dispositivo pitoresco. Conforme o girar da chave dentro de sua caixa, através dum minúsculo retângulo, avista-se determinada cor. Três tons diferentes: vermelho, azul e amarelo. O vermelho é a cor preferida. Significa que está fechada apenas com o trinco. Se pode sair nas horas do recreio, trabalho etc. O azul representa uma volta da chave. Nesta cor passamos as noites e as horas do dia em que nenhum acontecimento exige nossa presença, fora do cubículo. Agora o amarelo — a esplêndida cor vangoguiana —, o amarelo quer dizer coisa bem desagradável. Traduz duas voltas na chave.

Quer dizer castigo, caro leitor. O sentenciado "no amarelo" está sofrendo pena disciplinar e não sai para trabalho, nem para recreio, visitas não lhe são permitidas nos dias de regulamento. O único que lhe facultam é se desesperar na cela, andando para lá e para cá como maluco.

Meu primeiro "amarelo" foi assim: eu necessitava tratar da minha defesa, é claro. Precisava enviar um requerimento ao chefe da 4ª C. R. Primeiramente tratei de solicitar, como era devido, aos funcionários competentes, para tomarem a providência de que eu necessitava. Ninguém providenciou nada. Quando eu explicava e reexplicava que o documento requerido ia facilitar a prova da minha inocência, atiravam um "oh!" de enfado e eu era despedido como havia chegado. Resolvi redigir o requerimento e o entreguei na gaiola para o vigilante encaminhar. Antes de atingir o gabinete do diretor--geral, o assistente penal me mandou chamar. Disse-me que não podia redigir nada na casa e muito menos pedir para encaminhar qualquer documento. O que tivesse direito, as seções competentes do estabelecimento se encarregariam de verificar. Expliquei-lhe em tom calmo que o que eu estava fazendo, redigindo aquele requerimento e solicitando que o encaminhassem, se destinava a completar os elementos da minha defesa. Ele replicou que em hipótese alguma eu poderia fazer aquilo. Fui obrigado a ser um pouquinho mais enérgico. Expliquei-lhe então que se tratava do legítimo direito de defesa assegurado pela Constituição do país. "Quer dizer que nesta penitenciária de nada valem a Constituição, os códigos e as leis?", perguntei-lhe. Não me deu resposta. Limitou-se a chamar o guarda que me escoltava. Dali fui direitinho para o "amarelo", onde purguei durante seis dias.

O segundo amarelo foi por causa destes roteiros. O encarregado da inspeção foi à minha cela quando eu estava fora, no trabalho. Chamado à sua presença, eu expliquei-lhe que o papel me havia sido dado pelo companheiro 7054 e que se tratava do meu inofensivo passatempo quando estava

Meus "amarelos"

sem o que fazer e aborrecido. Não o consegui comover. Ele deu parte de mim. O diretor penal me mandou "fechar". Somente depois de sete dias o dr. Flamínio determinou que eu fosse solto. E ainda mais: que o próprio diretor penal pusesse o visto e me devolvesse o caderno dos roteiros... Portanto, agradeçam ao professor Fávero esses momentos de desprazer. Porque não fosse ele...

Desta vez foram meus bigodes, o culpado. A terceira vez que fiquei amarelado. Faltavam dez dias para a representação duma peça histórica no Teatro do Sentenciado. Eu teria de encarnar a José do Patrocínio. Necessitava, pois, não só de suíças, como também de bigode e barba comprida. O bigode já estava bem crescidinho e eu vivia sonhando com a caracterização. Eis que algum "amigo da onça" arranja uma ordem para raspar o bigode do pessoal do teatro. Quando eu quis explicar a necessidade do meu não ser rapado... bumba! Me fecharam no "amarelo", sob a alegação de haver recusado, terminantemente, cumprir uma ordem do meu "superior"... Quatro dias fechado e a caracterização do Zé do Pato saiu mesmo sem os bigodes.

A quarta vez que fui no amarelo... Ah, ia-me esquecendo! A quarta vez quase que fui, mas não fui. O motivo girou em torno de um níquel de quatrocentos réis que eu havia achado há tempos num corredor e posto no bolso da blusa. Já tinha até me esquecido dele, quando um dia a revista bateu na minha cela. A inspeção fez um escarcéu, como se fosse eu que tivesse roubado os milhões de cruzeiros[56] em vigas e canos. Mas por fim ela mesma reconheceu o ridículo que estava desempenhando. O amarelo, dessa vez, ficou só em ameaças...

Também o capítulo das muambas nesta casa merece um volume. Não me refiro às pobres muambas que meus companheiros fazem para comer ou para atender a alguma necessidadezinha muito admissível, como arranjar cobre para tratar de recurso, mandar à família etc. Falo é das muambas "grossas", de mil cruzeiros para cima. É admirável como conseguem — não os presos, já se vê —, como conseguem levar debaixo da roupa saxofones, peças inteiras de tecidos, sacos de cortes de calçados e... que sei eu quanta coisa mais?

O que vale é que a inspeção está sempre de olho vivo...

13. Lino Catarino, o Lampião Paulista

O PARTICULAR QUE MAIS APROXIMA São Paulo da civilização norte-americana é a propaganda, é a publicidade muitas vezes exagerada que acompanha qualquer acontecimento verificado no meio da sociedade bandeirante. Visando a reclame o alvo do lucro comercial, forjando prestígios políticos e sociais, a publicidade aqui é bem mais violenta, para não dizermos inescrupulosa, quando ataca um homem que errou. A imprensa de São Paulo "não transige, não esquece, não perdoa"[57] aos que tiveram a infelicidade de cair uma vez. Desanca-lhe o pau, a torto e a direito. Aniquila-lhe o bom nome, destrói-lhe as relações através de notícias bombásticas, notícias que deveriam ter um puro efeito de fogos juninos, mas que lamentavelmente têm levado muita gente à desgraça da loucura, do suicídio, criando verdadeiros fantasmas nos imaginários criminosos que ela inventa. É assim que homens puros ainda ontem se transformam em feras por força da sugestão publicitária.

Quando alguém no Teatro me o apontou dizendo: "Aquele lá é o Lino Catarino", fiquei embasbacado. Eu era um dos diretores da ribalta. Não seria perigosa aquela presença, ali no meio tão íntimo dos bastidores? Mas as notícias que os companheiros me davam eram as mais lisonjeiras possíveis: "Qual o quê. O Catarino é rapaz honesto e muito educado".

E o Lino ficou fazendo parte do nosso elenco. Nunca me deu trabalho. Era só dar-lhe uma ordem, e o 7099 (seu número) a cumpria prontamente e até com leve sorriso a escorrer pelos lábios finos. Simpatizei com ele.

Um dia chamei-o ao meu escritório de diretor teatral, no porão, debaixo do palco. Comodozinho baixo e sem conforto, que obrigava a gente a permanecer o tempo todo envergado. Foi nesse ambiente sem jeito que trocamos algumas palavras. Lino Catarino olhava-me nos olhos, com firmeza. É ainda moço. Trinta e poucos anos. Corpo esguio, flexível. Rosto fino. Respondia-me usando o menor número de palavras possível. Era como se eu lhe estivesse arrancando um pedaço de carne. Aliás, sua atitude foi sempre silenciosa no recinto do teatro. Enquanto outros cantavam ou dançavam ou conversavam em alta voz, o 7099 permanecia quieto, como que em observação... Nunca o vi soltar uma risada larga e franca.

— Então você é o Lampião Paulista? — larguei-lhe a queima-roupa.

— De maneira nenhuma. São Paulo não se contentou com um Lampião só. Criou dois. Eu sou o menor. O outro, o célebre, foi Aníbal Vieira...[58]

— Não me venha negar sua culpabilidade no montão de pessoas que você matou...

— Ora, tenho no meu prontuário na polícia um único crime de morte. E ainda este não está provado que seja eu o autor.

— E quando começou sua fama de criminoso?

— Aos dezenove anos cometi o primeiro crime, de caráter grave. Felizmente não houve morte. Durante uma corrida de cavalos surgiu encrenca por causa de apostas. Fui agredido e

Lino Catarino, o Lampião Paulista

agi em legítima defesa, como reconheceu mais tarde a Justiça. Até essa época vivi tranquilo como qualquer outro rapaz. Nasci na comarca de Taquaritinga e nessa cidade completei meus cinco anos de curso primário. Frequentava ainda o grupo escolar, quando entrei para uma oficina de seleiro. Aprendi esse ofício, mas não estava satisfeito. Me empolgavam as grandes distâncias, cavalgar pelas campinas na vida livre e sem peias dos vaqueiros. Papai trabalhava em compras e vendas de gado. Logo que saí do grupo, apaixonado pela vida de boiadeiro, abandonei a selaria.

— Você sentiu muita emoção quando brigou pela primeira vez?

— Medo. Um medo pânico. Parecia que o mundo ia se acabar. Foi medo que senti antes e depois do crime praticado. Quando me vi envolvido noutro caso, a imprensa fez uma forte reportagem contra mim. Dizia ser o autor de dezesseis ou vinte e cinco mortes! Substituíram até meu nome. De Arlindo Nunes da Silva, passei a me chamar Lino Catarino! A lenda do novo Lampião Paulista rodou por aí afora e fiquei tão visado pela polícia que dezesseis processos foram colocados sobre minha cabeça. Fui absolvido em treze, sofrendo nesse saco de processos três condenações: uma de um ano, outra de um ano e quarenta e cinco dias e a última de trinta anos!

Não quero que me julgue um santo. Reconheço que fui rapaz sem juízo, mas nunca um bandido segundo a qualificação da imprensa e da polícia.

— Que me diz dos companheiros criminosos?

— Há de várias espécies. Uns, doentes; outros, vítimas da má fama, e, a maioria deles, devido ao ambiente onde se desenvolveu a sua mocidade.

— E da regeneração? E da Penitenciária?

— Acredito cegamente na regeneração do criminoso. Porque o homem nasceu para ser feliz. Para ser feliz precisa ser bom, e para ser bom precisa abandonar todos os maus pensamentos, exterminar do coração o ódio, o orgulho e as paixões. Ser humilde e paciente.

Com referência à Penitenciária, posso adiantar que ela acabou de cimentar minhas ideias e meus planos de vida nova, no caminho do bem e da verdade.

Se estou condenado foi pelo motivo daquela propaganda de que lhe falei, e por não ter podido contratar um advogado para acompanhar o andamento do processo.

Nunca me separei da minha família. Meu maior sofrimento é viver longe dos meus.

Na qualidade de sentenciado, posso afirmar categoricamente que a liberdade é o maior bem que possuímos sobre a terra. Se eu pudesse aconselhar meus semelhantes, dir-lhes-ia para nenhum se transviar do caminho do bem. Porque o do crime está ladeado de infernais abismos...

14. Gângster número um de São Paulo

FOI QUANDO ESTAVA com o 7054, tratando da primeira representação do nosso Teatro, que o conheci. Procedíamos a várias experiências com os nossos companheiros, vasculhando as suas possibilidades e vocações artísticas. Me chamou a atenção o rapaz calado e arredio, que andava de um lado ao outro da galeria. As mãos ora segurando o queixo, ora entrelaçadas às costas, ora gesticulando excessivamente, quando falava com alguém. Guardava permanentemente a reserva comum dos homens inteligentes e bem experimentados pela vida. Minha aproximação a ele foi lenta. De longe se adivinhava o tipo arisco, que exige paciência caso se queira entrar na sua intimidade e travar uma relação mais funda. Contudo, ele não pôde subtrair-se à atmosfera de entendimento e muita camaradagem criada no recinto do teatro. Sem que déssemos acordo, foi-se aniquilando a distância que nos separava. Até que um dia, quando abrimos os olhos, pudemos nos considerar amigos.

Mas isso não foi o bastante para entrarmos logo em confidências. Foi a muito custo que ele me falou da sua infância. Nascera em Santos. Tem o número 518–. Na cidade onde veio ao mundo residiu até a juventude. Seu pai, carroceiro, de vez em quando se embriagava. Nessas ocasiões seu lar era povoado de cenas tristes. O genitor tratava brutalmente sua mãe, não raro lhe batendo sem haver nenhum motivo e sem atender ao choro aflito dos filhos pequenos. Esses acontecimentos imprimiram-lhe muita mágoa no coração. À medida que foi crescendo, aumentava seus esforços para defender sua mãe, nos momentos dos descontroles alcoólicos de seu "velho". Castigado injustificavelmente por seu pai, que lhe dera uma surra, revoltado contra o tratamento impiedoso, decidiu abandonar a casa paterna. Foi trabalhar por sua conta nas docas. No meio da gente calejada e bruta da beira do mar, ele um dia foi obrigado a "pregar fogo" num chefe de serviço, vingando-se de certa calúnia que este lhe havia posto às costas.

— Mas isso não teria nenhuma importância se não fosse o que aconteceu depois... — disse-me ele.

— Não estou entendendo. Pois esse crime não foi o primeiro entre outros que você praticou?

— Aí é que está o nó. Foi o primeiro de minha vida. A diferença está nos motivos. Os demais foram determinados por uma causa única muito íntima...

O 518– empacou. Não queria falar mais nada. Todo turbado. Quase não tive coragem de insistir. Seu tom era por demais sério, parecendo querer dar um corte definitivo na palestra. É preciso dizer que esse sentenciado fala com uma correção impecável e traduz, com toda a propriedade de termos, o seu pensamento. Não é como a maioria dos detentos, que necessitam de perguntas bem arranjadas para dizer alguma coisa. O 518–, soube pelos seus antigos companheiros, lê muito, estuda desde que foi preso anos atrás. Gosta de literatura francesa, lendo-a no original. Também a literatura espanhola lhe interessa; seus pais são filhos da ibérica península.

— Ela era vizinha de casa. Por ela retornei ao lar depois da primeira fuga. Em mim habitava um feroz e ignorante egoísmo. Não consentia, nem por sonhos, que alguém pretendesse compartilhar comigo o delicioso calor do seu belo corpo de moça. Você compreende, guardava-a com zelo de quem cuida da futura esposa. Procurando evitar-lhe toda e qualquer relação com rapazes, extorqui-lhe a promessa de não mais dançar. Em troca, eu faria o grande sacrifício de andar desarmado. Minha promessa eu a cumpri religiosamente. Tudo então ia correndo maravilhosamente. Nosso mirífico idílio desprezava limites no campo do seu enlevo e devotamento. Até que uma noite, no bonde, ao voltarmos do Teatro François,[59] ela, num rasgo de ternura, encostou a cabeça no meu peito e sentiu que no meu bolso interno havia um objeto duro. Inocentemente lhe respondi ser o pente e deixei que ela se certificasse da verdade. Ela apalpou de fora e não se deu por satisfeita. Resolveu enfiar a mão dentro do bolso. Eu nem me preocupava. Ora, um pente... Ela não tirou de lá o pente que eu estava certíssimo existir. O que vimos foi uma navalha de cabo leitoso, de cuja existência ali eu tinha completa ignorância. Pronto! Não adiantaram todos os meus protestos de inocência. Aquela miserável navalha era o corpo de delito dum flagrante perjúrio. O julgamento foi inexorável e a sentença condenatória sem apelação.

"Sábado vou ao baile", disse-me ela no dia seguinte. "Não vás, querida, em nome do nosso grande amor!" "Vou. Já prometi a mamãe e mesmo porque também preciso te punir." "Misericórdia!" "Não. Desde que tu quebraste tua promessa, me sinto desobrigada também da minha. Portanto, vou dançar. Ademais, é só no sábado; é a sociedade muito séria e vou em companhia de mamãe. Não é preciso por isso te ralares tanto." "Juro-te que não irás. Até sábado".

Minha resolução era matá-la em pleno baile; depois mudou: feri-la nos dois joelhos seria o ideal. Talvez conseguisse aleijá-la e por essa vingança não me incomodaria de ficar preso o resto da vida. Felizmente esse indigno pensamento, gerado na procela de minha alma torturada, não prevaleceu. O amor, que era verdadeiro, gritou bem mais alto, e, um dia antes do anunciado baile, fui pedir-lhe que adiasse o "castigo" por quatro dias, pelo menos. Súplica feita com veemência, comovera-lhe à compaixão, e a ida ao baile ficou para a semana seguinte.

Três dias depois, eu estava no Rio de Janeiro. Durante um mês, o que levei no bolso deu para viver. Mas depois já estava quase sem dinheiro e sem emprego ainda. A teimosa imagem da mulher querida inspirava-me tentadoras e negras ideias. Um dia, viajando no elevador que conduz ao alto do Pão de Açúcar, eu, depois de namorar a paisagem, pensei em morrer. Como seria formidável dar um mergulho naquele convidativo tapete verde, que parecia feito de mimosa e agradável relva! E concluí: qualquer dia voltarei aqui e esse delicioso abismo há de ter o desprazer de engolir-me os chocalhantes ossos. Contudo, essa romântica ideia me desapareceu da cabeça, depois do rombo que fiz no bom prato de arroz com camarões dum restaurante da cidade. Foi corajosa covardia indigna do digno filho de honrado carroceiro.

Graças à altruísta bondade dum capitão reformado da Marinha, consegui ser admitido no Corpo de Fuzileiros Navais. Mas para isso era preciso esperar vinte dias e minha paciência e finanças não resistiriam a essa prova. Rumei para São Paulo,

Gângster número um de São Paulo

em seguida para Rio Claro, onde quase morri de tanto trabalhar. Dei murro brabo na construção de parte duma usina de força elétrica, em Corumbataí, da Central Elétrica Rio Claro (catorze horas diárias, malissimamente remuneradas). Restabelecido duma doença que me prostrou por três dias num saco de palha de milho mal desfiada (minha cama), disposto no chão duro de terra batida, dum porão sem ar nem claridade (palácio pouco rico, é verdade, mas era só para o corpo, pois o espírito refestelava-se em pomposos e paradisíacos castelos), restabelecido, pois, toquei novamente para São Paulo, e depois para onde eu tinha preso o coração. Quando voltei a Santos, fingia não sofrer nenhuma "dor de canelas",[60] mas dei de abusar regularmente do álcool. Daí por diante, abriu-se o meu episódio de grandes extravagâncias e desordens. Criei fama com meus prodígios de loucas valentias. Ninguém jamais descobriu ou suspeitou que eu nunca fui corajoso, mas sim o maior dos desesperados. Mais algum tempo e cometi o crime pelo qual estou aqui. E assim terminou-se a história.

— Não, meu caro D. Agora estou agoniado. Conte tudo direitinho. Você já começou mesmo, agora acabe.

— Você me desculpe, Abdias, mas isso eu não posso fazer. Esse pedaço nunca contei a ninguém. A ninguém. Não sinto coragem nem desejos de abrir o cofrezinho quase sagrado desse segredo.

— Quer dizer que é coisa cabeluda mesmo?

— Não é nada tão feio assim. Questão de escrúpulo. De ética individual. Foi sempre meu ponto de vista: desde que faça referência a segundos e terceiros, o mais absoluto sigilo.

— Mas escuta, D. O que você falar agora, quem sabe, não vai servir de exemplo para outros? Evitar, talvez, que outro irmão tropece no mesmo toco e venha aumentar, com suas lágrimas, esse oceano de martírios e de arrependimentos tardios?

O 518– custou a ceder. Ruminou muito, gesticulou muito. Francamente, eu já tinha perdido a esperança de ouvir o fim da narrativa. Porém alguma coisa se passou no seu íntimo. E foi com voz comovida que ele prosseguiu:

— Um amigo aproveitou-se da minha mal canalizada e aparente coragem. Meu espírito desorganizado, a vontade inquieta e sem rumo, não reagiram. Duma hora para outra estava filiado à Juventude Comunista Brasileira.[61] Deixei então de beber e de promover desordens, para tomar parte em reuniões de células e fazer propaganda revolucionária. Alcancei muito breve o prestígio de que goza um verdadeiro camarada de ação. Fui militante incansável e julgo ter prestado preciosos serviços à secreta organização. Dependurava bandeiras vermelhas nos fios, mesmo de dia, e em lugares que eu próprio, depois, admirava a ousadia. Tornei-me exímio pintor de foices e martelos, de vivas à Juventude e morras aos opressores. Pobre dos inocentes murros e paredes das casas da cidade! Mimeografava panfletos, manifestos e boletins, distribuindo-os nos lugares mais arriscados, apesar da proibição do C. R. (Comitê Regional). Pois um elemento valioso como eu, já secretário duma célula, não podia se arriscar assim, com provável prejuízo para a própria "Jota" (a Juventude). Nada me modificavam as advertências. O que tentava meus nervos, abalados pelo amor não realizado, era a emoção que sentia no momento de me jogar nas mais arriscadas empreitadas. A vida perigosa era o único elo que me prendia a tal organização, por isso não aceitava a obediência que ela desejava me impor. Pintei o sete contra os integralistas.[62] Uma noite, sozinho e desarmado, arranquei, traiçoeira e rapidamente, o revólver que um deles ostentava na cintura e, apontando-lhe, fiz que ele tirasse a camisa verde. Rasguei-a, entreguei-lhes os pedaços e fui-me embora calmamente, depois de fazê-lo andar uns duzentos metros em sentido contrário. Borrei de piche a fachada duma sede deles, em Santos, onde os "meganos" me mimosearam com uma porção de tiros. Infelizmente, nem de leve me atingiram. Com o mesmo líquido, enfeitei o frontispício doutra sede, aqui em São Paulo. Nessa, os guardas parece que estavam dormindo; pois só depois que eu estava duas quadras distante, sentado comodamente num luxuoso automóvel guiado por um médico, é que se lembraram de fazer escândalo, dando tiros. Enfim, realizei comícios trepado em postes; parei obras que não queriam aderir a greves; fui designado para serviços mui secretos e importantes no Rio de Janeiro; sindicalizei centenas de operários da construção civil em Santos. De sua parte, a Juventude também gastou comigo bom dinheiro. Operação cirúrgica e hospitalização, consulta a médicos especialistas, custas dum processo, viagens etc. Em resumo, ela por mim fez o que pôde, mas acabou me aborrecendo. Eu queria era ação arriscada; ela queria que eu fosse um intérprete de ordens e elemento de ligação. As discussões nas reuniões, onde vi muita moça bonita e mimosa dar conta de trabalhos espantosos, não faziam mais que me enervar. E um dia, em que aqui em São Paulo eu deveria referir, numa reunião do C. R., todo o trabalho de Santos, senti-me tão pouco disposto a políticas que achei melhor ir assistir a uma fita de amor...

Reconheci, então, que o leme da barca de minha vida estava lhe dando rumo de horizontes sem futuro. A querida

Juventude Comunista perdeu um grande soldado. Não adiantaram exortações nem invectivas. Estava acabada minha vida revolucionária. "Para mim chega!", disse-lhes eu. "No dia da revolução podem me procurar que lutarei com vocês." "Você parece maluco", disse-me um camarada. "Fui, e a prova é eu ter sido comunista. Mas agora estou bom. Adeus!".

Porém, o ambiente revolucionário me fez travar conhecimentos com pessoas de todas as classes. Não só entre elementos vermelhos, como também entre "amarelos" (reacionários), e, entre estes, para minha desfortuna, havia um indivíduo que fora expulso do Partido. Esse indivíduo, que foi muita vez meu companheiro de mesa, pertencia a uma família muito distinta e que não tinha tanta ilustração nas finanças como a tinha no nome. Meteu-se com outro, não menos ilustre que ele, num negócio pouco lícito e foram logrados em mais de trinta contos de réis. Homens de sentimentos inferiores, resolveram ressarcir-se da perda por meios nada recomendáveis. Combinaram servir-se de mim como instrumento. Me conheciam como o tipo que "topava" qualquer parada. Armaram o plano e, certo dia, num café chique da avenida São João, depois de alguns conhaques, me fizeram a proposta. "Servicinho" canja para mim, diziam eles. Apenas subtrair uma valise, contendo, talvez, oitenta contos de réis... Não obstante já estar um pouco "alto", repeli com dignidade o primeiro ataque. Insistiram afincadamente. No segundo "round" eu vacilei e no terceiro "entreguei os pontos". Cor-de-rosa, risonhos e tentadores prós, versus insignificantes contras, que seriam facilmente removidos. Segundo eles, eu não teria a fazer mais do que arrancar, inopinadamente, a valise de mão da vítima, entrar num automóvel, cuja chapa eles antecipada-

Gângster número um de São Paulo   209

mente trocariam. Dar alguns tiros para o ar, caso me sentisse perseguido, e finalmente dividir meio a meio o "produto" (do dinheiro; da condenação, não). Seria quase um brinquedo de criança que eu, com meu arrojo proverbial, executaria facilmente. Demais, se não quisesse ir só, poderia arranjar mais um ou dois companheiros, em que eu tivesse tanta confiança quanto eles tinham depositado em mim. Todavia, mesmo de elementos assim eles não deveriam ser conhecidos. Fiz o convite a um antigo conhecido que havia sido ladrão, comunista, e que na ocasião candidatava-se à cafetinagem. Eu o tinha na conta de muito corajoso e maluco como eu, portanto não titubeei. Contei-lhe tudo: onde e como devia ser feito o "trabalho". Quando perguntei-lhe se "topava" mesmo, notei-lhe certo embaraço no responder. Disse que sim, mas que era preciso mais um. Ele se encarregava de arranjar o terceiro, de inteira confiança. No dia seguinte, apresentado que me foi o outro, levei-os ao local e mostrei-lhe como seria tudo.

"Que acham?", perguntei a eles. "É muito arriscado..." "Está bem. Então não se faz nada; procuraremos coisa mais fácil", disse, despachando-os. Separamo-nos. Fui revoltado com a dupla covardia deles. No dia seguinte, nem o automóvel dos doutores, que já estava preparado e com bom chofer, eu quis. Aluguei um, paguei adiantado e mandei tocar; fi-lo parar e esperar um quarteirão antes e rumei a pé para o local. A vontade vacilava dentro de mim. Tomei, para fortificá-la, uma boa dose de Santa Rita e postei-me disfarçadamente diante da porta fatal. Encostei-me depois na parede, como à espera de ônibus, e, se a vítima demorasse mais três minutos, eu não seria criminoso e não estaria agora falando com você. No meu espírito descontrolado, duas vozes disputavam-me.

Dizia uma: "Vai-te, desgraçado!". E a outra: "É a tua independência. Fica". E eu ia ficando; menos por ambição do que por vaidade. Queria mostrar àqueles dois covardes que faria, sozinho, o que eles acharam arriscado para três. E foi quando esta última voz gritou que surgiu, brilhando, a um passo de mim, a maldita valise. O coração bateu como um martelo-pilão. A respiração ficou suspensa, uma dor aguda atravessou-me o cérebro como uma corrente elétrica. As pernas tremeram-me, vacilei; isso foi apenas um lampejo, porque imediatamente reagi com força titânica. O instante era aquele: ou o aproveitava ou perdia a oportunidade a dois dedos do meu nariz. Zás! Lancei a mão esquerda na valise, puxando-a energicamente. Céus! A maleta não me obedeceu. Inesperada e desesperada resistência me descontrolou. Empurrei a vítima e tornei a puxar o cobiçado objeto. Porém a mão não o largava; veio junto com ele. Aí perdi completamente a razão. Usei contra a vítima a arma que deveria ser usada só para o ar. Ela caiu gritando e eu larguei a presa; andei alguns metros com o intuito de ir embora. Não sei por quê, voltei novamente. Voltei disposto a acabar o "serviço". A vítima, de bruços, abraçada ao objeto querido, segurava-o como se contivesse mesmo os sonhados oitenta contos. Nesse momento parece que ouvia ainda as vozes dos dois mentores desse crime: "Vai. É tirar um pouquinho de quem é miserável e tem muito. Aquela fortuna é produto da exploração do pobre. Também é roubada! E tu, com metade desse pouquinho, podes fazer a felicidade dos teus... Anda! Roubar de ladrão não é crime". Tentei outra vez apoderar-me da nefanda maleta. Nisto fui inesperadamente seguro pela costas. Dei um formidável golpe e fiz o indivíduo que me segurava voar por cima de mim. Mas caí também.

Gângster número um de São Paulo

As tenazes do tal, que era ensacador, não me largavam. Em poucos minutos estabeleceu-se no local uma confusão igual à que já havia no meu espírito. Foram tiros, pauladas, socos, pontapés, gritos de "Lincha!"... Ave Maria!... É duro lembrar.

Sei que o meu parabélum voou-me da mão, devido a um mimoso golpe que me deram com um pau de arriar portas, no momento em que, a muito custo, eu tentava visar a cabeça do "minotauro" que me segurava. Ainda torcendo o braço com a força de um trapo, consegui sacar do bolso do paletó a mauser de reserva e alvejar um "cara" que me vinha dar o segundo pisão no peito. Não levei o pisão, mas o drástico contato da tranca maldita adormeceu-me o braço, arrancando-lhe a arma. Consegui me desvencilhar das muitas mãos que me seguravam. Novamente de pé (antes eu rolava no chão), corri quase trezentos metros. Me cercaram. Fui pego quando já estava perto do automóvel que eu mandara esperar, dizendo que ia ver se minha tia estava em casa. "Na hora H, o chofer me obedecerá por bem ou por mal", pensava eu. Se eu tivesse podido fugir pelo outro lado do quarteirão, menos cem metros bastavam para alcançar o auto. Mas o cálculo não tinha sido esse. Por isso, voltei carregado ao teatro do crime, carregado em triunfo. Depois de mais uma lutazinha inútil e desesperada, mergulhei num carro de presos, passando entre duas fileiras de soldados prontos a me fisgarem na ponta da baioneta, caso tentasse algum passo duvidoso.

Dois dias depois, na Delegacia da Ordem Política e Social,[63] eu teria tido uma surpresa formidável se minha alma, meio morta, não se tivesse tornado insensível a qualquer comoção. Pois os dois indivíduos que não tiveram coragem para me ajudar a fazer a loucura foram trazidos repentinamente diante de mim, do encarregado daquela repartição e de dois inspetores, e não só sustentaram que era para terem sido meus companheiros naquela empresa (o que era verdade), como também afirmaram que o produto dela se destinava ao comunismo. Calúnia, calúnia pura, calúnia miserável, contra a qual não me arrependo de haver protestado energicamente, mesmo sob os maus-tratos físicos que recebi. Depois fui condenado, vim para cá. Penso que nada mais tenho a lhe contar, meu caro 49.

— Permite mais uma pergunta: que você pensa hoje da organização política a que você pertenceu?

— Não sinto nenhuma saudade da Juventude Comunista, mas também não sinto por ela qualquer rancor. Tenho a consciência tranquila de haver para com ela cumprido honestamente com o meu dever.

— E da noiva. Alguma lembrança?

— Ela não é culpada do que acontece comigo. Mas a verdade é que, desde que nosso romance foi interrompido, meus nervos perderam o equilíbrio. Tudo o que fiz decorreu daquela paixão.

Envergonhado, qual rapazinho frente à primeira namorada, ele confessou:

— Esse amor ainda não morreu dentro de mim. Mesmo porque eu penso que todo aquele que esquece o seu primeiro amor nega sua própria existência. Quanto a ela, sei que está noiva. Que seja feliz, são meus desejos, apesar dos oito anos que já são passados e eu, na fria solidão da minha cela, ainda me sentir capaz de lhe fazer estes versinhos, para os quais inventei uma música merencória. Em ritmo de valsa canto-os baixinho, quando a noite vai bem alta e eu me angustio no meu

DELÍRIO DE AMOR

Oh, minha bela flor...
Como te amo ainda!...
E quanto amarga é minha dor,
Desta saudade infinda.

Sou eterno delirante,
Sem consolação;
Por ver-me tão distante,
Do teu coração!

Teu corpo não quis ferir,
Como no amor me feriste;
Se bem que fora punir,
Também seria mentir-te.

Pois te amava! Então fugi,
Malferindo o coração;
E pra livrar-te de mim,
Mergulhei nesta prisão!

Nem sei por quê, Abdias, fui com a sua "cara". Contei-lhe toda a verdade que eu nunca disse a ninguém.

15. O cáften e a prostituta

OS ARTISTAS ESTAVAM DE FOLGA. Intervalos dos ensaios da peça *Patrocínio e a República*[64] e do ato variado. Num canto do palco tagarelavam animados. Os mais animados eram o sapateador (7162) e o *clown* (7310). Cada qual se esforçava por convencer o outro a ser mais conquistador. Ambos são rapazes de aparência simpática de idade inferior a vinte e quatro anos. Conversavam sobre mulheres e prostitutas. Dizia o primeiro:

— Eu desde muito cedo principiei a conhecer a malandragem. Quando tinha dezessete anos fui voluntário para o 4º R. I.,[65] em Quitaúna. Uma mulher cruzou o meu caminho e me transformou, de servidor da pátria em proxeneta libertino e depravado. Eu, que ao ingressar na cafetinagem fiz o meu noviciado com essa refinada prostituta, a qual dispunha de largos recursos de astúcia para adquirir dinheiro, em pouco tempo ultrapassei a minha consórcia e pude, então, viver algum tempo desfrutando a nossa "indústria". Mas como tudo deste mundo tem fim, também um dia teve um fim a nossa "sociedade", foi por água abaixo o nosso amor, ela indo para um lado e eu para outro. Com a técnica adquirida não tive nenhuma dificuldade em arranjar outra "mina". Seria fastidioso contar a vocês os pormenores dessas conquistas e da minha vida de casado com mais de meia dúzia de rostinhos de "anjo". Esses amores, como todos os amores libertinos, eram sempre anuviados por discórdias passageiras, pois é sabido que todas as mulheres de vida fácil quando não apanham dos seus amantes não estão satisfeitas; mas depois de alguma pancada, se entregam para um amor gostoso... Com elas eu fazia tudo que se pode fazer em matéria de sacanagem...

— Todo mundo sabe que você é um cara descarado — interrompeu o 7310. — Garanto que até minete você fazia.

— Ora, que há nisso de mais? Ia vivendo feliz até o dia em que fui contratado por uma companhia dramática, o Circo Teatro Garcia, armado na rua Carlos de Campos, no Brás. Nessa ocasião, meus olhos tiveram a felicidade de ver, pela primeira vez, uma linda jovem que fascinou-me o coração. Não pude resistir ao seu olhar cheio de sedução, sem tornar-me logo um escravo de sua beleza. Por essa, sim! Estava mesmo caído; porque com as outras eu tinha o coração duro, e o meu amor era apenas um capricho ou interesse financeiro. Com essa o assunto foi-se tornando sério, pois me sentia verdadeiramente apaixonado...

— Será que temos agora de ouvir um lero-lero de cabaço? Mude de conversa, sapateador — aparteou novamente o *clown*.

— 310, se você não gosta do assunto de donzelas, conte como é a vida das marafonas onde você morava — pedi eu.

— Em primeiro lugar, eu me qualifico boêmio do amor e não sou cáften como a polícia me qualificou. Nunca explorei mulheres ou tratei do lenocínio. Mesmo nesse caso, eu só poderia ser cafetãozinho, porque era ainda muito rapaz quando me apaixonei pela boemia e pelo convívio com as tais mulheres de vida fácil. Quanto engano encerra essa expressão "vida fácil". Porque basta dizer decaída para se saber mulher de vida fácil. Pelo menos em Santos é assim. Não creio que nas outras cidades seja muito diferente.

A miséria e o dinheiro andam de mãos dadas nesse ambiente. Entre os próprios boêmios, isto é, entre gigolôs, caftens e proxenetas, se diz não existir amor na prostituta, ou melhor, existe a crença de que a meretriz não dedica afeição a ninguém, nem mesmo ao seu amante. Afirmo que é um grande erro, uma injustiça para com elas, força esse pensamento. Porque a prostituta ama e sabe amar. Eu colhi desse fruto. Falo com experiência. A meretriz, se não ama freneticamente, ama apaixonadamente. A paixão dessas infelizes é a que não recua diante da morte. Não falo das volúveis, as que trocam de amantes como quem troca de camisa. Mas existe as de temperamento…

Depois do seu apaixonado negar-lhe o primeiro beijo, ela pensa imediatamente no mais trágico: o suicídio. Começa a beber com desespero, briga com todas as companheiras do prostíbulo pelas que o seu "querido" tem simpatia. Ele não aparece para dormir durante uns dias. A mulher sai à sua procura, arrasta-se atrás dele como o cão surrado faz pelo dono. Encontra-o na porta de qualquer casa de tavolagem, chama por ele, que finge não estar ouvindo. Ela acerca-se muito humilde: "Não vim aqui para te buscar…" "Vá embora, descarada, senão te dou um tiro no pé." "Quero somente falar-te pela última vez. Se é que tu tem amor à sua mãezinha, me atenda…" "Bom, fala logo e deixa minha mãe de parte".

Ouvindo isto ela pensa ter ganho terreno e, na ânsia da vitória iminente, pega na lapela dele com muito carinho e diz, por entre um sorriso amarelo: "Tu está me olhando. Eu sei que estou com o semblante abatido, mas não faz mal, não é isso?" "Se estás abatida é prova das tuas boas farras. O que estou olhando é para a tua ousadia de, em plena rua, andar me segurando assim pelo paletó." "Não é ousadia, negrinho.

O cáften e a prostituta 217

É o impulso de paixão que despertaste em mim…" "Vai mal a marinha…" "Nada vai mal, depende tudo de ti. Se tu soubesse como tenho bebido por tua causa! Olha na semana passada estive com um 'gringo' embarcadiço. Ele tinha cocaína, eu comprei um pouquinho assim".

Mostrou uma covinha na palma da mão. "Comprei por duzentos mangos…" "E o que tenho com isso?" "Espera, já te explico. Comprei a cocaína e tomei toda de uma vez pela narina. Só acordei no outro dia. Sonhei que tu eras meu amante, que tu me batia todo o dia e que eu era feliz. Quando acordei e não te vi, chorei o dia todo. Saí do quarto, a Betá (sabe, aquela loira amiga do guarda civil?), ela disse que eu estava com dor de cotovelo por sua causa. Eu me enfezei e joguei uma garrafa. Ela ficou com a testa quebrada e foi para o curativo e voltou com o amigo dela. Ele me levou pra cadeia. Saí ontem, porque um rapaz pagou a carceragem. E tu soube e nem se lembrou de mim!" "Ora, vai te fotografar!…" "Não, neguinho, por que você faz isso? Eu te gosto tanto que me mato se tu não me quiser…" "Te joga embaixo desse bonde que vem aí." "Como você é ingrato, benzinho… Eu te dou de tudo, até parece que aquela china do 72 te deu algum patuá pra beber. Tu é doidinho por ela…" "Não toque no nome da mulher, senão te meto a mão." "Pode me bater, mas amanhã eu bato nela. Se fosse eu, você não defendia… Se tu viesse comigo eu me virava no 'basquete' noite e dia pra te ver contente. Não é preciso você empenhar o relógio pra jogar. Tu sabe que eu sempre fui uma mulher 'linha de frente', ainda mais agora, tenho três coronéis, todos os três bacanas".

Nessa conversa ela vai novamente tomando confiança, passa-lhe a mão pelo ombro, com a outra brinca-lhe com a gravata. Quando ele dá pela coisa: "Pare com essa chuvarada, sua gaiata. Está me amarrotando todo." "É, se fosse a china você gostava…" "Já te avisei, sua égua, se falar mais uma vez da china, vai ter." "Como tu é bonzinho, eu falei só para você me bater…".

Nisto vai enfiando os dedos, muito delicadamente pelos cabelos dele. Ele dá o estrilo: "Pare com esse chuvisco. Está me despenteando…" Ela aproveita a deixa: "Vamos no meu quarto. Lá tem um espelho, você se arruma." "Não adianta gastar saliva que já te disse que não vou e que não te gosto". Ela perde a paciência, morde-lhe a mão, e diz: "Tomara que tu vá pra Ilha dos Porcos.[66] Quero ver se a china vai te tirar de lá".

Ele mete-lhe um forte pontapé na barriga, ela tenta segurá-lo para que não se vá embora. Recebe um soco no peito, fica machucada, ele vai-se enquanto ela se encaminha para o quarto chorando.

No outro dia, de manhã, a dona da casa arromba a porta do quarto dela. Encontra-a fria, descarnada e espichada na cama de olhos arregalados. Um vidro de algo vazio está caído do lado…

Toda a boemia exclama: "Coitada! Será que estava embriagada para se matar desse jeito? Era uma morena bonita…". Outro responde: "Eu me regenerava, se essa mulher quisesse morar comigo…". Chega o culpado e diz: "Ainda ontem a noite falei com ela. Estava tão contente! Sim, ela estava tão contente!".

Sai com o remorso a castigá-lo pelo resto da vida. Porém, mesmo assim, vai procurar a china. Certo de ir se esquentar no berço da china. Mas essa não está. Foi para o Rio. Ele fica em maus lençóis. Perde o controle, vai fazer um assalto. É malsucedido no golpe, pega uma cana de dez ou doze anos. Nunca mais é ninguém na vida…

— Sua história é interessante. Porém a minha é mais curiosa ainda. Você não me deixou acabar — era o sapateador, louco pra soltar a língua.

— É, termina — apoiou o 6411, mostrando seu sorrisinho irônico. — Continue, Oscar.

— Onde é que estava mesmo? Ah! Como ia dizendo... Apaixonei-me perdidamente pela Lourdes. Tinha um corpinho delgado, bem modelado, morena, um moreno não muito carregado. Olhos meigos e castanhos, o que lhe dava um grande poder de atração; a boca bem talhada, possuía o que se pode dizer uma boca feita para beijos. Adicione-se a isso sua cabeleira negra como o ébano, uma atitude arrogante e esquiva, e teremos a mulher que cativou meu coração. Essa beldade morava bem em frente do circo. Por isso, logo que a vi determinei que havia de possuí-la. A primeira oportunidade se me apresentou: mandei sua irmãzinha convidá-la para assistir a um espetáculo, no que fui recusado com as maiores provas de desprezo. Daí em diante, todas as vezes que me via, evitava o meu olhar, e quando tinha a oportunidade não deixava de me bater com a janela na cara. Com isso tudo eu não me desanimava, pois conhecia o provérbio "Água mole em pedra dura, tanto bate até que fura". Assim, continuei meu persistente assédio até que certo dia, indo ela assistir ao espetáculo com sua família, apreciou meu sapateado. Ficou apaixonada. Não por mim, mas pela minha destreza no tablado. E daí em diante ficou mais camarada, tendo até consentido numa entrevista. Revelei-lhe o meu ardente amor, toda a paixão que me avassalava o peito.

Desse encontro então apertei mais o círculo de ferro, e ela, não tendo mais forças de resistência, foi aos poucos cedendo.

Eu, querendo provar-lhe minha sinceridade e não desejando trazê-la enganada, confessei-lhe que, nas minhas horas de folga, exercia a cafetinagem. Causei-lhe muita surpresa, mas não foi motivo para nenhum rompimento.

Depois, tornamo-nos amantes, e eu ainda continuei sapateando pelo espaço de três meses. Fui preso, acusado de cafetinagem: em virtude disso a família da minha amada ficou sabendo a vida que eu levava. Preferiu pô-la no olho da rua que consentir em nosso casamento. Ela, achando-se na rua, desprezada pela família, procurou a casa de uma minha irmã, e aí, depois de seis meses de prisão, a fui encontrar. Nessa casa permanecemos por seis meses. Fiz-lhe ver que minha profissão era pouco rendosa e não podia vê-la bem-vestida conforme meus desejos, com conforto e luxo. Propus-lhe que fosse para uma pensão de mulheres. Indiquei-lhe certo "rendez-vous" frequentado por homens de posição e muito dinheiro. Levei-a para a casa dessa madame com quem eu já tinha entendimentos. Só depois que ela se achou na nova residência é que ficou sabendo mesmo o que as outras mulheres faziam. Não se acostumava na casa e sempre me pedia que a tirasse dali. Desejava pertencer somente a mim. Porém, apesar do grande amor que lhe consagrava, procurei dissuadi-la. Coisa complicada e inexplicável: tinha fortes desejos de atender ao que ela me pedia, mas uma atração irresistível de frequentar jogos, teatros, todos os prazeres que a vida nos oferece, me impedia de assim proceder. Na verdade, não me achava com ânimo para trabalhar e viver uma vida honesta.

Continuou na dita pensão. Como nela existiam mulheres que já haviam sido minhas amantes, estas, despeitadas, aconselharam-na a que não fosse tola de ganhar para me sustentar.

O cáften e a prostituta 221

Diziam-lhe que eu tinha outra amante, me envenenaram a valer. Deu em resultado uma forte altercação entre nós dois. No dia dessa briga eu saí e não voltei para dormir. As outras encheram-lhe a cabeça: "Bebe um pouco e vá procurá-lo na rua que ele volta". Tomou uma bebedeira tremenda e, ao invés de me encontrar, minha querida foi parar no xadrez. Em presença da autoridade, por instigação duma outra que a acompanhava, fez acusações de que eu era cáften e ainda lhe dava pancadas. Como prova, Lourdes apresentou uma de suas coxas que eu havia mordido dias antes, quando na cama "brincávamos"; e como existia sinal dos meus dentes em sua mimosa pele, fui condenado a dois anos de prisão por cafetinagem...

— Aí, hein? Você pensa que é só trabalhar com dentes e língua, seu descarado? — esculachou alguém.

— E agora? — perguntei-lhe. — Onde está a pequena? Você sai regenerado, ou vai reencetar a vidinha antiga?

— Tenho firme propósito de, quando sair, procurar minha Lourdes. Ainda lhe tenho a mesma paixão. Depois de tudo o que me aconteceu, ela abandonou a "vida fácil" e está na casa da minha irmã. Tudo o que sofri foi um castigo do mal que pratiquei. Como julgo que esse sofrimento nenhum proveito refletiu sobre a minha vítima, pretendo compensá-la, vivendo em sua companhia, numa vida de trabalho honesto. Quero ainda vê-la feliz. Será que assim reparo o meu erro?

Isto é o que acontece aos homens que se deixam levar pelas ilusões e prazeres do mundo...

— Você sofreu algum castigo aqui na penitenciária, Oscar?

— Sofri um por motivo até cômico. Me trancaram vários dias no isolamento, só porque rascunhei num papel o corpo de uma mulher nua...

16. *"Ridendo 'castigo' mores"*

— SELETO E DISTINTO AUDITÓRIO. Eu fico profundamente satisfeito, quando trabalho diante de um público tão simpático como este.

Principalmente quando está presente a mulher, quando vejo esse belo sexo que Deus criou. Elas se comparam às mais belas flores de um jardim. A criança é o colar da mulher. É o amigo dos velhos. Até Deus se fez criança!

Com a devida permissão, vou ter o prazer de apresentar meus pequenos trabalhos de prestidigitação moderna, e alguns números de ilusionismo. Antes de dar começo aos trabalhos, eu queria advertir o seguinte: a arte de prestidigitação é a arte de enganar os sabidos. Sim, porque os trouxas, esses já são enganados por natureza. Aqueles que mais enxergam são aqueles que menos veem…

Era o 7333 fazendo o seu número no dia da inauguração oficial do Teatro do Sentenciado, em 7 de setembro. Foi uma grande festa para nós, os componentes do Teatro. Porque não só demonstramos praticamente as possibilidades artísticas dos sentenciados, exibindo os elementos aproveitáveis que o estabelecimento possuía, como, principalmente, se descortinava o panorama da mais discutida inovação do dr. Flamínio: a fundação de um teatro, no qual as peças fossem representadas pelos próprios sentenciados. Ninguém acreditava que o

"Ridendo 'castigo' mores" 223

detento fosse capaz de se conduzir bem no palco. Ou lhe faltariam dotes para a cena, ou certamente tudo acabaria numa grossa bambochata, em desordem ou qualquer coisa de mau gosto. Nunca em espetáculo pelo menos sofrível.

Eu vinha caminhando tranquilamente pela galeria central, rumo ao meu trabalho no serviço da sífilis. Dou de cara com o 7054. Estava todo agitado e espevitado, segundo seu estado normal. Esse companheiro tem o aspecto de quem está sempre no instante de transmitir ao primeiro que encontra uma notícia urgente e importante. Ofegava, afobado. Já o conhecia desde a encadernação. Travamos relações durante uma das famosas disputas sobre religião. Desde aí sempre nos procurávamos para um dedo de prosa, até o dia em que ele me mostrou o rascunho de alguns capítulos do livro que estava escrevendo, intitulado *Educar*. Transformamos a camaradagem em amizade.

7054, Péricles Stuart Leão, me convidou a ir com ele até o recinto do cinema. Era onde o dr. Luiz Wetterle lecionava música aos sentenciados do orfeão. Apresentou-me ao maestro, em quem admirei, desde o primeiro aperto de mão, o homem simples, bom e culto. Um sobrevivente daqueles artistas puros de que os tempos modernos vão dando cabo.

As vozes dos meus companheiros dançavam no espaço ensaiando a "Canção dos detentos":

Contemplemos os céus estrelados
Pelas grades da nossa prisão
E o luar lindos sonhos prateados
Vem sorrir à nossa ilusão...

e eu me deixava absorver na beleza mística daquele momento. Dir-se-ia o coro sacro de alguma capela, em que os cânticos fossem coloridos pelos raios de sol, tingidos de várias cores, ao atravessar o filtro dos vitrais. A melodia suave, etérea, se casava harmoniosamente com a fisionomia triste dos cantores, parecendo querer elevá-las até a contemplação de paisagens estranhas, mundos de felicidade e de liberdade infinitas... A cabeleira do maestro, toda prateada, no centro das vozes e junto ao piano, era outra sugestão daquelas esferas distantes, país suspirado pelos corações sofredores de todos nós.

O Péricles e o dr. Luiz me pediram para ajudá-los na preparação de um festival dedicado à turma de liberados condicionais que deveria sair dentro de poucos dias. Além dos diretores e sentenciados, o exmo. sr. juiz das execuções criminais[67] também viria assistir.

Eu e o 54 pusemos mãos à tarefa. Toca a "descobrir" valores. A antevéspera se aproximava e quase nada estava preparado. Que calor! Será que iríamos passar por uma vergonha? Experimenta esse canto. Não, não serve. Tem voz de taquara rachada e parece mais chorar do que cantar. Aquele, aquele outro ali: vamos ver se toca mesmo violão, ou é só conversa. O quê? Muito bem, 6109. Você aí: sabe fazer graça engraçada? Diga qualquer coisa e faça-nos rir. Bom, bom. Total, na hora H pode ser que você consiga melhor efeito. Serve.

Para encurtar, o programa variado estava fraco, mas já estava. A peça é que era o espinho. Que apresentar? As peças que possuía a biblioteca eram somente coisa séria, para o teatro de verdade. Não para nós, que não tínhamos um artista sequer! Depois, e vestuário? E cenários?

"Ridendo 'castigo' mores"

O 54 descobriu que o 7057 era capaz de preparar um texto em poucos minutos. Fizemos-lhe a encomenda de algo curto, capaz de fazer rir. Ele não "dormiu no ponto". Escreveu um ato cômico: *O preguiçoso*.[68] Três personagens. Assim mesmo, onde arranjá-los? Após a infinidade de infrutíferas experiências, o autor fez o papel de médico, o 7054 o de Pedrinho (deu um garoto sem jeito, de perna peluda, horrível) e o 7348 se encarregou de bancar o pai do garoto. Depois vieram as infalíveis encrencas de autor e intérpretes. Aquele achava que os outros personagens não estavam "vivendo" bem os seus papéis. Que o Pedrinho falava e gesticulava como homem feito; que o Pai não respeitava o original, dizendo coisas por conta própria... Enfim, uma embrulhada. Eu já estava me desesperando. Porque, se aquilo continuasse, era certo não sair espetáculo nenhum. Por sorte, todos pressentiram o fiasco iminente e eminente ante a babélica desinteligência. Resolveram me entregar a responsabilidade da cena. O que saísse, saísse. Tudo recairia nas minhas costas. O autor e os demais trabalhariam, porém de mãos lavadas e enxutas. Como Pilatos...

O espetáculo saiu. A trancos e barrancos, mas saiu. E agradou. Tanto assim que o dr. Flamínio resolveu criar o Teatro em caráter definitivo e permanente. O Péricles e eu fomos por ele encarregados de tratar do assunto. Entusiasmado com o novo trabalho, fui deixando de lado o treponema pálido...

Marcamos para o mês vindouro, a 7 de setembro, a inauguração do outro espetáculo. Seria o da inauguração oficial. Desde logo surgiu o problema: com que nome batizar o nosso teatro? O Péricles sugeriu Teatro Ligeiro do Sentenciado, ao que opus o de Comédia Penitenciária. Entre nós discutimos qual dos dois adotar. Contra minha sugestão argumentaram que Comédia Penitenciária seria nome um tanto mordaz. Poderiam tomá-lo pelo lado pior e acabar com o teatro. Achei que de qualquer ângulo que ele fosse examinado só refletiria uma verdade. Mas não quis insistir. Concordei. Venceu o outro, com a supressão do "Ligeiro". Ficou valendo Teatro do Sentenciado,[69] acrescido da divisa, lembrada pelo 54: *"Ridendo 'castigo' mores"*...[70]

Primeiros passos do espetáculo do dia 7. Dividimos o trabalho. O Péricles se encarregou da direção da montagem e eu fiquei com a direção cênica. Mãos à obra. Pedi ao 7352 e ele preparou a nova peça, uma comédia histórica, intitulada *Defensor perpétuo do Brasil*. O trabalho foi grande para ensaiá-la. Mais de dez personagens! Onde encontrar pessoas capazes? Fiz várias experiências. Um servia sofrivelmente para fazer o namorado, mas nunca o papel de José Bonifácio. Tive que arrancar o 6917 duma cama do hospital. Só ele poderia servir para bancar o velho Andrada. Saiu-se tão bem como se fosse a própria encarnação do Patriarca que se movesse no palco! Encontrar outro para viver o Chalaça também foi um osso. Primeiramente o 7348 parecia satisfazer. Bem estudado o caso, faltava-lhe qualquer coisa. Talvez a idade que, mesmo caracterizado, não poderia se disfarçar muito, ou, o que me pareceu mais convincente, seu hábito de não dar "pelotas" ao texto. Assim mesmo, ele seria o escolhido, se não fosse o 54 me sugerir um teste com o 7394, que até aquele momento atuava como músico. Experimentei-o. Ficou com o papel. Que acertamos, prova o fato de até hoje ele ser chamado por

"*Ridendo 'castigo' mores*"

todos aqui: "Escute, Chalaça...", "Como vai, Chalaça?". Outro que brilhou foi o 6411, no papel de correio do príncipe Paulo Emilio Bregáro. Papel de segunda ordem, a que ele conseguiu dar relevo inimaginável. D. Pedro foi magnificamente personificado pelo 7054.

Antes da peça houve um ato variado: humorismo, caipira, sambas, regional, declamação, prestidigitação... Porém o grande sucesso, o ponto culminante do espetáculo, foi a imitação de Carmen Miranda. Foi de arromba. Formidável! O companheiro 7028 se vestiu de baiana. Se enfeitou com balangandãs. Nem a figa faltou pra livrar do quebranto...

Era de ver como pregavam o olho na "Carmen Miranda", quando "ela" se rebolava e se quebrava toda no:

Teleco-teco

Teleco-teco

Ele chegou de madrugada

Fazendo "oi" pra mim,

Teleco-teco...

Pobre Carmen Miranda! Tão admirada, tão aplaudida, tão bisada! Pôde se apresentar somente essa vez. Porque os sisudos monoteístas tanto fizeram e tramaram, que o dr. Flamínio se viu obrigado a riscar do nosso repertório as caracterizações do sexo frágil. Aqui não se respeita a decantada liberdade do teatro, tanto por ignorância como por caturrice de moralistas.

Nossa Carmen Miranda foi uma espécie de meteoro: quase cegou num dia de luz fulgurante. Depois... sua glória era expressa assim: "Como é, 49, não vamos ter Carmen Miranda no próximo espetáculo?" "É verdade que a Carmen Miranda morreu?".

Depois do espetáculo inaugural, nosso teatrinho teve sua forma mais ou menos delineada. E progrediu devagarzinho, metendo o dedão no toco frequentemente. Já tínhamos alguns cantores populares: 7028, 7193, 6888, 2390; o grupo regional, dirigido pelo 6109, se chamou Anjos do Ritmo; ilusionista e prestidigitador, 7333; atores dramáticos, 6411, 5183; o cômico (tipo procopiano) 7394 organizou também e dirigiu o Jazz Cristal...

Ao 6695 devemos a construção do palco, improvisado no fim da galeria central. Ele, o 5670 e o 6144 deram conta dos variados serviços que exige a montagem da ribalta. Pintura dos cenários, a cargo do 5308 que acumulava as funções de ponto e imitador de turco; o 4122 se encarregou de ir todas as tardes buscar café na cozinha. O 7158, quando não estava batendo caixa (diziam que ele só faltava fazer o tam-tam falar), pregava seus olhinhos sonhadores na janela, como quem quisesse engolir o trechinho de verdura que se mostrava na lombada dum morro distante. O 6893 cuidava da nossa rouparia e zelava por mim com verdadeira amizade filial: "Abdias, está na hora do café". Eu demorava, preocupado com o trabalho, e ele insistia: "49, o café está esfriando...". Havia ainda o 7410, encarregado de zelar pela limpeza do escritório no porão e que também representava. Menino bom, guardava nos olhos enternecidos a pureza virginal dos nossos autênticos filhos do campo. Certa vez interpretou Coelho Neto... Por fim, o pé de boi do serviço de expediente: o 7354. Muito

"Ridendo 'castigo' mores" 229

calmo, sossegado, como quem nunca deveu nada à Justiça; o 54, metendo os dedos nas teclas, fazia o oposto do que fiz quando cometi o hediondo crime de não querer datilografar. A ele devo muito no acabamento deste livro.

Com toda essa gente, e ainda o sapateador 7162 e o compositor 7064, o teatro andou. O 6411 nos secretariava, pois a tarefa era estafante, para mim e o 54. As dificuldades surgiam amiúde diante da incompreensão que os funcionários tinham da obra do dr. Flamínio. Enquanto este queria nos dar oportunidade de mostrar nossa capacidade de nos governarmos a nós mesmos como homens responsáveis, aqueles, por toda a força, queriam nos continuar tratando, segundo o sistema do regime penitenciário antigo, como elementos aos quais nada se deve facilitar, e sim humilhar sempre e cada vez mais. Nunca entenderão a finalidade educativa deste estabelecimento, esses fariseus da moralidade.

Continuamos a divertir nossos companheiros. Outros espetáculos se sucederam, sempre com repetições dedicadas especialmente às famílias dos funcionários. Depois do *Defensor perpétuo do Brasil*, o êxito louco da *Revista Penitenciária*, escrita pelo companheiro 6917, quase toda em versos; em seguida, a peça histórica com que prestamos homenagem ao Quinze de Novembro: *Patrocínio e a República*. Autoria do 7054, agradou muito a interpretação do preto velho Benedito, feita pelo 6515. Teve ainda desempenho destacado o 7566, encarnando o verbo e a vibração de Rui Barbosa. Eu "assassinei" um Patrocínio chocho, de rosto pelado. Também, quem se atreveria a se arriscar a tomar uma cela forte só por causa das barbas do falecido Zé do Pato?

Chegamos nos meados de dezembro. Férias, quando ensaiávamos a comédia musicada *Zé Bacoco*, partitura de Benedito Braga (7394) e texto feito por mim.[71] Os trabalhos do teatro, a nova "temporada" deverá recomeçar no mês de janeiro.

Até lá me despedi dos artistas, recomendando-lhes, na falta de ocupação melhor, que sonhassem com a "Carmen Miranda". Quem sabe ela retornaria aos nossos bastidores depois do eclipse?

17. Do *Giulio Cesare* ao *Massilia*

FORMULAR JUÍZOS DEFINITIVOS sobre qualquer pessoa é tarefa muito mais séria do que se pensa comumente. De minha parte, reconheço que fui injusto, quando, em páginas anteriores, comparei o Pistone aos antigos florentinos elegantemente astuciosos. Não. Pistone não é nada disso. O que ele tem é uma alma sem maldade. Seus olhos azuis, muito azuis, deixam a gente penetrar até bem lá no fundo dele e brincar na própria fonte da alegria, da inocência, da candidez que lhe banha o rosto, quando fala com qualquer companheiro. A delicadeza feminina a que me referi anteriormente não é a simulação e hipocrisia da víbora, porém é a sua maneira peculiar de verter sinceridade e lealdade sem rodeios...

Depois de conversar um tempão com ele, enquanto o guarda andava pra lá e pra cá no pavimento, incomodado com o tamanho do assunto que estávamos desfiando, fiquei sabendo que ele é muito medroso.

— Mas você tem medo de quê, Pistone?

— Medo. Não sei de quê. Medo que quase me fez dar uma nota de covardia durante a grande guerra.

— O Farina também combateu. Estiveram juntos?

— Não. Eu pertencia ao 2º Regimento Alpini. Olhe, foi assim...

— Vamos começar pelo princípio. Conte-me sua vida desde a infância para ficar mais fácil...

— Está bem. Sou filho de Piemonte. Meu pai era fazendeiro e também negociava. Dos meus oito irmãos, fui o único que sofria muito da vista. Por isso, fiz escola primária e somente quatro anos no Seminário dos Padres Salesianos. A vista não me deixou ser padre e passei a trabalhar no comércio junto com meu pai. Aos dezoito anos me apresentei voluntário na província de Cuneo e fui incorporado, em 1916, no 2º Regimento Alpini. Sentei praça para logo me arrepender. Quis me desligar das fileiras, mas não foi possível. Achei o trabalho da caserna muito duro para mim. Mas tive de o aguentar até o fim da guerra. A primeira frente que vi fora da Itália foi Verdun, na França. Aí estive dois meses. E que dois meses! De Verdun fui removido para a Albânia, depois para a Iugoslávia. Na última ofensiva do Piave fiquei ferido. Uma granada explodiu perto de mim, e minha perna direita foi atingida por estilhaços. Em 1919 fui desmobilizado e voltei ao seio de minha família.

— Mas que diabo de voluntário você foi, Pistone? Não fez nada, nada...

— Eu não era muito bom soldado, não. Desde criança, fui sempre medroso. Você não imagina o medo que tive quando estava na polícia, sendo acusado...

— Devagar, Pistone. Você já está querendo chegar ao fim. Depois da guerra, que lhe aconteceu?

— Meu pai era homem justo e reto. Não gostou dos meus novos hábitos adquiridos durante a campanha. Regressei gastador, amigo das diversões. Assim, para não contrariá-lo e também atendendo aos meus impulsos de independência,

Do Giulio Cesare ao Massilia 233

depois de pedir, me foi dada por meus pais permissão de ir para a Argentina. Nesse país residia um amigo do meu pai. Viajei com emprego tratado na firma M. Rizzolo & Cia., de Buenos Aires. Cheguei na Argentina em 1923 e durante três anos comprei milho, trigo, palha para fabricar escovas etc. para essa firma. Ganhei muito dinheiro. Em 1926 morreu meu pai. Embarquei para a Itália, a chamado telegráfico, levando no bolso cinquenta mil liras ganhas em Buenos Aires (cerca de cinquenta contos de réis). Na Itália permaneci durante quatro meses, tratando da herança e outros interesses da família. Em Gênova, quando do meu embarque de regresso, uma senhora minha conhecida, despedindo-se de mim no cais, me diz: "Pistone, peço-lhe o favor de fazer companhia à minha sobrinha que já está a bordo. Ela nunca viajou. Tome conta dela".

Foi no vapor *Giulio Cesare*. Eu viajava de primeira classe e tratei de procurar a tal moça a bordo. Não havia meios de a encontrar. Falando ao comandante, ele a conseguiu descobrir entre os passageiros da terceira classe.

Ainda não a conhecia, mas propus ao comandante transferi-la para a primeira classe. Eu pagaria a diferença do preço das passagens. O comandante se entendeu com ela. Não quis aceitar, porque não tinha trajes adequados ao ambiente luxuoso da primeira classe. Por intermédio do comandante, ainda sem a conhecer, fiz-lhe compra de tudo que necessitava: vestidos, sapatos etc. Foi-lhe destinado um camarote vizinho ao meu. Quando a conheci, fiquei deslumbrado. De Maria Féa ela só tinha o nome! Sabendo que era ex-interna dum convento de freiras (seu pai morrera na guerra da Turquia), julgava-a inocente e sem vaidade. Porém era justamente o contrário. Enfeitou-se tanto com o crédito que lhe abri a bordo, que os passageiros comentaram os seus novos ares de princesa...

A vizinha Maria Féa em pouquíssimos dias transformou nossa recente camaradagem em intimidade. Todas as manhãs visitava meu camarote. No princípio, julguei que ela apenas tencionava retribuir em amizade o amparo moral e financeiro que lhe dei. Mas em breve me desiludi. Seu alvo era outro, pois me provocou tanto, até que o conseguiu. Não se falou em casamento, mas ela se entregou a mim espontaneamente, com sofreguidão. Insistiu, me excitou, me irritou. Deflorei-a na gangorra macia, na rede gostosa e suave do alto-mar. Desde nosso primeiro encontro, logo que deixamos Barcelona, até Montevidéu, ela foi a moça mais alegre de bordo. Porém, quando chegamos à capital uruguaia, modificou-se. Tornou-se grave e pensativa, o sorriso fugira-lhe dos lábios finos e rosados.

"Como vai ser, José, quando chegarmos em Buenos Aires?" "Como vai ser o quê?" "Agora temos de casar." "Mas não lhe prometi nada..." "É preciso. Do contrário, terei de contar a mamãe o que se passou entre nós...". Nossa viagem até Buenos Aires foi povoada de ameaças. Eu estava livre de qualquer compromisso, porém não me agradava ser acusado diante da mãe dela, conhecida de minha família, quando ainda residia na Itália. Assim fomos até o fim da viagem. Sua mãe esperava-a no cais. Desembarcamos e fiquei quase petrificado de susto quando ela, logo ao me apresentar, se expressou assim: "Mamãe. Este aqui é o José Pistone. Ele cuidou de mim durante a viagem. Já sou sua mulher e vamos nos casar...".

Foi assim minha recepção na capital portenha. O embaraço me fez engasgar. Tentei algumas palavras, com dificuldade,

Do Giulio Cesare ao Massilia 235

me escusando ao convite para jantar em casa delas. Novamente o medo chacoalhou meu corpo.

Quando me livrei de mãe e filha, avaliei o mau passo que havia dado, mordendo a isca da endiabrada pequena. Mas pergunto eu: quem resistiria a uma tentação daquela? Só me restava desaparecer durante algum tempo da cidade, procurando espantar o medo que se apoderou de mim. Quem sabe ela também se atiraria nalguma aventura e me esqueceria? Embarquei para Mar del Plata com cerca de duzentas mil liras no bolso. Parte da herança que me deixou meu pai. Quatro meses de cassino, diversões etc., o dinheiro se foi quase todo. Visto o desastre financeiro iminente, regressei a Buenos Aires. Um dia estou bem despreocupado, passeando na avenida de Mayo e dei de testa com as duas. Não houve tempo de despistar. "Oh, onde andou todo esse tempo?", cumprimentou-me Maria. "Estávamos à sua procura", me disse a mãe. "Vamos em casa, pois temos muito a conversar".

Relutei. Inventei que certo negócio estava à minha espera para ser realizado. Ficava para outra ocasião. Para amanhã. Não houve meios de dissuadi-las. Queriam porque queriam me falar naquele momento mesmo. Elas, vendo que eu não as atenderia por mais que rogassem, me ameaçaram com a polícia. Aí, que remédio... O medo trabalhou em mim. Fui com elas.

Me atacaram a soco, lança e espada. O argumento da polícia voltou à baila novamente. Então expliquei não possuir mais nenhum dinheiro. Maria não acreditou. Sabia, desde a viagem, da "bolada" que eu trazia no bolso. Julgou que eu as estivesse "engrupindo". Dei pormenores da minha ida a Mar del Plata. Pintei-lhes minha situação negra como o piche. Elas fizeram pé firme até que me arrancaram a promessa. Casaria dentro de um mês, após arranjar algum dinheiro.

Foi o medo que me fez dar aquele "sim" que havia de traçar meu futuro por caminhos de cactos e urzes. Telegrafei a mamãe pedindo dinheiro. Recebi, pelo Banco Francês e Italiano, duas mil liras. Dentro de quinze dias estava casado com a Maria Féa.

Pelo *Conte Biancamano* viajei com ela para a Europa. Na cidade italiana de Canelli, fomos visitar minha mãe. Recebeu-nos bem, porém, logo que minha esposa saiu com sua cunhada, mamãe me repreendeu. Era fervorosa católica e na família de Maria havia uma mulher artista, de conduta duvidosa. Tratando de não criar aborrecimentos nem a mamãe nem a minha mulher, resolvi embarcar outra vez. Minha viagem de núpcias. Recebi o restante da herança deixada por papai e fui para Gênova. Em seguida, Nápoles, Egito: Alexandria, Cairo. Vinte dias, e outra vez Nápoles. O *Conte Rosso* ia sair de Gênova para Buenos Aires. Embarcamos nele.

— Que tal sua vida com a esposa? — perguntei-lhe.

— Vivíamos muito bem. Nunca discutíamos. Depois de algum tempo de casado, comecei a amá-la. E como penso que ela também me tenha amado, nossa vida, em constantes viagens, era um verdadeiro paraíso. Chegamos a ser felizes durante algum tempo. Novamente em Buenos Aires. Preocupada com a repreensão que, por certo, iria levar de sua mãe, pelos gastos exagerados que fazia, Maria não quis ir visitar minha sogra. Fomos diretamente conhecer Rosário, onde ficamos quinze dias no Hotel Savoy. Buenos Aires. A sede de viajar aguilhoou-nos de novo, ainda bem não tínhamos descansado. Como não havia nenhum vapor que nos agradasse,

Do Giulio Cesare ao Massilia 237

ela achou interessante tomar o *Arlanza*, que zarpava para Santos. "E por que não vamos conhecer o Brasil?", me disse. Santos. São Paulo. Dez dias no Hotel D'Oeste. Depois fui visitar um conhecido que morava na rua do Seminário. Chamava-se Pistone como eu. "Você vive só viajando?" "Não. Já terminei com as viagens. Vou regressar à Itália e ficar sossegado".

Ele me pintou com cores animadoras a vida aqui no Brasil. "Em pouco tempo você ganha muito dinheiro. Vamos à Mooca ver uma padaria de ocasião. Quem sabe você se interessa em comprá-la..."

Não me interessei pela padaria, depois que a vi. Convidado, fui para a sua firma importadora e exportadora. De acordo com o convite e a combinação, eu trabalharia nela, a título de experiência, desde aquela data, agosto de 1928, até o fim do ano. Caso o ramo me agradasse, junto com o filho dele eu seguiria para Rio Preto, a fim de abrir uma sucursal da firma.

Assim foi. Todas as manhãs saía de minha nova residência, um apartamento à rua Conceição, com destino ao trabalho. Deixava minha mulher ainda dormindo. Ela não tinha quase serviços de casa, porque tomávamos as refeições fora. Passaram-se quinze dias que eu havia começado a trabalhar quando, certa ocasião, chegando em casa, não encontrei minha esposa. Perguntando por ela, a senhora do prédio me informou que havia saído já fazia mais de uma hora. Esperei até que ela voltasse. "Onde é que você esteve?" "Fui à casa do sr. P. G. ver se tinha correspondência..."

Percebi que estava mentindo. P. G. era nosso conhecido e morava na rua Ipiranga. Da rua Conceição até lá se gastava meia hora. Ela havia gastado duas!... Achei conveniente adverti-la: "Outra vez você não sai sem que eu a acompanhe".

Assim ficamos. Ela não demonstrou nenhum aborrecimento pelo que se passara entre nós. Tudo continuou como de costume. Aos poucos fui me aclimatando em São Paulo. Já gostava de São Paulo e preparava para me instalar definitivamente aqui. Quer dizer, fazia meus projetos.

Passaram-se mais ou menos quinze dias daquele primeiro incidente entre nós. Fora do costume, no dia 30 de setembro, fui para casa uma hora mais cedo para o almoço.

Em casa, tomei o elevador. Subi. Defronte à porta do meu apartamento. Abri a porta e... no momento que ia entrar, um homem saiu quase correndo de supetão! Seria roubo? É, certamente se tratava de algum ladrão. Dirigi-me num arranco para o quarto. Que pena não ter podido ver a cara do homem! Maria Féa estava no quarto. De pé, junto da cama, em trajes menores! Maria Féa tinha a fisionomia de quem havia pecado!

"Que fez?", disse-lhe exaltado. Maria Féa não me respondeu nada. Ficou parada, hirta, fria, e esbranquiçando-se como se fosse uma estátua de mármore. Maria Féa não me respondeu. Maria não dizia nada. E eu ali, esperando, ansioso para que ela dissesse alguma coisa. Dissesse que tinha sido assaltada, que tinha sido violentada, mas que falasse. Que sua boca não continuasse assim muda e branca.

Até que por fim ela falou: "Não fiz nada. Sou uma inocente". Foram as suas palavras. Suas únicas e últimas palavras. Porque, ao terminar de pronunciá-las, Maria tombou no chão. Tombou muito pálida... muito pálida...

Julguei que se tratasse do clássico recurso da vertigem. O conhecido delíquio para protelar as explicações. E pensando

Do Giulio Cesare ao Massilia

assim a apanhei do solo. Apanhei-a, não. Levantei unicamente
o seu cadáver. O corpo morto de minha esposa. Maria Féa
estava morta!

Nos primeiros momentos, quase morri também. De susto
e de medo. O medo desgraçou com meus nervos. Chamar a
polícia? Mas eu era estrangeiro. Não saberia explicar direito
como aconteceu tudo. Certamente não dariam crédito à minha versão. Seria acusado como assassino de Maria! Fiquei
perturbado. Tonto. Tonto como um ébrio perdido. Não sabia
o que fazer. A única ideia que me ocorreu foi deixá-la ali, es-
tendida sobre nossa cama, e sair, ir até meu trabalho. Contar
tudo ao meu conhecido e talvez encontrar a solução. Porém,
tive medo de contar ao outro Pistone. Voltei para casa às
quatro horas da tarde. Agora nem sei lhe dizer o que sofri.
Para você avaliar bem, imagine o que pode ser a gente passar
uma noite toda com o cadáver da esposa, um corpo sem vida
que além de ser amado é também a causa da nossa perdição!
Pensei durante aquela noite. Pensei, desesperei e chorei. O
medo me deixava sem iniciativa. Ao amanhecer do outro dia,
o corpo enrijecido de Maria, ali, muito branco, estirado na
cama, estava exigindo de mim qualquer providência. E esta
não vinha. Seria bom avisar a polícia? Mas agora já era muito
tarde. Eles iam me perguntar por que demorei tanto para chamar as autoridades. Não encontrava como me justificar por
causa do medo. Saí sem destino. Procurando inspiração nas
ruas, no meio do calor da gente aglomerada. Dei com os olhos
numa casa de artigos de viagem. A mala aberta na vitrine
me deu a sugestão. Sim, quem sabe não estaria numa grande
mala de viagem a solução que tanto procurava? Comprei a
famosa mala. Quando a comprei, não era famosa ainda. Uma
simples mala de viagem, grande e comum.

No momento de colocar Maria dentro da mala senti certa dificuldade. Seu corpo estava duro. Não cabia dentro assim estirado, espichado. Fazia-se necessário que ela dobrasse as pernas. Como a pele não cedia, na altura dos joelhos, fui obrigado a apanhar minha navalha de barbear. Que pena! Um joelho tão branco e tão querido! Com grande pesar manejei a navalha. Muito cuidado. A pele delicada do joelho se abriu maciamente ao contato do fio da navalha. Os joelhos dobraram-se. Pronto. Agora, sim.

Creia que não foi por malvadeza que lhe cortei esse pouquinho nos joelhos. Não retalhei seu corpo aos pedacinhos como mais tarde a imprensa fez crer a todo mundo.

Para amparar o corpo, evitando que ele jogasse dentro da mala, pus cobertores, lençóis, almofadas. Parecia que minha mulher estava apenas deitada na areia duma praia, com as pernas ligeiramente encolhidas. Antes de fechar a mala, pus-lhe entre as mãos seu livrinho de rezas...

E agora: que fazer? Pensei em me suicidar. Sim, seria melhor morrer do que continuar com aquele corpo ali me acusando de dentro da mala. Mas queria pelo menos me suicidar com o corpo de Maria ao lado espiando o mar de que tanto gostávamos. O mar que foi o berço do nosso primeiro encontro e do nosso primeiro amor. O mar que embalou nossos poucos dias de felicidade.

Era sábado. Despachei a mala com destino a Santos, em meu nome. Embarquei também para lá. O plano já estava delineado na minha cabeça: retirava a mala da estação, tomava um quarto de hotel e nele, defronte ao encontrar das ondas, me suicidaria.

Um empregado da estação, quando estava retirando minha fúnebre encomenda, pediu-me para abrir a mala. Não sei por quê. Talvez estivesse desconfiado com algum odor suspeito. Acontece que se encontrava no cais, de partida, o vapor *Massilia*. Enquanto eu discutia com o empregado, que insistia em ver o que tinha dentro da mala, aproximou-se um carregador e pergunta, se referindo à mala: "Vai para o *Massilia*?". Eu, mais do que depressa, aproveitei a oportunidade, e respondi afirmativamente. Assim me livrei do importuno. A mala ficou no cais das duas às cinco horas da tarde. Eu sentado sobre ela, pensativo, ruminando a maneira de fazê-la chegar ao hotel. O carregador se aproximou novamente: "Como é, a mala não vai para bordo?" "Não. Não vai para bordo." "Então, para onde vai?" "Não sei", respondi exaltado com aquela inquirição.

Porém, logo me arrependi de haver tratado mal ao rapaz. Ele podia desconfiar de alguma coisa, pois eu já lhe havia dito que ia para o *Massilia*. Chamei-o quando estava já meio distante. Inventei que a mala deveria seguir, mas que eu não sabia como arranjar jeito de embarcá-la. Ofereci-lhe cem mil-réis ou cinquenta mil-réis, não me lembro bem, para ele conseguir despachá-la de contrabando. Foi aceita minha proposta e daí a pouco o cadáver de Maria subia para bordo, destinado a um nome inventado na hora: Francisco Ferrero, para Bordéus.

Do cais saí inquieto e desconcertado com meu proceder. Não tinha nenhuma intenção de enviar o corpo de minha esposa morta para qualquer lugar distante do meu, que deveria ser liquidado por mim. No entanto, agora, as circunstâncias ditaram caminho bem diferente...

A bordo, foi descoberto o corpo mutilado de Maria Féa. Tentei apanhar o trem, mas, quando cheguei à estação, havia tanta polícia que não tive coragem. Fiquei rodando por Santos. Quando me viria a coragem para me suicidar? A noite toda rodei por Santos com a cabeça rodando. A excitação e o medo não me deram um segundo de calma, de descanso. Sempre caminhando, caminhando. Às dez horas da manhã de segunda-feira, de automóvel regressei a São Paulo. Do largo da Sé fui ao bar Milanesa, à avenida São João. Escrevi longa carta a minha mãe, contando o que havia sucedido. Dizia-lhe que ia me suicidar e que me perdoasse. Do correio fui à rua Ipiranga e contei o ocorrido ao P. G. Me perguntou o que tencionava fazer. Disse-lhe que me suicidaria dali a pouco. Era a única solução que me restava. Ninguém ia acreditar que minha mulher morresse daquele jeito. Já estava muito comprometido com a história da mala e sob hipótese alguma me haveriam de dar crédito. Ele procurou me dissuadir da ideia do suicídio. Prontificou-se a me auxiliar a demonstrar a verdade frente às autoridades. Acreditei nele. Disse-me que ia telefonar chamando um advogado. Dali a pouco, ao invés do causídico, chegavam seis inspetores de revólveres em punho.

Imagine, seis revólveres apontando para mim que nunca possuí uma arma! Fui preso dessa maneira, pela deslealdade daquele suposto amigo.

No Gabinete de Investigações afirmei a verdade do acontecido. Os jornais fazendo escândalo, o estardalhaço que todos sabem. Continuei afirmando a verdade, negando ser o autor da morte de Maria. Certo inspetor, ou escrivão, começou querendo me induzir a confessar o crime que não pratiquei. Não conseguindo resultado, me ameaçaram matar e maltratar. "Olha. Você diga que matou, trata da defesa e sai logo. Porque, enquanto não confessar que foi você, não lhe damos

Do Giulio Cesare ao Massilia

um minuto de descanso." No sumário, não pronunciei uma palavra sequer. Estava muito abatido. Com um grande medo. Disposto a aceitar qualquer situação, inda que fosse a morte. O que puseram em minha frente assinei.

O cadáver de minha falecida esposa foi examinado por vários médicos, inclusive o dr. Flamínio Fávero. Os drs. Leonídio Ribeiro e Afrânio Peixoto também forneceram laudo a respeito, em ocasiões posteriores. Os médicos-legistas, entre outras hipóteses da causa mortis, citaram o esganamento, a sufocação, o estrangulamento.

Quando fui julgado pela primeira vez, me condenaram a trinta e um anos. Havia acusação particular, partida não sei se da própria polícia ou de algum patrício italiano, porquanto a falecida não tinha nenhum parente nesta capital. Meu advogado foi o dr. Teixeira Pinto e o promotor, o dr. César Salgado. No segundo júri, sem acusação particular, a sentença baixou para vinte e cinco anos. Finalmente, no terceiro julgamento, tendo como acusação particular o dr. Covello e, na defesa, o dr. Oscar Stevenson, fui novamente condenado a trinta e um anos. Estive cinco anos na Cadeia Pública, de 1928 a 1933. Quando cheguei aqui era diretor o dr. A. N., o qual sempre me dispensou bom tratamento. Fiquei na prova durante três meses. Até hoje nunca sofri o menor castigo. O que sempre me aborreceu aqui foi a comida excessivamente má, intragável. Porém, mesmo assim, não posso impedir meu sentimento de revolta em face do que sofriam os meus companheiros.

Meneghetti, o pobre do Meneghetti, apanhava muito. Em certa oportunidade, eu me dirigia à confissão quando o dr. A. mandou que lhe dessem uma surra. Bateram-lhe tanto que quase o mataram. Ficou com um braço quebrado. O companheiro 3215 era rapaz bonzinho. Tratava todos muito bem. Nunca brigava. Mas naqueles tempos não era necessário haver motivo. Os guardas davam partes a torto e a direito, o preso nem era chamado para se justificar. Ia direto para o isolamento. O 3215 tanto foi perseguido, tanto frequentou o isolamento, que acabou muito doente. Mas não parou nisso. Continuaram mandando-o para o isolamento. Acabou morrendo tuberculoso...

O 3104 chegou no momento em que eu conversava com o Pistone. E acrescentou alguma coisa ao depoimento do 3201. Confirmou ser verdade irrefutável a história da cal que atiravam em presos, provocando a cegueira. Os sentenciados ficavam no "disponível" (quer dizer, sem sair do cubículo) durante seis, sete anos!

— Pistone, se você sair no livramento condicional, no ano que vem, quais os seus projetos?

— São muito bons os meus planos. Ficar no Brasil até terminar a guerra. Pretendo trabalhar numa fábrica de botões em Taubaté, pertencente a um ex-sentenciado, Paulo Miquelini. Quando as circunstâncias internacionais me permitirem, vou para a Itália ser agricultor nas terrinhas que minha mãe deixou.

— Sai regenerado, Pistone?

— Degenerado é o que você quer dizer? Já nasci regenerado. Aqui ninguém se regenera. O preso, quando consegue retornar à sociedade, sai doente, sem dinheiro, morto de fome. Nunca dei trabalho aos médicos da penitenciária. Por mim, se fechariam as farmácias...

— E o sexo, Pistone?

Do Giulio Cesare ao Massilia 245

— Ah, isso é um caso sério. Não há preso que se masturbe tanto quanto eu. Estou aqui há muito tempo e posso afirmar que a pederastia é praticada muito ocultamente. Agora, na Cadeia Pública não era assim. O preso meio novo que lá entrasse se via em apuros. Porque era agarrado a muque pelos "febrônios". Um a um se dessedentavam. Certo moleque que relutava em ceder teve o anus aberto a canivete. E mesmo com o órgão em sangue fizeram o "serviço". Bárbaros!

Com relação à comida, que era infame, houve até vários casos de suicídio. O preso, depois de um dia de trabalho duro, chegava na sua cela. Quando recebia a boia, olhava-a por algum tempo. Tentava dar algumas colheradas. Não conseguia. A "lavagem" não descia na garganta. O desespero vinha. Cansado, moído e sem poder comer! Só mesmo a morte podia dar algum remédio. E se enforcava, para libertar-se daquele cativeiro, incomparavelmente maior que o dos tempos das galés.

Antigamente não se procurava saber qual o motivo da morte de ninguém. Havia cadáveres, um dois, quase diariamente! Não é como agora que o dr. Flamínio procura esclarecer tudo. Creio que não há no mundo outro homem humanitário, bom, como o dr. Flamínio. Se ele ainda não fez mais é porque os outros diretores atrapalham. Estão fazendo a ele o que fizeram ao dr. Alfredo Issa,[72] quando este quis melhorar a sorte do detento. Existe até uma versão muito conhecida na Casa, que conta o seguinte: o sentenciado 3999, Walter Percy Chester, homem inteligente, trabalhava na Contadoria. Parece que andou apurando e documentando certas "irregularidades" daqueles diretores. Era forte, robusto. De repente, baixaram-no ao hospital, onde morreu poucos dias depois. Dizem que foi envenenamento...

— Você tem muita bronca dos jornais, Pistone?

— A imprensa me fez muita propaganda injusta. Só o jornalista Willy Aureli,[73] a quem não conheço, e algum jornal do Rio, me fizeram justiça. A Willy Aureli tenho tanto reconhecimento como se fosse meu pai. Foi o único que me amparou, que estendeu o braço para me defender.

— E a sociedade?

— A sociedade, coitada, a meu respeito foi ilaqueada na sua boa-fé. Me condenou sem saber se era verdade o que os jornais diziam. Não guardo nenhum sentimento de rancor contra a sociedade. Os brasileiros são bons. Foram iludidos, mas Cristo não foi.

18. Da regeneração

O PROBLEMA DA REGENERAÇÃO do criminoso, que é a pedra de toque da existência das penitenciárias, prende muito a atenção dos sentenciados. Todos discutem, argumentos sensatos e outros disparatados são trazidos à baila.

O 518–, por exemplo, acha que da Penitenciária só saem regenerados os que com voluntário e férreo propósito se dedicarem a isso; pois o acervo de afrontas que um sentenciado recebe diariamente o torna um revoltado e, consequentemente, um reincidente. Até pouco tempo, o regime parece que só visava explorar e maltratar o preso, e não regenerá-lo. Sem alijar de si, com o esforço próprio, a ignorância ou a maldade, para dar valor ao harmonioso conjunto de sublimes belezas que um ser pode fruir em liberdade, em troca das amargas tristezas e dores de um cárcere, ou sem sentir no fundo do coração os benefícios influxos da paternal bondade de um dr. Flamínio Fávero, é pouco provável a regeneração. Pois são muitas as baixezas a que está sujeito um indivíduo nesta casa e crê ser ocioso enumerá-las. Demais, só com raras exceções o homem, ao ser posto em liberdade, mesmo depois duma longa sentença, leva com que mandar tocar um cego. E isso tem sido a causa de várias reincidências...

A questão da falta de meio com que reiniciar a vida é ponto básico do problema de que estamos tratando. Até um alto funcionário, certa vez conversando comigo, se admirava de que se preocupassem em dar tudo ao detento, enquanto estivesse aqui dentro, mas quando se tratava de ajudar o pobre a começar a vida, negavam-lhe tudo, tudo. Isso será desejar sinceramente a regeneração?

Tenho conversado com muitos colegas a esse respeito. Os mais novos, os que ainda não são dissimuladores por hábito, esses falam abertamente: "Logo que sair vou pular uma janela, ou meter os peitos numa porta. Que fazer, se saio daqui sem dinheiro, sem roupa, sem nada? Até sem documentos...".

Outro chamou a atenção dos psiquiatras da Casa, porque teve a honestidade de confessar-lhes essa verdade; quando lhe perguntaram: "Que é que vai fazer quando for posto em liberdade?". Ele respondeu: "Vou roubar novamente". Julgaram-no, sem mais exame, um biotipo criminoso. Sim, criminoso nato. Não lhes interessou saber que aquele meu companheiro lhes respondera assim porque de nada adiantaria dizer que ao ex-sentenciado não dão nenhuma oportunidade lá fora: nem a sociedade, nem a polícia, nem ninguém. E como não se leva daqui nada, nem uma moeda com que "mandar tocar o cego", a conclusão é lógica e o resultado pode surgir dum cérebro perfeitamente normal.

E depois não é somente a falta de meios para recomeçar a vida que determina a não regeneração. Há outro aspecto ainda mais grave. É aquele que se prende na própria teia psíquica do indivíduo. São os casos que atuam na justiça natural que trazemos desde o embrião, que oscila conforme as influências que despende ou recebe.

Porque o criminoso, o homem que errou, que cumpre pena por transgressão, a ninguém mais, senão relativo a ele,

Da regeneração 249

se deve exigir que a lei se cumpra. O criminoso condenado e tratado com justiça é um homem que reforma seu estado íntimo e abre os olhos para a compreensão da vida em sociedade, seu coração se volta para a prática do bem e das virtudes. Mas quando se vê maltratado e perseguido, injustiçado e enxovalhado, volta-se para o mundo como fera acuada no canto da jaula. Sua reação só pode mesmo ser violenta.

A respeito dessa face do assunto, conversei longamente com o companheiro 7566. Esse sentenciado estivera preso na cadeia de Presidente Prudente e teve ocasião de conhecer as dores do condenado tanto na capital como no interior. Disse-me ele:

— Um dos fatores que mais importa para a não regeneração da maioria dos criminosos é a falta de cumprimento dos preceitos que favorecem o acusado, instituídos pela lei penal de nossa terra. Senão vejamos: em toda a fase de instrução de processo, nas cidades do interior, a Justiça local nunca dá por bem promover diligências, reconstituições de cenas, peritagem etc. que venham aclarar certos pontos que redundem em atenuantes para o indiciado. Do que nunca se esquecem, porém, é de oficiar aos quatro ventos, procurando saber se o criminoso é ou não primário. Será que julgam os acusados tão idiotas assim, que não sejam capazes de tirar certas deduções de tudo isso? Aliás, não é preciso grande inteligência para se concluir que à Justiça parece interessar somente condenar, pois, se assim não fosse, seriam facultados os meios de defesa outorgados pela lei.

Depois do processo elaborado, vem a "santa" assistência jurídica gratuita! Esta, sim; é de fazer embranquecer os cabelos antes do tempo!

O defensor de ofício, em quase todos os casos, não se dá nem ao trabalho de ir ao presídio entender-se com seu constituinte. A não ser que o carcereiro, o eterno sonhador das porcentagens, lhe avise que o preso tem uns quarenta ou cinquenta cruzeirinhos... Raramente apresenta defesa escrita, pois como não estuda o processo, não tem elementos para pleitear a fixação da pena de acordo com o grau da culpa: limita-se, tão somente, a escrever meia dúzia de palavras sem fundamento jurídico, deixando sempre a sorte do infeliz a cargo do elevado critério dos magistrados. E estes, na maior parte, são zelosos, não digo que o sejam no que concerne à justiça, mas, sim, em sua situação hierárquica. E daí... baf! Aplicam o máximo da pena, quase sempre sob a alegação de o réu não ter profissão definida, não ter apresentado credenciais e, ainda, porque é tipo lombrosiano...

Deu-se há pouco tempo o caso do promotor do Tribunal de Apelação de São Paulo, em seu parecer, pedir ao juiz de comarca do interior que lhe apontasse as pessoas deste vasto território brasileiro que tivessem profissão definida, a não ser a ínfima porcentagem de quinze por cento! Mas parece que eles não aprenderam ainda a lição...

Documentos! Qual o pobre que pode tirar documentos? Nem sempre pode registrar seus filhos, quanto mais...

Como é natural, não se conformam com a "respeitável sentença" e tocam a pedir advogado para apelar. Mandam cartas, pedem ao carcereiro para telefonar, escrevem à esposa do defensor pedindo sua interferência junto à S. S.[74] Mas o resultado é o tipicamente conhecido: ou deixam passar o prazo legal ou alegam não haver fundamento para impetrar o recurso. E, quando apelam, em suas razões demonstram

Da regeneração 251

ser mais "amigos da onça" que dos seus pretensos defendidos. Está claro que há os advogados quixotescos que com sua lança em riste se atiram contra os juízes, e esses, embora se cubram com o elmo de Manbrino,[75] e chamem Sherlock Holmes (o promotor) em seu favor, ainda acabam perdendo a presa!

Transitada em julgamento a sentença, parte o coitado para cá. Deixa mulher e filhos pequenos sem outro recurso e amparo que não o da única amiga dos pobres — a fome. É de ver a sinuca em que ficam essas mulheres. Não sabem se se prostituem em troca de comida para seus filhinhos ou se seguem o exemplo dos discípulos de Gandhi, acompanhando-os na greve de fome até a vitória final... Que nunca vem! Assim temos de dar crédito no que andam dizendo os boateiros, que o único cardápio dessas mulheres e filhos de milhares de sentenciados é o amor e a esperança. Mal sabem todas essas línguas que o presidiário, no recentemente extinto regime penal, vinha lutando para alcançar a mesma glória. Mas o novo diretor estragou com esse treino de mais de vinte anos, distribuindo comida a granel!

Vem o último, o livramento condicional. Este faz perder a paciência até aos frades de pedra! Quando se atinge essa fase, a maior preocupação do detento é mandar vir cópia do processo, e assim procede por intermédio da administração da Casa. Feito o pedido, vamos sonhar com as musas e os deuses, porque temos cinco ou seis meses para esperar. Depois... arre! Até que enfim... Bem. Chegou a cópia, pede-se audiência aos conspícuos advogados da penitenciária. Vão-se mais dois ou três preciosos meses até se ser atendido pelos causídicos. Quando chegamos à presença dele, recebemos uma pergunta atirada com desinteresse: "O que é que você quer?" "Doutor, eu quero que o senhor requeira meu livramento condicional ou faça a revisão do meu processo." "Está bem. Deixe seu número e pode ir, que eu vou estudar seu caso e ver o que se pode fazer…".

Por muito pechinchar, se deixa pelo preço de mais dois meses de espera, e, desta vez, se é chamado pelo assistente penal para assinar o pedido de livramento condicional. Bem, agora toca novamente a esperar cinco, seis, dez, doze meses! Santa mãe de Deus! Parece que o povo cá para as nossas bandas está mais adiantado do que os outros, pois fazemos justamente o contrário do que é estatuído por lei!

Se a lei manda julgar nunca em prazo superior a um mês, como demora oito meses e até mais de ano? Muitos cumprem a pena, tiram passagem para o calcanhar de judas e só depois, muito tempo depois de sua libertação, é que o seu processo de livramento condicional principia a rodar pelos "canais competentes" em direção ao Conselho Penitenciário…

Não é à toa que um conhecido costuma dizer que o Brasil é um país "agricolamente essencial"…

O mais digno de nota na demora dessa assistência judiciária bicho-preguiça é o aparecimento, aqui dentro, dos doutores formados pela Faculdade das Circunstâncias. Danam-se a interpor revisões, perdões, habeas corpus… o diabo a quatro! Uma infinidade de recursos que os bacharéis da Universidade do Brasil desconhecem… Mas o certo é que os nossos doutores a três por dois estão sempre obtendo vitórias e pondo no olho da rua seus irmãos de sofrimento. A penitenciária, nas palavras felizes do Chalaça do nosso Teatro, tornou-se um verdadeiro instituto de… "ciências inconômicas"…

Da regeneração 253

Interroguei o 7054 sobre o assunto. Muito prolixo, conforme o seu temperamento, começou como se estivesse fazendo um discurso:

— O que importa à sociedade, ao país, é a compreensão de que suas leis são sábias, principalmente em relação à proteção social e territorial. E, ainda mais, o cumprimento leal, honesto e sem abusos do seu mandato. É claro que a mudança do regime penitenciário em nossa pátria, expressa no Novo Código Penal Brasileiro, deve ser considerada como o reconhecimento da medicina social na cura do delinquente. Como sentenciado, isto é, como quem sofre ou goza os efeitos da reforma, tenho acompanhado com especial carinho os seus efeitos, tanto em mim, como nos meus companheiros. Posso assegurar que no cenário atual desta Casa há maior predisposição para o bem, para a compreensão da honestidade como base das ações humanas e do trabalho como fonte de vida.

Nessa observação sistemática e diuturna que estou levando a efeito, pude acreditar que se vai apagando no íntimo de cada sentenciado aquele rancor, aquele gemido e aceno de vingança que o regime anterior impunha, por amordaçar toda a personalidade do detento através da humilhação constante, pela arbitrária e atrabiliária disposição de reduzir homens a autômatos ou a manada obrigada a arrastar, além dos grilhões impostos pelo erro, ainda mais os cilícios e correntes do mutismo, da paralisação dos sentimentos afetivos, do enclausuramento que atrofia, pela total separação do ambiente favorável à reeducação. Nessas condições, o regime penal segregava o delinquente de qualquer oportunidade para demonstrar suas qualidades boas, convergido ao sofrimento causticante por um regulamento antipedagógico e desumano. O detento via-se constrangido em todas as suas aspirações, na sua crença religiosa, nos seus sentimentos de afetividade e, principalmente, na compreensão de que a Justiça, isolando-o temporariamente, não teve outro fim do que devolvê-lo à sociedade, à família e à pátria mais útil, mais educado e capaz de se conduzir exemplarmente no meio dos seus concidadãos. Para o regime antigo é cabível aquela quadrinha:

Por fora, bela viola;
Por dentro, pão bolorento.

19. Gino Amleto Meneghetti ou A história desconhecida de um herói e mártir

A PRIMEIRA VEZ QUE O VI, foi através duma frestazinha roubada ao reposteiro verde que desce solenemente sobre a porta do gabinete do diretor-geral do presídio. Antes de espiar me chamou a atenção aquela voz possante, enérgica e resoluta, que se dirigia e respondia aos interlocutores com a presteza e a vivacidade dos que manejam bem a palavra e possuem rico armazém verbal. O acento italiano dominava a pronúncia, se bem não fosse precisamente o idioma da *Divina comédia* falado com a desejada clareza e perfeição. Notei com facilidade o hibridismo formado pelo italiano, o castelhano e o português. Concluí que estava ouvindo quem devia ser muito viajado, dessa espécie de *"globe trotter"*, que no fim de algum tempo não dá mais para distinguir que idioma fala ao se exprimir na babélica miscelânea que o esperanto sonha corrigir algum dia.

— É o Meneghetti que está aí dentro — me disse o companheiro na mesma fila que eu, esperando a vez de ser atendido pelo dr. Flamínio Fávero.

Atordoei-me num instante de surpresa. Onde estava a famosa turma de choque que me disseram existir para acompanhar os sentenciados perigosos como o Meneghetti, o Faria

256 *Submundo*

Júnior e os outros? A única guarda presente era um vigilante especial. Seria mesmo o Meneghetti? Olhei atentamente e foram-se minhas dúvidas. Aquele homem ali na minha frente só poderia ser um ente raro, desses tipos extraordinários que aparecem sobre a face da terra de quando em quando, iluminando-a com a centelha do seu gênio, brilhando num dos vértices do triângulo dos predestinados, quer realizando os feitos invulgares do herói, sofrendo estoicamente como os mártires ou vivendo a pureza sobrenatural dos santos. O rosto daquele homem conversando ali na minha frente era assim: irradiava aquele halo misterioso que marca os homens predestinados a uma empresa superior mas que, quando transviados, se tornam outros tantos anjos decaídos, como aquele do ensino cristão.

Quando ele saiu, observei a sua figura mais detidamente: estatura mediana, o rosto magro, de pele vincada e ligeiramente caída nas bochechas. Olhos iluminados, refletindo inteligência e intensa vida interior. Ao passar perto de mim, seu andar era firme e decidido. Achei-o um pouco mais minguado do que a imagem dele feita por minha fantasia. Agradou-me sobremaneira seu porte cheio de dignidade. O aprumo da verticalidade nas ideias e nas convicções.

A fama de Meneghetti é aqui muito grande. As atribulações dolorosíssimas por que tem passado, difíceis de reprodução escrita, transformaram-no em verdadeiro símbolo da agonia presidiária. Para ele convergem os pensamentos do detento que se encontra sofrendo um castigo disciplinar qualquer. "Ora, eu estou achando ruim dez dias de cela forte. E o Meneghetti, que está há dezessete anos?" Meneghetti se transformou na fonte que consola e vivifica o sentenciado, qual nova serpente de prata que Deus pusesse no deserto do Ca-

Gino Amleto Meneghetti

randiru, a fim de alentar e salvar os que, já sem horizontes, se revolvem no fundo lúgubre de desesperos sem fim.

Não fui feliz nas minhas tentativas de aproximação à cela do famoso companheiro. Cela forte muito vigiada e ainda por cima em pavilhão diferente do meu. A segunda vez que o vi, foi no cinema. Parece mentira que somente depois de dezessete anos de encerramento absoluto, na escuridão total da cela, Meneghetti tivesse o ensejo da pequena distração de uma hora. Porque ele jamais saíra, nem para receber um pouco de sol. Somente a cela-forte, cela escura, abafada, cela adrede preparada para ele consumir paulatinamente o resto dos seus dias. Cela pavorosa que não se abria nunca, cela-tumba, cela-cemitério de um ser vivo e humano como qualquer presidente da república, rei, magistrado, sacerdote ou papa.

No cinema, ele foi o polo de todas as atenções. Trezentas cabeças, ao acender das luzes entre as partes da fita, se voltavam para a sua direção. Curiosos e emocionados, todos o queriam ver e a maioria, conhecê-lo, pois somente os presos mais antigos tiveram essa possibilidade. Ver o Meneghetti é aqui tão difícil como aos que estão aí na rua, em liberdade. Por isso, justifica-se tamanha curiosidade em torno dele.

Faria Júnior já me havia dito ser amigo do Meneghetti. Porém muito trabalho custou até que um dia conseguíssemos nos acercar da sua cela, no segundo pavilhão. Assim mesmo, porque ele foi transferido pelo dr. Flamínio Fávero do andar térreo (primeiro pavimento, como chamam aqui) para o segundo pavimento. Ficou mais fácil, e, na primeira oportunidade, demos uma espaca. Eu já havia obtido parecer favorável do Conselho Penitenciário ao meu livramento condicional e não queria ir embora sem conhecer de perto o companheiro 1630.

— Mestre Gino, bom dia — cumprimentou o Faria, logo que abriu o guichê.

— Oh, Faria, como vai? Já viu como o jornal tratou você naquela reportagem? Disse que você praticou mais de setenta crimes!

— Já vi, sim. Mestre Gino, aqui está o nosso companheiro Abdias, que lhe deseja conhecer antes de ir embora...

Até esse momento eu estava fora do enfoque visual do Meneghetti, por causa da estreiteza do guichê. Aproximei-me.

— Bom dia, Mestre Gino — pronunciei com indecisão, preocupado com a acolhida que me seria dispensada.

— Bom dia. Quando é que vai embora?

Sua resposta veio em tom amigável. Fiquei mais descansado e confiante.

— Mestre Gino, o Abdias talvez publique, quando sair, as impressões que teve daqui — atalhou o Faria. (Previno que nosso diálogo foi desde o começo um tour de force para falar também alguma coisa. Porque Meneghetti quando toma a palavra é um caso sério. Quando ele agarra o assunto quer chegar às últimas consequências, falando com ardor, apaixonadamente. É um grande espetáculo ouvi-lo falar. Com aquela adjetivação pitoresca toda sua, falar velozmente como se estivesse percorrendo uma estrada muito comprida, infinita...)

— Quem sabe o senhor quererá me contar alguma coisa interessante? — falei.

— Ah, um livro! E visando qual objetivo?

— A crítica.

— A crítica? Me agrada.

Foi assim meu encontro com Meneghetti. Nessa manhã conversamos muito. Ele falou-me nos trabalhos que sempre começa e nunca termina. Às vezes, por faltar-lhe entusiasmo, outras, porque a vigilância apreende partes do que escreveu. Falou-me do último volume que lera, uma série de conferências por vários autores sobre o problema penitenciário. Comentou inteligente e amargamente as teorias e ideias expostas, ressalvando apenas três textos: o escrito pelo ex-diretor da penitenciária de Neves, dr. Alkimin, o do dr. Lemos Brito e o do dr. Flamínio Fávero.[76] Em sua opinião foram os únicos que demonstraram compreender e defender, assim mesmo faltando algo, a natureza humana dentro de todo preso. Fiquei muito impressionado com aquele homem. Quem coordenava ideias, quem falava com aquele desembaraço, quem me recebia com um cavalheirismo perfeito, poderia, por acaso, ser um louco? Um negativo pensamento me veio ao cérebro: se aquele homem, com todo aquele equilíbrio, depois de dezessete anos apodrecendo na cela, ainda guardava tanta frescura e inteligência quando falava, o que dizer daqueles que o tiveram em tão desumana situação, daqueles que o trataram como verdadeiro animal e fera? Não restava nenhuma dúvida. Meus companheiros tinham razão quando me diziam: "O Meneghetti é um herói". Sim, herói e mártir, talvez o maior mártir destes nossos tempos modernos, civilizados e cristãos.

Quando me dispunha a tomar algum apontamento da conversa, o vigilante especial — que ficava na gaiola a uns vinte metros da cela do Meneghetti — nos chamou a atenção. "Parem com essa conversa aí e se retirem. Vocês sabem que não é permitido conversar." Antes de me despedir, combinamos que ele me escreveria algum depoimento e me enviaria antes que eu deixasse o presídio.

Daí a poucos dias, passando defronte à sua cela, Meneghetti me entrega, às escondidas do guarda e do vigilante, um macinho de papéis. Escrito com letra nervosa de quem vive o que escreve, vazado naquele misto de italiano, castelhano e português. Abri a primeira página. Dizia assim:

Previno o amigo Nascimento que eu só tenho dezoito meses de grupo escolar. Assim mesmo, pretendo ser um autêntico e cultíssimo intelectual porque viajei bastante. Formei-me na escola do mundo. Falo mais ou menos, por prática, quatro línguas e tenho lido, no mínimo, dez mil livros, milhares e milhares de jornais, revistas, opúsculos etc. Não perco tempo lendo romances, contos e novelas. Com tudo, demonstro mais do que sou quando falo, do que quando escrevo. Essa anomalia de quando compor escrever mal, se explica facilmente assim: sou fraquíssimo nos métodos, regras, sistemas escolásticos, ortografia e gramática. Assim sendo, escrevo sem estilo, desordenadamente, e cometo erros a carradas. Contudo, espero que o amigo Nascimento não seja muito exigente, sabendo me dar o desconto, sabendo interpretar sem sofisticar e sutilizar muito rigorosamente...

Exposto isto, aproveito essa oportunidade para externar a minha modesta mas sincera congratulação, desejando boa saúde e copiosa felicidade na sua próxima liberdade. E felicito-lhe também por ter conseguido sair vivo deste horrendo, dantesco açougue médico-policial-penitenciário dos paulistas.

Procura nunca mais voltar neste inferno. Adeus,

Gino Menichetti.

Continuando, Meneghetti prosseguia assim:

Gino Amleto Meneghetti

Fútil divagação: *para que se possa escrever bem, são precisos os seguintes requisitos:*

(Note bem o amigo Nascimento que, expondo mais embaixo esses três ou quatro requisitos indispensáveis para se escrever bem, estou me dirigindo a mim mesmo e não pretendo ensinar nada aos que sabem muito mais do que eu.)

Primeiro: Escreve bem quem tem variada e metodizada cultura. Quem tem entusiasmo, "verve" e tenaz vontade de trabalhar, imaginação viva, conhecimentos práticos, senso crítico, *amor à verdade*, alegria de espírito, razoável posição econômica e cristalina sanidade mental...

Segundo: Se deve dispor de um tempo longo e à vontade;

Terceiro: Ter um conhecimento exato e profundo da matéria que vai ser tratada ou se pretende tratar, explanar, expor essa matéria com ordem e gosto estético, estando em harmonia com o plano antecedentemente pensado e arquitetado.

Quarto: À pessoa que vai escrever é preciso sossego e tranquilidade de espírito.

Mas quem, como eu, agoniza na mais nauseabunda miséria física e moral, se se põe a escrever, fracassará. Quem é, como eu, alanceado de uma dor intensa; quem se encontra aflito, preocupado, abatido, vencido, desanimado; quem não tem esperança e não enxerga nenhuma luz na sua frente; quem está afogado na angústia, quem é oprimido pela violência em país estrangeiro; quem se vê blefado, perseguido, odiado, provocado, humilhado e tratado dura e incivilmente, vendo-se posto fora das leis humanas e jurídicas; quem é enganado, vituperado pelos jornais e repórteres servis e semicretinos (eu chamo os jornais de São Paulo de urinatórios e vomitórios públicos...); quem se vê condenado a uma pena em discordância ao Código Penal e muito acima do delito praticado... Que pobre de mim! Jamais poderá escrever bem. Nunca poderá escrever algo que preste, que instrua, divirta ou desperte o interesse de qualquer leitor.

Ainda para justificar a impotência que não me deixa quase escrever, peço licença ao amigo Nascimento para me deixar desabafar mais um pouco, demonstrando as razões desse meu grave abatimento físico e moral. Não desejo aborrecer ninguém com esta minha lamurienta, choramingosa e jeremíaca lamentação. Mas é claro que um homem que se encontra na minha posição é obrigado a se explicar, para isso contando com a benevolência do leitor.

Principio relatando a violência que me fizeram no dia da minha bestial e dramática captura, levada a efeito no dia 4 de junho de 1926. Nesse dia me foram desfechados mais de duzentos tiros de revólveres e carabinas! No fim, fiquei com um dedo quebrado e com onze ferimentos no rosto, testa e no corpo. Na hora HH da captura me tiraram três contos novecentos e oitenta mil-réis, um alfinete de pérolas e um relógio com corrente. Enquanto era preso fui espancado por uns, enquanto outros me esmurravam e outros me tinham suspenso no ar. Outro me aplicava coronhadas de revólver, outro me arrancava a pele e os cabelos e outro ainda me dava agulhadas na bunda, até que um apertão nos testículos me fez perder o conhecimento! Era a civilidade da polícia que se mostrava. Será que não fui linchado porque o povo espiava e se tornou perigoso? Quando perdi os sentidos estava perto uns setenta metros do Gabinete de Investigações da rua dos Gusmões. Quando adquiri de novo o conhecimento, encontrei-me de cabeça vendada e estava num cubículo largo e comprido: uns setenta centímetros, apenas! Depois... na noite do mesmo dia, fui acorrentado de mãos e pés e fui transferido para a velha Central de Polícia, situada — se não estiver errado — no largo do Tesouro, em frente ao Correio velho. No dia seguinte, estando eu trancado no calabouço, vi um tenente na janela. Tenente pálido e atacado de "delirium tremens alcoólico" e que estava me espiando pela janela como um gato espia um rato. De repente sacou do revólver e desfechou um tiro contra mim! Não fui atingido porque, sendo grande o calabouço e eu tendo notado o estado nervoso, desesperado, daquele fanático, tinha me afastado da janela e movimentava-me de um lado a outro, não o perdendo de vista. E foi por isso que a bala espatifou-se uns cinquenta metros atrás dos meus calcanhares. Acontecia isso no momento em que o dr. Dória[77] era tirado da sala fúnebre.

Ao quarto dia fui trazido de novo à rua dos Gusmões para ser fotografado. Depois de fotografado fui levado a uma grande sala onde estavam perto de cinquenta inspetores, muitos deles com máscara no rosto. Ali levei uma "sova" severa. E no momento em que era judiado, avançou um homúnculo magrinho, o rosto pálido crispado de sífilis, e, estando eu seguro nas unhas dos inspetores, o heroico e valente "peso-mosca" bacharel e delegado, avançou, estendendo o braço, e me atirou uma tremenda bofetada no nariz. Saiu-me bastante sangue por causa do anel e aliança que aquele tísico dr. A. G. decerto tinha na mão que me bateu. Nesse mesmo dia 8 de junho fui transferido para o legendário, inquisitorial e necroteresco posto policial do Cambuci, em boa hora demolido quando venceu a revolução de 1930. Nesse posto, durante o dia eu era espiado constantemente, tido algemado bem seguro e guardado de vistas. Durante a noite era posto na solitária — geladeira. Foi naquela geladeira que sofri os tormentos de Tântalo. Junto ao tormento da água, experimentei, a cano de borracha, outras torturas, de que eram férteis inventores e executores.

Nove dias de posto policial no Cambuci, sem comer, flagelado dia e noite, bastaram para me transformar num "Ecce Homo".

No tempo em que era sampaulinescamente virado sorvete no Cambuci, o então diretor desta modelar (sic), infernal penitenciária, estava me aprontando o "alojamento" nas celas-fortes números 504, 502, 510 e 516. Foi ele quem mandou fazer duas artísticas grutas de aço (três grades) com uma chapa de ferro que apenumbrava e fechava a lúgubre tumba 504. Uma quarta grade interna fixava uma peneira (ou rede metálica), reforçada a porta com ferro pelo lado interno e aumentada mais uma fechadura pelo lado externo (seria melhor que contasse isto depois, mas enfim dá no mesmo). Notem bem que a chapa de ferro fechava hermeticamente a janela, interceptando-me luz e ar. Eu fiquei nela desde 1926 até 1933, sete anos e três meses! Desses sete anos, em dois comi e em cinco não comi nada!!! Nove anos fiquei sem livros e sem cigarros. Aquela chapa era igual à que hoje se pode ver na cela-forte nº 510, que também foi feita para mim, e era ali na 510 que eu era atirado completamente nu. Antes disso era espancado, e, estando já deitado no cimento, o infame V. e o B. pegavam em meus pés e me algemavam e assim permanecia, encabritado. V. fazia de minhas mãos e pés um buquê, um feixe! E há sentenciados que ficam fulos quando falo mal de São Paulo! Me deixavam assim algemado, jogado no cimento frio e duro durante trinta dias, até! Me alimentavam com pão e café, mas só de quatro em quatro dias. Assassinos!

Nascimento, eu era um homem inteligente, belo, forte e bom.

Quer dizer que em um mês não chegava a comer um quilo de pão e sete canecas de café. Note-se que nesse tempo (do dr.

F. T. P.)[78] o tal "serviço de choque" era feito por uns quinze sentenciados escolhidos entre os mais bárbaros e vis. Sentenciados egoístas, covardes, sem caráter, sem inteligência, desconheciam por completo a significação das palavras brio, camaradagem, solidariedade. Eram os auxiliares do V. e do B.

Assim, antes de ser algemado era valentemente surrado a cabo de vassoura por esses sentenciados, facínoras e bandidos infames. Interessante também é que uma das chaves da porta da minha cela o ferocíssimo e bestial dr. R.[79] (então chefe da Seção Penal) não a entregava a ninguém. Acariciava-a noite e dia em seus bolsos e só raramente a entregava ao B. e ao cascavel V., em dias de banho. Nunca apagavam a luz da minha cela. Tinham medo que o diabo me auxiliasse a evadir... Eles tinham prazer, gostavam de me atormentar, de me matar aos pouquinhos, aos milímetros...

Nascimento, não posso continuar... Estou com o coração que me sangra e os olhos enchem-me de água. Tenha paciência... Continuarei depois, se for possível...

Eu deveria ter-lhe visto e conhecido antes, Nascimento. Decerto você, com sua compreensão e bondade, me haveria auxiliado, defendido, mandando-me um advogado honesto e inteligente. Agora é tarde! Experimente, Nascimento, antes de sair daqui, sondar a consciência do dr. Flamínio. Fale a ele, pergunta-lhe por que continua a tratar o Gino com regime especial. Parece-me que também o dr. Flamínio foi influenciado a meu respeito. Parece que também pensa que eu seja Belzebu ou um inadaptável e perigoso maluco; ou que eu, enfim, seja uma Medusa de cem cabeças igual à da fábula mitológica grega? Gino é "pesado", Nascimento. A agudeza de seu espírito e inteligência, a eloquência, a lealdade e o estoicismo de Meneghetti os doutores superficialmente enfarinhados de cultura e xenófobos deste presídio, psicos e biotipologistas, transformaram em impulsividade revolucionária, irascibilidade e em maldade petrificada. No entretanto, não há prova melhor para atestar a bondade de Meneghetti que esta: um homem mau, enjaulado na triste, lúgubre, cheia de pulga cela-forte, morre fatalmente num prazo máximo de cinco anos. Um homem mau não resiste heroicamente como resistiu e está resistindo há quase dezoito anos o coitado, o bode expiatório, desventurado e mártir, a vítima, o italiano toscano e pisano Gino Amleto Menichetti.

A injustiça de que fui vítima e continuo sendo em São Paulo, e sendo eu conhecido como homem aventureiro, mas aventureiro bom, teve repercussão em três partes do mundo. Apavorou a Itália Central a sua abissínia e inquisitorial organização penitenciária. E é em virtude dessa ausência de respeito pela vida dos homens, onde não existe civilização nem real garantia aos cidadãos nacionais e principalmente estrangeiros, que eu, como italiano, penso que a coisa mais genial e útil feita pelo ingênuo, ignorante e relativamente tirano Mussolini foi aquela de, em 1928 e 1930, ter proibido que os italianos andassem a perder a vida, a saúde, a liberdade, emigrando para este miserando estado de São Paulo.

Resumindo: o único crime praticado por Meneghetti em São Paulo foi o de ter comprado joias roubadas por outros, e por ser ele um súdito italiano. Porque na Itália apareceu o fenomenal governo fascista e antissemita e antimaçon, e ainda porque na Itália reside o cabeça do catolicismo, na pessoa teatral do bufonesco embrulhão, chamado papa. Além disso, não sou um fascista, nem católico. Gino é apenas italiano individualista, alheio a qualquer política e a qualquer seita, seja esta religiosa, esportiva ou política. Assim, os carcereiros e os jornalistas que o cobriram de impropérios e o estão assassinando lentamente, tendo-o escravo e maltratando-o neste dantesco presídio, não tinham e não têm motivo. Estão procedendo como bárbaros fanáticos.

É fácil provar que já cumpri minha sentença. Venci minha condenação, mesmo dando-se ou concedendo-se todas e quaisquer hipóteses inventadas. Pormenorizando um pouco: querem à força e sem nenhuma prova que seja eu o autor de cinco roubos?

Admitamo-lo.

Ora, cinco roubos e sendo todos eles iguais, queira ou não queira o juiz da execução penal, devem ser unificados, reduzindo os cinco roubos a um roubo só. As leis de todos os povos unificam os crimes iguais.

A condenação máxima desses cinco roubos, assim reduzidos e unificados em um (há mil casos como o meu que se poderia citar como exemplo), nunca esta máxima condenação poderia ir além de nove anos e quatro meses.

Agora vejamos o outro crime.

Como o dr. Dória perdeu a vida

Quiseram os meus assassinos que Meneghetti matou o dr. Dória?

É mentira. É uma infâmia!

Porque do sumário resultou que esse impulsivo, imprudente dr. Dória é quem estava embriagado na noite em que foi ba-

268 *Submundo*

leado. Ele foi matado intencionalmente ou acidentalmente por um tal seu agente chamado Marcelino de tal.

Mas como?

Facilmente se explica. O dr. Dória e oito agentes arrombaram a porta de uma casa de família, à primeira hora da noite. Tinham sabido que eu estava visitando os meus filhos. Esse dr. Dória e seus agentes subiram a escada furtivamente, e, de revólver em punho, na escuridão da noite, avançaram pela casa adentro. Chegados à sala, os agentes se dividiram, espalhando-se (a casa era grande, porque habitada por três famílias). Eu que estava no fundo da varanda com um dos meus filhos nos braços e estava falando com o dono da casa, Rodolfo, parente de minha mulher, ouvi um barulho suspeito. Barulho vindo de longe, proveniente da escada. Compreendendo que era a polícia, passei meu filho à cama e saí do quarto. Virei um corredor que passava pela latrina, sem fazer nenhum barulho. Foi depois que quebrei um vidro, e, como a janela era pregada, subi nessa janela baixa. Ao subir, bati com os pés e derrubei uma grande vasilha de lata. Assim, o vidro quebrado à força e a vasilha caída provocaram um barulho regular, capaz de sobressaltar e excitar os nervos de todos os agentes que tinham revólver nas mãos e que andavam medrosos, vagando na escuridão. Eles andavam à minha procura sem conhecer a casa quando eu, já de corpo dependurado fora da janela, pronto para atingir o quintal vizinho, ouvi uma descarga quase cerrada de uns cinquenta tiros de revólver. Eram os agentes medrosos e nervosos, era o próprio dr. Dória, que a esmo e em completa escuridão desfechavam tiros. Um desses tiros acertou no dr. Dória, na barriga. E a barriga do dr. Dória, sendo um barril de cerveja, contribuiu para, depois de operado, terminar de o matar.

Eu, quando fui capturado, a polícia apreendeu meu revólver Smith Wesson. Revólver calibre .32 e, no entanto, o projétil que vitimou o dr. Dória não era um .32. Foi um .38. Logo... o leitor compreende! Está provado que quem matou o dr. Dória não podia ser, não foi Meneghetti, mas foi quem tinha revólver calibre .38. Agora o agente Marcelino citado tinha esse revólver .38 e foi quem matou o dr. Dória. Ainda, que o citado agente tenha matado o dr. Doria resulta também não só da própria lógica da tragédia, mas resulta no modo confuso, medroso, de como esse agente Marcelino respondeu ao chamado do juiz dr. Passalaqua[80] no sumário. Nunca se viu caso tão demonstrado!

Mas aqui em São Paulo não há justiça nenhuma. Tudo está podre. A Justiça de São Paulo reside noutros interesses, e um político, como por exemplo os drs. F. T. P. e A. C., tinha mais influência que todos os juízes Passalaquas de São Paulo.

O dr. P. queria porque queria enterrar o "bandido célebre", como me chamava aqui no "seu" presídio. E não foi difícil consegui-lo. De fato, com sentença de 29 de outubro de 1932, Meneghetti inocente era iniquamente condenado como autor da morte do dr. Dória, à suspeita e levíssima condenação de só seis anos! Levíssima, porque os porcos jurados sabiam que Gino era inocente. Mas o passado é passado.

Admitamos que Meneghetti, visto ter as costas largas, vamos admitir que ele tenha matado o dr. Dória. Agora contemos quantos anos de penitenciária ele deveria purgar. Façamos a conta: dos cinco roubos (unificados em um), nove anos e quatro meses, e do assassínio do dr. Dória, mais seis anos. Total, quinze anos e quatro meses.

Nascimento! Leitor!

O pobre do Meneghetti, o Gino, já purgou vinte e dois anos de cadeia! E ainda é tratado com regime especial e ninguém sabe quantos anos Gino tem ainda de purgar.

Repórteres ainda ontem, como aconteceu no dia 11 de dezembro deste ano de 1943, no *Diário de São Paulo* me definiam assim: "que Meneghetti, o legendário Meneghetti, costuma cuspir e dizer impropérios e atira contra os visitantes todos os objetos que tem na cela" etc. Enfim, ninguém sabe por que sou matado e tido sequestrado neste presídio. E isso é que esses jornalistas deveriam procurar saber e esclarecer aos seus leitores.

Poderia, amigo Nascimento, contar muitas outras coisas infames que foram feitas nesta penitenciária. Mas creio que não vale a pena. São tão infames que ninguém me acreditaria, e poderiam até contribuir para que me considerassem louco de verdade. Uma onda de perversidade está dissolvendo São Paulo e destruindo o mundo todo. Hoje mata-se inutilmente a pobre gente como eu, só pelo gosto de matar. Diga, Nascimento, no seu livro, se você o escrever, que quem trouxe a rigor exagerado, a sistemática matança nesta penitenciária, foi um demagogo, suposto democrata. Foi um frio assassino, e quanto ao cretino dr. N., já falecido, ao senil e imbecil dr. M., ao bestial dr. R., ao lívido e homossexual dr. A., esses copiaram por vinte e três anos a infâmia do dr. P.

Outra violência que me fizeram foi a de não me ter podido defender de maneira nenhuma. Por quê? Porque o enterraram vivo na necrotérica cela-forte nº 504. Notem bem: me enterraram vivo antes de ser sumariado, processado e condenado! E foi o dr. P. o autor desse abuso nunca visto!

Uma penitenciária em que se pretende regenerar, reeducar alguém, não pode ser administrada e apavorada por médicos pedantes cheios de falsas teorias e princípios científicos psicoantropológicos e criminalísticos lombrosianos.

A tendência cruel de todos os médicos criminalistas de São Paulo é a de todos os países do mundo, como acontece nas penitenciárias norte-americanas, alemãs etc. É a tendência de castrar os sentenciados, esterilizando-os eugenicamente, em uma palavra, matando-os. Esses médicos, principiando com o café com leite, arrombam e mudam uma penitenciária em seu ganha-pão, em seu cavalo de batalha, por isso escrevem sua falsíssima ciência, e a cadeia ou o presídio fica transformado em macabro anfiteatro anatômico ou gabinete de pesquisas "a vai ou racha". Este presídio foi a antecâmara do Manicômio Judiciário e um verdadeiro cemitério.

Esta penitenciária só endireitará quando o poder federal proibir que a política paulista se intrometa nos negócios da sua administração. Enfim, o exmo. sr. presidente Vargas deveria federalizar já este estabelecimento, como assim sucede na Itália, França, Inglaterra, Rússia, Japão e Germânia.

Passo agora a relatar os

Antecedentes penais do bandido calabrês, do perigoso criminoso nato, do louco, de Meneghetti

Fui preso e processado na Itália oito vezes. Por quais crimes? Coisinhas..., crimezinhos sem importância nenhuma, próprios de um garoto que se criou a si mesmo semiabandonado no Mercado Público. Criou-se perambulando pelas estações ferroviárias e pelas ruas. Sua primeira condenação mínima, quando tinha doze anos de idade, foi a pena de três dias e culminou com a última e insignificante condenação de dezoito meses. Pelas leves penalidades se compreende que os crimes foram coisinhas de somenos importância, quase travessuras infantis.

Na França, onde principiei com treze anos a viajá-la, fui uma vez preso e em seguida expulso do país. Segunda vez preso, fui condenado, como suposto agitador anarquista, forjador de greves etc. a vinte meses, na cidade de Marselha. Depois, condenado a três meses na cidade de Bastia — Ilha de Córsega.

Na Argentina fui preso na cidade de Rosário por ter dado um murro na cara de um canalha. Fui solto de Rosário, saí sob fiança em 1932. Só isso. Em outros países não tenho outros antecedentes penais que estes citados.

No Brasil fui preso só e sempre por querer comprar roubos. Fui preso em São Paulo em 1914, mas evadi, e agora essa última prisão em 1926. Em Belo Horizonte fui preso, mas evadi. Também conto com uma prisão em Curitiba e fui absolvido; outra em Porto Alegre, donde evadi. Ainda outra no Rio de Janeiro, onde banquei o louco e me evadi.

Esses antecedentes policiais, embora graves, estudando-se o suposto crime atribuído a ele, de forma nenhuma significam ou provam que eu fosse um homem mau como me pintaram, como me pintou o dr. P. e os carcereiros médicos deste presídio, ou ainda conforme me difamaram os jornais de São Paulo. Viajei pelos Estados Unidos, Canadá, México, Chile, Peru, Paraguai, Uruguai, Tunísia, Portugal, Argélia, Inglaterra, Áustria, Holanda, Germânia, Suíça, Espanha, Sérvia, Croácia, Luxemburgo, Romênia e Bélgica. Ninguém notou que eu era inadaptável ou maluco, ou antissocial, ou bandido celerado. Nos citados países nunca fui preso. Logo se conclui que se aqui inventaram ou dizem que sou um bandido, é porque são maus, ou ignorantes, ou porque são xenófobos.

Todo e qualquer governo, desde os tempos de Moisés, David, Salomão, Faraós egípcios, o pérsico Dário, o grego Péricles, Dionísio, Calígula e Marco Aurélio, o bárbaro Átila, os Dez de Veneza, Constantino, Carlo Magno, Carlo v, reis da Inglaterra, Pedro, o grande, da Rússia, até Metternich, Pitt, Gambeta, Cavour, Hitler, Mussolini e Churchill, todos os governos, pela sua natureza corrupta e burguesa, se inclinaram à tirania e opressão dos povos.

Em consequência disso, todas as penitenciárias do mundo são povoadas de pobres ignorantes e ingênua gente. Há noventa por cento desses miseráveis que não representam perigo social e coletivo nenhum. E os crimes desses infelizes, malnutridos delinquentes, se não se justificaram perante as leis, foi em virtude da moral hodierna que rege a conduta política da organização governamental, que não se peja de os explorar, matando à fome quem engrandece as pátrias com seu suor.

Tanto a teologia como a medicina se tornaram alavancas políticas e instrumentos de morte e vingança. Miguel Soret, em Genebra, e Cirillo, em Nápoles, foram dois médicos condenados a ser assado o primeiro, e enforcado o segundo.[81] Os dois morreram covardemente, como covardemente morrem todos os homens maus.

Proteger, defender o povo contra os abusos de poder que diariamente cometem as autoridades policiais, judiciárias e carcerárias, seria o único trabalho útil e humanitário que deveriam fazer os médicos de todos os povos do mundo. Em São Paulo os médicos ajudam a polícia e carcereiros a matar o povo...

A divinização dos poderes e dos médicos não é mais possível hoje. Os povos modernos, pela instrução tão difundida e, sobretudo, pela geral irreligiosidade, riem gostosamente dos mistérios que sempre rodearam padres e médicos, suínos vagabundos e inúteis casanovianamente embrulhões.

O assunto biotipológico, criminalista, psicoantropológico, o tenho estudado e posso sentenciar, afirmando que Gobineau, Lapouge, Ingenieros, Lombroso, Varga, Viola, Pende, Sangré, Binet, Freud, Carlo Richet[82] etc. caíram todos no ridículo. A cadavérica e falida doutrina que eles professaram foi desmentida pelos drs. Aléxis Carrel, Weisman, Wiscoi, Carmignani,[83] e por nós, Gino Meneghetti.

A Revolução Russa de 1917 degolou doze mil médicos. Por quê? Porque nos países europeus o povo sabe que quem o escraviza, quem lhe devora a vida e o suor de seu trabalho, são políticos, gente podre e rica, e médicos. Portanto, fora com toda essa canalha que fez da Penitenciária uma fábrica de cadáveres, de idiotas, de tuberculosos e de inválidos. Por isso sou crucificado diariamente nas mãos dos médicos biotipológicos que atestam ser eu inadaptável ou perigoso maluco. Logo, aqui ou no Manicômio, continuarei enterrado da mesma maneira. Maltratado, desamparado aqui na minha solidão, porque os companheiros sentenciados, salvo rara exceção, são infames, servis, egoístas, hipócritas, simuladores, e vegetam lambuzando de agrados o idiota do padre Alencar. São uma cambada de "caguetas" e desconhecem a camaradagem e a solidariedade.

Dizem que não me soltam, que sou martirizado, por ser um bandido profissional. Mas um bandido profissional não organiza uma família com cinco filhos como a teve Meneghetti. Eu trabalhava de mecânico, de montador, de ajustador, tanto aqui em São Paulo como em muitas outras cidades. Tive negócios de joias, de recreios, armazéns, hotel, oficina mecânica etc.

Mas nada do meu passado bom para eles adianta. Terei de suportar, até ao último dia de minha vida, os subalternos, como o venenoso assistente S. P. C., eunuco, castrado. Porém entre outros doutos carcereiros há baixa concupiscência, os quais sempre atentaram ao pudor, estuprando filhas e esposas bonitas dos pobres sentenciados que aqui morrem encarcerados.

Cinquenta por cento dos guardas que aterrorizam este malfadado presídio vieram corridos, expulsos uns, afastados, exonerados outros, da Polícia Civil, da Polícia Militar, Guarda Civil, Guarda Noturna, Corpo de Bombeiros, Exército Nacional. Portanto são maus elementos, carrascos naturais, sem nenhum preparo para lidar com homens que necessitam compreensão e bons exemplos de altruísmo, honestidade e pureza de costumes, a fim de que lhes seja possível a problemática regeneração. Porque a reeducação do criminoso é tarefa por demais delicada para se desincumbirem dela esses desalmados analfabetos. Todos eles são discípulos do torpe dr. P., o covarde indivíduo que não trepidou, quando delegado do posto policial de Vila Mariana, a mandar asfixiar com gás vinte infelizes detidos e presos sem culpa formada. Depois da chacina, chamara uma carroça de lixo e as vítimas seguiram o caminho do Araçá, para o forno de incineração...

Guardo certa mágoa do dr. Flamínio Fávero também. O dr. Fávero também foi ao Fórum e mexeu no sumário e no processo do "fodido" Meneghetti. Foi arrastado por outros médicos, mas foi. E por isso ele também cuspiu seu sibilino horóscopo de que Gino era doido. Era necessário que assim fosse para prestígio da classe médica psicocriminalista, fazendo ganhar a dita classe teorias e princípios da medicina legal.

Compreende o leitor?

Mas essas teorias, esses princípios de medicina legal, a classe médica os ganhou? No duro! E foram ganhos à custa da vida e da liberdade do pobre Gino.

E esse egoísmo do dr. Flamínio Fávero não foi justiça, e, consequentemente, ele não pode querer melhorar a sorte de Meneghetti.

Nascimento:

Eu precisava, como já disse, de um advogado moço, honesto e inteligente que me atendesse no Fórum e me obtivesse a englobação e uniformização dos cinco roubos. Compreendeu?

Veja se com sua bondade, suas amizades e relações — mesmo recorrendo a uma subscrição pública —, veja se me pode socorrer, arranjando-me esse advogado, e o mande falar comigo aqui.

Adeus, amigo Nascimento. Que sejas feliz na sua vida de moço culto e livre.

Gino Menichetti

20.12.1943

20. Vigília sem fim

O CONSELHO PENITENCIÁRIO, na sessão do dia 9 de dezembro, deu parecer favorável ao meu livramento condicional. Entretanto, em que pese o indiscutível saber dos seus ilustres membros, a autoridade que deveria assinar a sentença determinando a minha soltura vigiada saiu-se com a evasiva de que me carecia amparo legal... Nestas condições, continuarei por aqui dependurado nas grades por mais algum tempo.

Muitas e muitas gerações de delinquentes já gozaram do benefício e o estão usufruindo, ou melhor, o direito da liberdade vigiada. Mas que hei de fazer? Até parece que os pesos e as medidas da Justiça são claudicantes. Porque, talvez, se eu fosse um ladrão de "patola" ou assassino de truz (empreiteiro de Cristo), teria melhor sorte do que sendo o autor desse esquisito crime de recusar a escrever à máquina.

Aqui entre nós, caro leitor: não acha maravilhoso que até agora não me tenham condenado à morte?

OS QUE FAZEM DA REALIZAÇÃO de sua obra um verdadeiro apostolado são raros. Por isso mesmo, quase ninguém faz nada neste mundo. Tudo que é grande e elevado exige uma dose muito forte de dedicação que não admite transigências para nenhum lado. Impõe que o realizador guarde sagradamente dentro do peito a centelha brilhante do seu ideal, e a energia necessária para ir transformando em coisa vivente aquilo que só existia dentro de seu cérebro, informe como um sonho. No caminho do amor em ação, que significa a prática da caridade, vamos encontrar Lao Peng — o comovente sacerdote da "piedade cósmica".[84] Lin Yutang criou o seu personagem sob a visão espantosa da destruição de tantas vidas inocentes, pobres seres que nada sabiam do grande jogo do egoísmo dos homens e dos povos. Afigura-se-nos pura ficção um Lao Peng que chora pela dor, pelo sofrimento daqueles irmãos que foram esquecidos na hora em que o destino dividiu o pão de felicidades e venturas cá da terra. Que chora pelas lágrimas derramadas por aqueles que anseiam por alimento, justiça e misericórdia. Que chora por todos os que choram. Tipo insólito, esse Lao Peng: símbolo de amor; de amor cósmico, sem fronteira...

Flamínio Fávero é assim: um piedoso cósmico. A sua postura interior é sempre a de quem está pronto a perdoar, a encher um estômago vazio, a rir com os que riem e a chorar junto dos que choram. Seu coração é uma infinita pilha de identificações com o coração do próximo. Desde que aqui chegou, sua reforma foi iniciada com a argamassa do amor e da bondade. Os asseclas do velho regime penitenciário se puseram em campo na baldada tentativa de impedir que essa "nova ordem" fosse aqui estabelecida. Até o púlpito voluntariou-se no combate às reformas do dr. Flamínio. Este viu seu programa — que é também o do Novo Código Penal — coberto das mais injustas acusações. Podia fulminá-las

Vigília sem fim 279

com um simples golpe de telefone. Mas isso seria não ser Flamínio Fávero. Preferiu apresentar seu pedido de demissão ao governo, sem formular uma queixa sequer contra os seus maus auxiliares.[85]

Nesta altura apareceu uma figura extremamente simpática, na pessoa de um repórter. Jovem ainda, o Nelson Mota Filho já possui vibrando no sangue aquela espécie de sexto sentido que imprime nos lidadores da imprensa uma personalidade tão diferente do comum dos mortais. Porque o repórter, o jornalista, tem um olho mágico. Olho sensível ao extremo e que parece trazer nas retinas um caleidoscópio por onde coa os acontecimentos e os homens, conferindo-lhes as verdadeiras dimensões e valores. Por isso mesmo, são os responsáveis pela orientação do povo e merecem o acatamento dos governos. Esse repórter foi o primeiro que os sentenciados viram de perto e conversaram livremente. Ele se largou no meio de nós, fazendo tudo por parecer-se com um de nós. E o detento lhe falou sem constrangimento a respeito de tudo, principalmente da mágoa e apreensão que estava causando a notícia de que o dr. Flamínio nos ia deixar. Os sentenciados estavam aflitos, a penitenciária inteira presa de dolorosa consternação. O repórter captou e soube sentir o apelo angustiado que todos os olhos e corações lhe formulavam. Compreendeu como ninguém o desastre que significaria se o governo atendesse ao pedido de demissão feito pelo dr. Flamínio. Caso isso acontecesse, aqueles miseráveis mil e tantos homens teriam as esperanças de liberdade e de melhores dias apagadas debaixo duma nuvem de desforras e vinditas.

Na expectativa da saída do nosso querido diretor, vivemos cerca de dois longos e dolorosos meses, enquanto o Nelson esclarecia o público e informava o governo sobre o que estava acontecendo no Carandiru, através de notas sob o título "Revolução sentimental na Penitenciária", publicadas no *Diário da Noite*. Depois trouxe, a fim de ficar amplamente conhecida a obra que o dr. Flamínio iniciara, uma caravana de representantes de todos os jornais de São Paulo. Reviraram a Casa de "pernas para o ar" e deram ao público um formidável testemunho. O dr. Varoli[86] fez, como se costuma dizer, muita força durante esses dias de incertezas para nós. A ele se deve muito do novo rumo que os acontecimentos tomaram. É um médico e um homem verdadeiramente amigo do sentenciado.

Por sorte dos detentos, o governo — fato que raro acontece — mostrou que estava decididamente disposto a fazer sua lei penal vigorar plenamente. A reforma penitenciária não seria unicamente matéria embolorada nos códigos, porém se refletiria como elemento vivo na estrutura dinâmica dos presídios. Medida mais do que lógica, afastou daqui os que vinham se antepondo aos florescimentos das sementes da nova doutrina que a lei estatuiu; inimigos dos princípios que a moderna ciência penal condensa e que já conta com sinceros adeptos como, por exemplo, os dr. José Maria de Alkmin, ex-diretor da penitenciária de Neves, dr. Lemos Brito, presidente do Conselho Penitenciário do Distrito Federal, dr. Noé de Azevedo, membro do Conselho Penitenciário de São Paulo e o diretor da Casa de Correção de Porto Alegre.

Em nenhuma oportunidade a ciência penal e criminológica terá melhor ensejo do que agora de progredir em direção ao seu objetivo de diminuir cada vez mais o número de crimes. Para ajudar ao dr. Flamínio, o governo nomeou outros diretores auxiliares que se espera estejam à altura dos cargos e das tendências que vão nortear a futura administração do estabelecimento.

NÃO SEI POR QUE A MÚSICA exerce tanta influência sobre mim. Pois já faz tanto tempo que a professora Irma Del Rimini[87] trouxe aqui suas alunas e eu estou ouvindo, como se fosse hoje, o canto daquelas moças. Mas particularmente o rosto das mais belas parece me olhar lá do meio daquelas estrelas que estou espiando pela janelinha da minha cela. Também, com uma noite bonita assim, não me admiraria se a própria sereia abandonasse a doçura daš águas para se espojar naquele céu azul, borrifado de finíssima areia prateada.

A lipemania — melancolia que leva ao suicídio — está me querendo dar um golpe de jiu-jítsu. Mas espera lá. Será ela mesma que está me olhando? Tenho até a impressão de que está me acenando! Sim, é ela mesma. Reconheci-a pelos cabelos. Verdade que não eram assim. Ela também esteve aqui cantando. Estou vendo-a sorridente, a pulseira a escorrer-lhe até o cotovelo, enquanto agitava no ar o braço direito, executando um largo e fraternal gesto de "até logo". Seus cabelos lá se foram por entre os aplausos dos companheiros formados em alas, enquanto ela se retirava distribuindo beijos. Cabelos longos e negros de enxugar lágrimas. Cabelos de Madalena. Verdade que não eram assim. Porém as Madalenas são assim mesmo: nas noites bonitas, aparecem no céu de cabeleira toda luminosa!

Os novos diretores nomeados pelo governo são, todos eles, funcionários antigos do presídio; conhecem-lhe a estrutura e o mecanismo e têm, por certo, boa experiência no trato dos sentenciados. Deus queira que estejam imbuídos de boa vontade, compreensão e inteligência! Porque eles, aliados à envergadura excepcional de cientista e de apóstolo da bondade que é o dr. Flamínio Fávero, provocam a expectativa de insuspeitadas realizações e reformas que em seu torno guarda toda a população carcerária. Outras penitenciárias, espalhadas pelo resto do mundo, poderão possuir eminentes diretores, criminalistas e cientistas. Nunca possuirão, no entanto, outro coração maior que o do nosso diretor e pai, dr. Flamínio Fávero.

À tona da minha angústia está boiando a melodia em forma de lamento profundamente triste do "Canto das vozes sem nome", e me veio à memória o poema de Judas Isgorogota:[88]

> Somos vozes sem nome, vivemos
> No silêncio da triste prisão.
> Nós viemos de dentro da noite
> Por caminhos sangrentos, a pé,
> Fugitivos da luz, sem destino,
> Sem amor, sem família, sem fé...

Não é uma estrela. É um facho luminoso que continua me fazendo companhia pela noite adentro. Aparentemente, os três pavilhões estão dormindo ao embalo dos apitos da ronda e das baionetas das sentinelas. Mas eu sei — oh, como é triste saber-se as coisas! —, eu sei que eles estão, como eu, esperando. Esperando na vigília sem fim dos dias e das noites solitárias. Noites frias, sem amor...

Penitenciária do Carandiru,
em São Paulo, janeiro de 1944

Posfácio
Carandiru somos todos nós

Ao revisitar *Submundo*, sinto no texto — viva, robusta e única — a poderosa e sedutora voz de meu marido Abdias. Sou tomada pela saudade de sua presença física — viva, robusta e única —, que se misturava, no nosso convívio, com a arte, a poesia, o espírito, a esperança. O poder e a possibilidade de transformar. Em seguida, me esmaga o peso denso do desespero, pois lá se vão quase oitenta anos que ele escreveu essas linhas, e ainda vivemos num mundo movido pelos ódios e pelas crueldades, indiferenças e incompreensões que atravessam essas páginas como um rolo compressor moendo corpos, aniquilando almas.

Tem raiz e razão a força arrebatadora dessa emoção que me imobiliza. Nosso encontro se deu no bojo da questão carcerária. Vinte anos antes do Massacre do Carandiru — em 13 de setembro de 1971 —, houve, na Penitenciária do Estado de Nova York, perto da minha terra natal, o Massacre de Ática. As pessoas presas se rebelaram contra as condições desumanas do encarceramento, tomando oito reféns. Todas as mais de 42 mortes, inclusive as de reféns, resultaram da supressão da rebelião pela força policial e pela Guarda Estadual comandada pelo então governador Nelson Rockefeller. Eu, ainda adolescente, havia pouco tinha chegado de um intercâmbio internacional, apaixonada pelo Brasil. Esse fato determinou minha opção pelos estudos latino-americanos na Universidade de Princeton, onde participei do movimento contra a guerra do Vietnã e da campanha pela retirada dos investimentos da universidade em empresas da África do Sul do Apartheid. Nesse meio-tempo, os presos rebelados de Ática foram acusados pelas mortes ocorridas na rebelião, além de outros crimes. Sendo minha cidade, Buffalo, a sede regional da Justiça estadual de Nova York, eu deixei a torre de marfim e me engajei na defesa jurídica e política dos irmãos de Ática. Desnecessário dizer — não, corrijo: necessário, sim, dizer —, eram quase todos negros, porto-riquenhos e descendentes de povos originários.

Em todas essas atuações, eu me debatia com atitudes ideológicas para mim incompreensíveis. Como entender a resistência do povo vietnamita sem aprofundar a compreensão do colonialismo? Considerar o racismo como questão subalterna à declasse no Apartheid na África do Sul? Diante do movimento das mulheres, subordinar a questão de gênero? Enxergar a situação carcerária através do prisma da luta de classes, quando o racismo se escancarava como força motora da violência e da injustiça do sistema prisional? Essas questões ganharam vida e urgência quando os acusados quiseram ser sujeitos de sua própria defesa e para isso confrontaram advogados esquerdistas sobre estratégias. (Cabe aqui nossa homenagem ao dr. Haywood Burns, então presidente da Associação Nacional de Advogados Negros, pela sua atuação firme e consistente.)

Conhecendo minha paixão pelo Brasil e minhas posições políticas — cumpre dizer que eu era uma jovem colabora-

Posfácio 287

dora voluntária sem nenhum destaque ou importância no conjunto da organização —, uma colega me avisou: "Tem um professor brasileiro na universidade, você precisa conhecê-lo". E lá fui eu conhecer o tal professor. Era Abdias do Nascimento. Daí para a frente, nossas vidas se entrelaçaram.

Naquele momento, Abdias se encontrava afastado do Brasil em razão da perseguição da ditadura civil-militar instalada em 1964. Nos Estados Unidos e em âmbitos internacionais, ele vivia uma intensa atividade, continuando a atuação em que se engajava desde a década de 1930: o combate à discriminação racial e a construção de propostas de convivência para o país e o mundo. Pude acompanhar e participar dessa jornada, dando apoio às suas pesquisas e à redação de seus textos, e traduzindo seus escritos e suas apresentações públicas a partir da reunião de fundação da União Africana de Escritores, organizada em 1976 pela força telúrica que é Wole Soyinka, mais tarde o primeiro escritor negro e o primeiro africano contemplado com o prêmio Nobel de literatura. Em seguida, acompanhei Abdias à Nigéria, onde atuou como professor visitante no Departamento de Línguas e Literaturas Africanas da Universidade de Ifé (hoje Universidade Obafemi Awolowo). Preparamos, para o Seminário do Corpo Docente da universidade e para o Colóquio do II Festival Mundial de Artes e Culturas Negras e Africanas (Festac '77), o trabalho que seria publicado no Brasil sob o título *O genocídio do negro brasileiro*.[1] Acompanhei Abdias no enfrentamento ao governo

---

1. Abdias Nascimento, *O genocídio do negro brasileiro*. Rio de Janeiro: Paz e Terra, 1978; 3ª ed. São Paulo: Perspectiva, 2016.

que confiscara seu passaporte e cujo Ministério das Relações Exteriores usou, ali em Lagos, de todas as artimanhas possíveis para impedir a participação de Abdias naquele colóquio.[2] Estive com ele em Cáli, Colômbia, no I Congresso de Cultura Negra das Américas, e participei da preparação de sua tese do quilombismo, apresentada ao II Congresso de Cultura Negra das Américas e publicada no Brasil em 1980,[3] mesmo ano em que o professor Molefi K. Asante publicou nos Estados Unidos seu clássico sobre afrocentricidade.[4] A mais madura das propostas políticas de Abdias, o quilombismo propõe as bases para se pensar a organização de uma sociedade pluriétnica e multicultural capaz de contemplar as diversas matrizes da experiência humana.

Voltamos ao Brasil para participar na reconstrução da democracia. Junto com o movimento negro, Abdias insistia na verdade que ainda hoje se impõe: enquanto houver racismo, não há democracia. Como deputado, ele apresentou propostas legislativas de políticas afirmativas e compensatórias a fim de contribuir para a construção de uma sociedade com igualdade racial.[5] E criamos o Instituto de Pesquisas e Estudos Afro-Brasileiros (Ipeafro), para guardar o acervo documental e museológico de Abdias e das organizações que ele fundou

---

2. Abdias Nascimento, *Sitiado em Lagos*. Rio de Janeiro: Nova Fronteira, 1981.

3. Abdias Nascimento, *O quilombismo*. Petrópolis: Vozes, 1980; 3ª ed. São Paulo: Perspectiva, 2019.

4. Molefi K. Asante, *Afrocentricity*. Buffalo: Amulefi, 1980; 2ª ed. Trenton: Africa World Press, 1988.

5. Ver Elisa Larkin Nascimento, *Abdias Nascimento* (Brasília: Senado Federal, 2014; coleção Grandes Vultos que Honraram o Senado) e *Abdias Nascimento: A luta na política* (São Paulo: Perspectiva, 2021; coleção Debates).

Posfácio 289

— o Teatro Experimental do Negro (1944) e o Museu de Arte Negra (1950) — e, a partir desse acervo, conceituar e realizar atividades educativas e culturais que contribuam para esse mesmo fim.

Entre os documentos do acervo estavam os originais datilografados de *Submundo*, acompanhados das numerosas entrevistas que Abdias realizou com os seus companheiros encarcerados. Durante muito tempo, predominou a falta de interesse do mercado editorial por qualquer título deste que era visto, na melhor das hipóteses, como um agitador radical e, na pior, como um reacionário racista às avessas. Escritor, pensador, intelectual — essas eram as qualificações que menos lhe atribuíam; portanto, a publicação de qualquer obra sua era um projeto fadado à dificuldade e à improbabilidade, quando não à desistência prévia. Procuramos publicar diversas obras; poucas saíram. E volta e meia Abdias lembrava: "Preciso revisar os escritos da penitenciária e apresentá-los para publicação". Mas os projetos eram muitos, a vida atribulada e cheia de demandas. O tempo foi passando. O Ipeafro microfilmou os originais e os digitalizou a partir do microfilme. Entretanto, o autor não encontrou o tempo, a oportunidade, as condições materiais e de saúde para a pretendida revisão.

Com a sua partida para o Orum, domínio dos ancestrais e dos orixás, apresentou-se um dilema. O repentino interesse na questão racial nos últimos anos — fruto de décadas de luta e árduo trabalho do movimento negro, em que Abdias teve participação e liderança — nos apresentou a hipótese da publicação póstuma de *Submundo*. A professora Viviane Narvaes, da Universidade Federal do Rio de Janeiro, visitou o Ipeafro, conheceu o texto e nos incentivou a publicá-lo, entusiasmada com seu significado e sua dimensão histórica para a questão penitenciária atual e o trabalho contemporâneo com teatro na prisão. Viviane Narvaes coordena o Programa de Extensão Cultura na Prisão, que inclui o projeto Teatro na Prisão: Uma Experiência Pedagógica em Busca do Sujeito Cidadão e, junto com o professor Vicente Concílio, da Universidade do Estado de Santa Catarina, criou ainda o Observatório de Práticas Artísticas no Cárcere e em Espaços de Privação da Liberdade, um grupo de pesquisa especializado nessa área. Para ela, já naquela visita ao Ipeafro estava nítida a relevância de *Submundo* para o Brasil de hoje.

Entretanto, não havia dúvida que o texto escrito há oitenta anos representa uma fase inicial na evolução da escrita do autor, então um jovem jornalista formado em economia, apaixonado pela cultura e pelo ativismo cívico, integrante da Santa Hermandad Orquídea, um grupo de poetas aventureiros, brasileiros e argentinos, em busca da Amereida, uma poética autêntica às Américas. O Abdias diretor do Teatro Experimental do Negro e do jornal *Quilombo*, criador do Comitê Democrático Afro-Brasileiro, curador do projeto Museu de Arte Negra, professor de diversas universidades no exterior e autor ou organizador de inúmeras palestras e conferências, artigos e livros, peças e antologias teatrais, poesia e teses sociais, além de uma extensa obra artística própria como pintor — esse, o escritor maduro, não havia autorizado uma redação final do texto.

Eis que, então, surge um duplo invencível! Em visita que honrou o Ipeafro, o ilustre dr. Eloá dos Santos Cruz e sua filha Eliana Alves Cruz conheceram esses originais e o conjunto

Posfácio

de entrevistas com presos que embasaram o texto. Na época, Eliana se candidatava com o livro *Água de barrela*[6] ao prêmio literário da Fundação Cultural Palmares. Anos depois, já escritora consagrada, Eliana delatou ao editor Fernando Baldraia, do Grupo Companhia das Letras, a existência do inédito *Submundo*. Conversa vai, conversa vem, esses três intelectuais negros nos convenceram da importância histórica desse material e da justeza de sua publicação, resguardada a ressalva inicial de que o manuscrito original é reproduzido sem a revisão e atualização pelo autor. A sensação é quase a de confessar um crime, embora a consciência indique que, em vez de prejudicar, a transgressão tem tudo para trazer benefícios ao coletivo. Lembra, inclusive, certa recusa a datilografar — crime que resultou, a longo prazo, em 457 páginas datilografadas de um tratado historicamente rico e significativo, digno de se oferecer às novas gerações.

Para o leitor de nova geração que chegar a ler essas páginas, talvez sobressaia uma pergunta: por que, neste texto, a questão racial no cárcere parece merecer um lugar menor, pouco destacado? Como se explica a relativa ausência de referência explícita ao racismo num livro desse autor que aos 24 anos já havia se juntado com os jovens intelectuais negros Aguinaldo Camargo e Geraldo Campos de Oliveira para realizarem, em 1938, o Congresso Afro-Campineiro — ocasião em que conseguiram convencer o escritor Lino Guedes, um mestre das letras negras tão avesso às aparições públicas e convivências culturais, a deslocar-se até Campinas e dar uma palestra? Um autor

---

6. Eliana Alves Cruz, *Água de barrela*. Rio de Janeiro: Malê, 2018.

que, no seu inédito romance autobiográfico *Zé Capetinha*[7], também escrito na penitenciária, incluiu uma inesquecível descrição da sede da Frente Negra Brasileira em São Paulo, vista por um jovem negro então soldado do Exército? Que já havia jurado — ao assistir no Teatro Municipal de Lima, no Peru, a uma encenação de *O imperador Jones*, de Eugene O'Neill, com o protagonista vivido por um ator branco em *blackface* — fundar no Brasil um teatro negro para combater o racismo?

Vislumbro possíveis respostas. Em primeiro lugar, o autor nos diz logo de início que escreve sob vigilância, sujeito à possível tomada dos manuscritos a qualquer momento. Nenhum tabu era (ou é) mais forte do que aquele que veta a menção da pessoa ou da coletividade negra, de raça, racismo ou discriminação racial.[8] O autor recorre a diversas estratégias. Primeiro, constrói uma singular metáfora da prisão como a penitência sofrida por toda e qualquer pessoa negra em sociedade racista. O jovem condenado entra no espaço de sua punição com notável espírito de investigação e aprendizagem. E relata o peso opressivo do ambiente como as trevas da brancura:

> Mas quando enfrentei aquela impressionante galeria toda branca, o teto, as paredes, os ladrilhos; a luz jorrando fortemente sobre aquela brancura sem limites, branco à esquerda e à direita, branco em cima, branco embaixo, branco o solo, branco o teto, branca a farda, branca a frieza dos guardas, brancura estonteante, alucinante, fiquei estarrecido. [...] Se na entrada do inferno houver luz, deverá ser também assim coberta de trevas iluminadas.

---

7. Ver trecho publicado no jornal *Quilombo*, n. 4, pp. 10-1, jul. 1949.
8. Hoje, na vida digital, esse tabu opera também por meio dos algoritmos.

Posfácio 293

Com essa alusão à brancura, Abdias inscreve em *Submundo* aquilo que, meio século depois, se estabelece como um marco nas ciências sociais. Os estudos sobre a brancura surgem nos anos 1990, no meio acadêmico, para desvendar a outra face da questão racial que até então se desenhava como "o problema do negro". Com seus colegas, intelectuais negros como Fernando Góes, Guerreiro Ramos, Aguinaldo Camargo, Ironides Rodrigues, Abdias teceria, ainda nos anos 1940, uma crítica contundente aos "estudos do negro",[9] que, para ele, "não passam de puro despistamento do imperialismo da *brancura*".[10] Esses intelectuais indicariam a necessidade de estudar o branco,[11] proposta então considerada, além de absurda, racista às avessas: motivo de desprezo e chacota. Hoje tais estudos se desenvolvem com rica influência em diversas áreas.

O ambiente da brancura submete o jovem encarcerado a uma bateria de exames invasivos e humilhantes. "Provavelmente eu não tinha cara de quem soubesse ler e escrever... Fui submetido a exame. Escrevi e li para ele ver e ouvir... Na cadeia se aprende a comprimir as explosões mais violentas do nosso íntimo." A vida da pessoa negra na sociedade racista se constitui numa constante e interminável série de testes de sua competência e honestidade, provas de que ela mereça ou não ter sua existência tolerada. Além disso, a vigilância exercida pela brancura "continuaria a me observar, observar sempre

---

9. Ver Elisa Larkin Nascimento, *O sortilégio da cor*. São Paulo: Selo Negro, 2003, caps. 2, 5 e 6.
10. Abdias Nascimento, *Prólogo para brancos*. In: Abdias Nascimento (Org.), *Dramas para negros e Prólogo para brancos*. Rio de Janeiro: Teatro Experimental do Negro, 1961, p. 20.
11. Abdias Nascimento, *O quilombismo*. São Paulo: Perspectiva, 3ª.ed. 2019, pp. 291-2.

e continuamente. Todas as minhas atitudes, todas as minhas posições, as mais insignificantes, seriam vigiadas, policiadas". Assim a brancura incide sobre a vida da pessoa negra, desde criança, na sociedade racista. Que o ambiente branco da prisão é o espelho ou microcosmo do mundo lá fora, o autor constata ao apresentar o colega 6893 como um desses "seres que mal apontaram para a vida e já trazem a face tarjada de negro, estigmatizada pelo desprezo e o castigo da sociedade".

As muitas menções, sempre críticas, aos critérios e padrões da ciência jurídica eugenista que determinava os tipos e categorias lombrosianos igualmente caracterizam a denúncia do racismo ao longo da obra. "Chegamos ao laboratório de análise. O nosso sangue foi-se enfileirando nos tubos de vidro, fornecendo os elementos à nossa futura classificação criminológica." Essas menções criam uma constante tensão com o relato de Abdias a respeito de viver o momento em que o dr. Flamínio Fávero assume o cargo de diretor do Carandiru com a missão de implantar a reforma prisional. A narrativa, sempre elogiosa ao diretor, não exclui, no final, a queixa de Gino Meneghetti, herói e mártir na avaliação do autor ("talvez o maior mártir destes nossos tempos modernos, civilizados e cristãos") sobre a política do novo diretor em relação à solitária. Talvez tenha sido esse o resultado de certa confiança adquirida ao completar a datilografia de mais de quatrocentas páginas sem passar pelo temido confisco do manuscrito. De qualquer forma, não há dúvida de que, por mais que a reforma e a pessoa do diretor sejam apreciadas e valorizadas ao longo da narrativa, o autor nunca deixa de lançar seu olhar crítico sobre o real alcance dos dois no sentido de produzir resultados objetivos para a população encarcerada.

Posfácio

Creio que essa tensão fica ilustrada na menção a Stefan Zweig e suas observações sobre o cárcere. Suas palavras, transcritas neste livro em nota da edição, revelam um elogio da reforma prisional que parece desmentir a afirmação de Abdias a respeito de Zweig. Mas o texto de *Submundo* constitui um nítido retrato da violência da mentalidade carcerária que prevalece sobre toda a pretensa reforma. E o gesto final de Zweig, seu suicídio, indica uma desesperada consciência desse fato, entre outros. Ao entrar na prisão, conduzido pelo homem de branco, Abdias nos aponta esse contraste entre proposição teórica e fato real, numa primorosa metáfora do reformismo penitenciário:

> Não julgueis que o homem de branco me deu vinho a beber e bons pratos a comer, não. Que a isso, apesar da roupa branca, ele não se atreveu. O que fez foi alargar um pouco mais do que o necessário o ritual da minha metamorfose, me cansando e me enojando.

A reforma penitenciária não superou os padrões da criminologia eugenista, que estão presentes até hoje na sociedade e no sistema judicial. O texto de Abdias revela a que ponto esses padrões se impunham. Bem pode ser por ter consciência disso que ele tanto queria revisá-lo. Inscrita na Constituição brasileira de 1934 e em dispositivos posteriores ao Estado Novo, a eugenia e sua linguagem imperavam, permeando a cultura nacional. No texto de *Submundo* esse fato sobressai dolorosamente em relação à questão da sexualidade. Entretanto, em lugar de denotar uma aceitação e concordância com tais teses e julgamentos, as referências à degenerescência e à pederastia como perversão demonstram a que ponto essas noções prevaleciam como verdades científicas incontestes a embasar o discurso hegemônico. Abdias enfrenta o tabu do sexo com uma franqueza e sinceridade que quebram frontalmente esses padrões. Fala de desvios psíquicos e nervosos, mas não os trata como problemas dos outros coitados — ele não só se solidariza como também se inclui:

A maioria, no entanto, é adepta do onanismo. Não foram poucas as confidências que recebi nesse sentido. Aliás, também experiência própria. Quanta vez, dentro do coração da noite, o prisioneiro se revolve no leito, agitado por uma sensação indefinível! A cama queima-lhe as carnes e ele se vira de um lado para o outro, cozinhando febre! Febre que lhe circula pelo subterrâneo endovenoso até explodir no sexo enrijecido, latejante, em fogo!

E o sexo é traiçoeiro. Apanha um de surpresa, assalta e aniquila a sua razão alerta contra as exigências alucinantes da sua carne. E fica-se como que vencido! O pedaço de carne, até há pouco inerte, o sexo, o divino sexo inútil, acorda para a vida. Exige insolitamente, gritando, com violência: "Quero realizar minha função. Quero meu lugar ao sol". E aí derramamos sobre o sexo — o divino sexo — um olhar carregado de piedade e de ódio. Por que continua ele a insistir? A martirizar?

Ao assumir-se sujeito desse dilema, Abdias anula, ou ao menos afasta de seu texto, o aniquilamento do outro contido nas classificações eugenistas da degenerescência. Trata-se de uma questão humana que merece consideração e demanda medidas urgentes; para tanto, o autor apresenta propostas sugeridas pelos companheiros do cárcere.

Posfácio 297

A questão da sexualidade envolve todo o mundo: "Branco, preto, feio, bonito. Católico, protestante, espírita. De todos os lados, surgem pederastas ativos e passivos. Não faltam discípulos de Onan, nem habitantes para Sodoma…". Ao apontar a abrangência quase universal de sua incidência, o autor afasta as sexualidades diversas do âmbito do patológico, contrariando o discurso hegemônico. Ou seja, apesar de usar a linguagem da época, Abdias recusa e desafia as posições ideológicas a ela subjacentes, posicionando-se à frente de seu tempo. Essa postura só ganharia espaço e legitimidade meio século de luta depois, com a afirmação do orgulho gay que desembocou no movimento LGBTQIAP+.

Creio que seja essa a característica definidora do livro, e do autor diante de sua escrita e de sua vida. A partir das entrevistas que realiza com os presos, ele produz uma narrativa não sobre eles, mas sobre nós. Sua principal fonte é a convivência fraterna e a interação com "meus semelhantes na espécie e no crime". A questão racial, de primeira ordem para ele, não impede sua sensibilidade para a forma como a sociedade trata seus companheiros imigrantes. Mais que isso: sobressai o apreço que ele nutre por cada indivíduo.

Certamente essa característica de Abdias, de apreciar a pessoa de cada um de seus interlocutores (eu a vi de perto), conferiu-lhe a confiança tantas vezes aqui registrada em frases como "Nem sei por quê, Abdias, fui com a sua 'cara'. Contei-lhe toda a verdade que eu nunca disse a ninguém", ou "Não tencionava dizer isso a ninguém. Mas a você… vou contar", culminando na entrega a Abdias, por Gino Meneghetti, de seus manuscritos. Havia a intenção, e Abdias lhes transmitia a esperança, de serem todos parceiros de um projeto capaz de superar os muros da prisão e, ao levar para fora a mensagem dos detentos, contribuir para realizar transformações no futuro.

No bojo da rebelião dos prisioneiros da Penitenciária de Ática, trinta anos depois, em outro continente, firmou-se um grito de guerra entre aqueles que apoiavam a luta pela justiça carcerária, que hoje, para muitos, significa a abolição do encarceramento: "Ática somos todos nós". Queríamos dizer que o racismo e as consequências nefastas da pobreza e das desigualdades afetam toda a população, e que todos aqueles que ajudam a sustentar uma sociedade que perpetua a injustiça e as desigualdades são, em última medida, responsáveis por elas.

Antecedendo-o em décadas, ainda ecoa deste *Submundo* o grito que constata, no Brasil, o mesmo fenômeno: Carandiru somos todos nós.

ELISA LARKIN NASCIMENTO
Rio de Janeiro, fevereiro de 2023

Elisa Larkin Nascimento é mestre em direito e em ciências sociais pela Universidade do Estado de Nova York e doutora em psicologia pela Universidade de São Paulo. Diretora do Instituto de Pesquisas e Estudos Afro-Brasileiros (Ipeafro), coordena a guarda do acervo de Abdias Nascimento, que embasa ações culturais e contribui para o ensino da história e da cultura negras e afrodiaspóricas.

Notas

1. Segundo suas entrevistas e memórias, Abdias foi condenado pela reação violenta a uma injúria racial. Em 1936, ele e um amigo foram barrados numa boate paulistana por serem negros. Eles protestaram e acabaram brigando com um delegado do Dops, o Departamento de Ordem Política e Social, que estava no local e apoiou a atitude discriminatória. Dias depois, foram detidos e torturados pela polícia. No entanto, como registra o próprio autor ao longo deste livro, oficialmente a condenação à prisão teria decorrido de um ato de insubordinação militar. Abdias era cabo do Exército, lotado em funções administrativas, e se recusou a cumprir a ordem de datilografar um balancete. Foi excluído da força, além de sofrer um processo. Em 1941, a Justiça Militar o condenou à revelia a dois anos em regime fechado, que começou a cumprir em 3 de abril de 1943.
2. A Penitenciária do Estado de São Paulo foi inaugurada em abril de 1920. Localizada às margens do córrego Carandiru, na rua de mesmo nome (atual avenida General Ataliba Leonel), numa região pantanosa de Santana, então um bairro periférico ao norte da capital, foi projetada pelo escritório de Ramos de Azevedo, também responsável pelo Theatro Municipal e outros marcos arquitetônicos da belle époque paulistana. Originalmente possuía capacidade para 1200 detentos e funcionava como uma prisão-modelo, inspirada em moldes europeus. Com celas individuais distribuídas em cinco andares e três pavilhões, tinha oficinas de trabalho, enfermaria, teatro, cozinha, horta e escola, além de um prédio administrativo. Nos anos 1950, diversos pavilhões foram adicionados ao complexo, já oficialmente denominado Casa de Detenção de São Paulo. Superlotação, fugas e rebeliões marcaram a história do Carandiru nas décadas seguintes, quando chegou a abrigar 8 mil internos, entre detentos provisórios e condenados. Em 1992, a Polícia Militar matou 111 presos durante uma rebelião no Pavilhão 9 — o

maior massacre da história do sistema prisional brasileiro. Entre 2002 e 2005 o governo paulista desativou o complexo e demoliu suas muralhas e pavilhões para dar lugar ao Parque da Juventude. A Penitenciária do Estado foi poupada da destruição e convertida numa prisão para mulheres, a Penitenciária Feminina Sant'Ana, onde atualmente vivem cerca de mil detentas. Suas edificações históricas foram tombadas em 2019.

3. O Brasil vivia sob a ditadura do Estado Novo, instaurada em 1937 por um autogolpe do presidente Getúlio Vargas, com apoio das Forças Armadas. De inspiração fascista, o regime getulista perseguiu, prendeu, torturou e matou milhares de opositores políticos, sobretudo de esquerda. Também suprimiu as eleições, aparelhou o Judiciário e censurou a imprensa e as artes, além de promover o culto à personalidade do ditador. O estado de São Paulo era governado pelo interventor Ademar de Barros, escolhido por Vargas em 1938, mesmo ano em que Francisco Prestes Maia assumiu o cargo de prefeito de São Paulo, também por indicação.

4. A antropologia e o direito do começo do século xx, influenciados pelas teorias racistas e pseudocientíficas de Herbert Spencer, Arthur de Gobineau e Cesare Lombroso, entre outros, consideravam que as pessoas negras eram biologicamente inferiores e mais propensas que as brancas a cometer delitos e desenvolver dependência química e doenças mentais.

5. Nos anos 1930, o escritor austríaco visitou a Penitenciária do Estado e registrou: "[Na] Penitenciária de São Paulo notei que ali absolutamente não havia o verdadeiro tipo do criminoso, perfeitamente caracterizado pela criminologia. Os sentenciados que ali se achavam, eram indivíduos absolutamente pacíficos, de olhar terno, indivíduos que num momento qualquer de superexcitação haviam sido levados a fazer qualquer coisa, da qual mesmo não tinham noção [...]. Vemos nesse estabelecimento, que é grande, muito asseado e construído de acordo com os preceitos da higiene, todo o serviço ser realizado quase exclusivamente pelos presos; eles fazem o pão, manipulam os medicamentos, trabalham no serviço das clínicas e das enfermarias, plantam as verduras e lavam a roupa; quase nunca há necessidade de recorrer a alguém estranho ao estabeleci-

Notas 301

mento. Todo pendor para uma atividade artística é favorecido pelos dirigentes, o estabelecimento tem uma orquestra e vários penitenciários aprendem a pintar e a desenhar" (Stefan Zweig, *Brasil, país do futuro*. Trad. Odilon Gallotti. Rio de Janeiro: Guanabara, 1941, pp. 155 e 236).

6. Zweig e sua esposa Lotte se mataram com uma overdose de sonífero em fevereiro de 1942 em Petrópolis, no estado do Rio, onde residiam desde 1941, refugiados da perseguição nazista aos judeus.

7. Nogueira era delegado da Polícia Civil e dirigia a penitenciária desde 1932. Quando faleceu, em março de 1943, também exercia o cargo de secretário de Segurança Pública do estado de São Paulo.

8. O artigo 94 do Código Penal Militar então vigente, de 1891, previa pena máxima de dois anos de "prisão com trabalho" para militares que, em tempos de paz, se recusassem a "obedecer às ordens ou sinais de seus superiores com relação ao serviço". A pena era ampliada para dez ou vinte anos de detenção, dependendo da gravidade do delito, se a infração fosse cometida durante uma guerra, e no grau máximo podia chegar à sentença de morte.

9. Gabriel Augusto de Andrade era aspirante a oficial de cavalaria do CPOR, onde se formou segundo-tenente em 1943. Bancário e depois advogado na vida civil, tornou-se amigo de Abdias no Rio de Janeiro.

10. Poeta argentino, amigo de Abdias, com quem formou o grupo boêmio-intelectual Santa Hermandad Orquídea, ao lado dos também poetas Efraín Tomás Bó e Godofredo Tito Iommi. O grupo dividia um quarto de pensão no Rio de Janeiro no final dos anos 1930. Em 1941-2, a irmandande viajou pela América Latina, apresentando-se como um grupo de jornalistas.

11. Gerardo Mello Mourão, amigo de Abdias e autor de *Poesia do homem só*, de 1938.

12. Como o autor explica adiante, raio é a metade de um pavilhão.

13. Segundo o regulamento penitenciário estadual de 1924, instituído pelo decreto nº 3706, o preso tinha as seguintes obrigações: "1) Obedecer, sem observações, nem murmúrios, aos encarregados de sua vigilância e direção, e executar tudo o que lhe é prescrito neste regulamento e no regimento interno; 2) Ter sempre em atenção que, enquanto cumprir a pena, só será chamado e conhecido pelo seu

número; 3) Compenetrar-se da sua situação, da necessidade de evitar punições e do merecer, pela sua conduta, aplicação aos estudos e dedicação ao trabalho, à benevolência dos que o dirigem; 4) Guardar completo silêncio, evitando toda a comunicação com os seus companheiros, mesmo quando trabalharem juntos; 5) Mostrar-se delicado e polido no trato com os empregados do estabelecimento; 6) Entregar-se às suas ocupações, nas oficinas, na escola ou na seção agrícola, não podendo, sob pretexto algum, recusar o trabalho que lhe for ordenado; 7) Velar com muito cuidado pelo asseio do seu corpo e de sua cela e pela conservação do mobiliário e de suas roupas de uso e de cama".

14. O artigo 30 do Código Penal de 1940 determinava que, "no período inicial do cumprimento da pena de reclusão, se o permitem as suas condições pessoais, fica o recluso [...] sujeito a isolamento durante o dia, por tempo não superior a três meses". No Carandiru, o isolamento noturno era obrigatório durante toda a pena.

15. Isto é, uma série de questões de múltipla escolha e/ou afirmações às quais se deve atribuir "verdadeiro" ou "falso".

16. Presídio inaugurado em 1852 com o nome de Casa de Correção, a Cadeia Pública de São Paulo localizava-se na avenida Tiradentes, no bairro da Luz. Também chamada de Presídio Tiradentes, recebeu muitos presos políticos durante a ditadura civil-militar (1964-85), como a ex-presidente Dilma Rousseff. Foi demolido em 1972.

17. O regulamento penitenciário estadual de 1924 estabelecia a divisão das penas em quatro períodos. Depois do primeiro, o de adaptação, havia "b) o segundo, de trabalho industrial; c) o terceiro, de trabalho agrícola" e "d) o quarto, de trabalho com liberdade condicional". O período industrial consistia em "isolamento celular do condenado durante a noite, e de comunhão durante o dia, na oficina e na escola, nos exercícios e recreios, observado o silêncio necessário à disciplina". O trabalho agrícola era o da "comunhão dos condenados durante o dia no cultivo dos terrenos que formam a área da Penitenciária do Carandiru, compreendendo jardins, parques, hortas, pomares, rocios e plantações de cereais destinados ao consumo do estabelecimento". O trabalho era remunerado, e o detento recebia parte do pequeno salário ainda preso. O restante da remuneração era

Notas

depositado numa conta do estado e devolvido ao condenado depois de cumprida a pena.

18. Em 1928, o imigrante italiano Giuseppe Pistone matou sua mulher, Maria Féa, grávida de seis meses. Pistone mutilou o cadáver e tentou despachá-lo para a França em uma mala. Foi condenado a 31 anos de prisão pela Justiça paulista, mas sua pena foi reduzida em 1944, e extinta em 1948. Ver também o capítulo 17.

19. O Instituto Disciplinar do Estado de São Paulo, destinado a menores infratores e abandonados, foi inaugurado em 1902, no bairro paulistano do Belém. Nos anos 1970, foi incorporado à antiga Febem (Fundação Estadual para o Bem-Estar do Menor), que deu origem à Fundação Casa (Fundação Centro de Atendimento Socioeducativo ao Adolescente). Atualmente, o prédio do instituto abriga a Fábrica de Cultura Belém.

20. Nascido em 1895, Flamínio Fávero formou-se na Faculdade de Medicina de São Paulo, da qual se tornou professor catedrático em 1923. Era pastor protestante e especialista em medicina legal, além de membro do conselho penitenciário do estado. Convidado para a direção por Abelardo Vergueiro César, então secretário de Justiça do estado, adotou um viés humanitário na administração do Carandiru e das demais prisões paulistas, baseando-se nas doutrinas penitenciaristas mais avançadas da época, com vistas à recuperação dos condenados. Abreviou o período de isolamento inicial dos detentos, derrubou a proibição de conversas e interações sociais dentro da cadeia e estimulou a prática de atividades culturais, como o Teatro do Sentenciado, criado por Abdias Nascimento.

21. Avelino Boamorte, pastor presbiteriano, era o titular da Capelania Evangélica do Carandiru.

22. Com o subtítulo "Órgão dos sentenciados da Penitenciária de São Paulo", *O Nosso Jornal* começou a circular em 5 de junho de 1943. No editorial de estreia, o diretor Flamínio Fávero escreveu que a folha se destinava a receber dos detentos "as palavras que estão desejosos de exteriorizar, fechados como se acham pelo imperativo de seu 'silêncio'". E exortou os setenciados a escrever no jornal para "manifestar [...] o que vos está no coração: a amizade, o afeto, o amor, o reconhecimento, os anelos e até o próprio arrependimento".

23. O primeiro diretor da Penitenciária do Estado foi o delegado de polícia Franklin de Toledo Piza, sucedido por Acácio Nogueira.

24. Isto é, Edmundo Busch Varela, engenheiro ferroviário e membro da comissão especial responsável pelo Plano Federal de Viação.

25. Isto é, a *Cartilha da infância: Ensino da leitura*, livro didático muito popular no começo do século xx, originalmente publicada em 1880.

26. Inaugurado em 1924, esse edifício histórico foi o primeiro arranha--céu de São Paulo, na rua Líbero Badaró, Centro.

27. Resultado do disparo do flash, à época.

28. Isto é, a sede do Departamento de Investigações Criminais da Polícia Civil, na rua dos Gusmões esquina com Santa Ifigênia, no bairro central desse mesmo nome.

29. As diretrizes gerais da execução das penas nas prisões brasileiras eram reguladas pelo Código de Processo Penal, decretado em 1941. Mas cada estado possuía autonomia para estabelecer o regulamento de suas penitenciárias. Somente em 1984 foi promulgada a Lei de Execuções Penais, de abrangência federal, para estabelecer um padrão nacional de administração penitenciária.

30. Na verdade, Armando Diaz, chefe do Estado-maior do Exército italiano a partir de novembro de 1917.

31. Trata-se de Nélida Lenci Crespi e Dino Crespi, e adiante serão mencionados também d. I., Iria Lenci Molinari, e L. M., Ludovico Molinari, irmã e cunhado de Nélida. O caso que será narrado foi amplamente noticiado pelos jornais paulistas e cariocas, pois Dino era filho do conde Rodolfo Crespi, dono de um dos maiores grupos empresariais do país.

32. Significando "Por que suspiras?", "Quem suspira ama", "Mas... senhora condessa, também sou homem", "Tudo bem. Tens o direito de amar".

33. Significando "Às ordens, senhora condessa", "Sabes que és um imbecil? Demorou tanto para me entender", "Que condessa o quê! Quando se quer, se quer...".

34. Casa Gato, loja de roupas femininas na rua Senador Feijó, centro da cidade. Era uma filial da Casa Ratto, do Rio de Janeiro.

35. Fascio di San Paolo, seção paulistana do Partido Nacional Fascista da Itália, fundada em 1923, com sede no bairro do Bexiga. Nos anos

Notas 305

1930, o partido fascista chegou a possuir dezenas de sucursais no Brasil, principalmente no estado de São Paulo.

36. Significando "Ótimo", "Ótimo, então".

37. A rigor A. M.: Artur Magnocavallo, médico.

38. Significando "O que você fez?".

39. Precursora da Divisão de Homicídios e Proteção à Pessoa da Polícia Civil.

40. Isto é, Antônio Augusto Covello.

41. Isto é, Franklin de Toledo Piza, primeiro diretor da Penitenciária de São Paulo, como visto.

42. Aqui Abdias se refere à Revolução Constitucionalista de 1932, apoiada ativamente por Toledo Piza — que, em outubro de 1932, dias depois da rendição paulista, foi aposentado compulsoriamente pelo interventor federal Valdomiro Lima.

43. Isto é, Acácio Nogueira, então delegado da Polícia Civil, e Armando Ferreira da Rosa, delegado-chefe da Polícia Civil.

44. O imigrante italiano Gino Amleto Menichetti, conhecido como Meneghetti, foi um notável ladrão do início do século xx em São Paulo e outras cidades, famoso pelas habilidades de andar sobre os telhados e despistar a polícia. Estava preso desde 1926 por cinco roubos e pela morte do comissário Valdemar Dória, baleado durante um cerco a seu esconderijo. Ver o capítulo 19.

45. Provavelmente Alarico Franco Caiubi, a rigor A. F. C., secretário de Justiça do estado de São Paulo.

46. Alusão a Febrônio Índio do Brasil, assassino serial e estuprador que aterrorizou o Rio de Janeiro nos anos 1920, então preso no manicômio judiciário da capital federal. Aqui seu nome é empregado no sentido de "homossexual ativo e violento".

47. Embora não seja especificamente prevista por lei, a "visita íntima" começou a ser autorizada em alguns presídios nos anos 1970. A Lei de Execução Penal de 1984 estabeleceu o direito do preso à visita da "cônjuge" ou "companheira", estendido às detentas em 2001 e aos menores infratores em 2012.

48. Abdias conta episódios da participação de Francisco Faria na Revolução Constitucionalista de 1932, lutando pelas tropas paulistas. A maior parte das batalhas contra as forças federais aconteceu

306 *Submundo*

na região da serra da Mantiqueira, em torno do controle da linha férrea da Companhia Mogiana.

49. Isto é, o 8º Regimento de Artilharia Montada, baseado em Pouso Alegre.

50. Provavelmente Paulo Nogueira Filho, advogado e líder constitucionalista, autor de uma história da Revolução de 1932 publicada na década de 1960.

51. O edifício do antigo Matadouro Municipal hoje é ocupado pela Cinemateca Brasileira. À época da narrativa, a Vila Clementino, bairro de classe média na Zona Sul de São Paulo, era um arrabalde pouco povoado.

52. Em 1929, um desconhecido assassinou a tiros o jovem José de Barros Poiares Filho, membro de uma família proeminente da capital. Poiares estava com a namorada num automóvel estacionado diante da fonte da avenida Pacaembu, hoje praça Charles Miller.

53. Termos associados à obra criminológica do médico italiano Cesare Lombroso, autor de *O homem deliquente* e de outros ensaios sobre as características anatômicas e fisionômicas supostamente capazes de indicar a propensão inata ao crime.

54. Personagem do escritor francês Alexis Ponson du Terrail, protagonista de romances de aventuras como *A herança misteriosa* (1857) e *A ressurreição de Rocambole* (1866).

55. Isto é, relógios Patek Philippe, marca de luxo.

56. O cruzeiro era a moeda oficial do país desde 1942, um ano antes de Abdias ser preso, em substituição ao real (ou réis, no plural), que vigorava desde antes da Independência.

57. Citação de Alcântara Machado, líder da bancada da Chapa Única por São Paulo Unido, legenda organizada pelas forças paulistas tradicionais para concorrer às eleições para a Assembleia Nacional Constituinte após a derrota militar na Revolução Constitucionalista de 1932.

58. Lino Catarino foi preso em outubro de 1941, depois de um cerco policial à fazenda onde se escondia, em Uberaba (MG). Na ocasião, o *Correio Paulistano* o chamou de "êmulo de Lampião", atribuindo-lhe o posto de "maior criminoso que palmilhou os sertões do estado de São Paulo" e a autoria de "quinze mortes". Aníbal Vieira nasceu em

Notas

Mococa (SP) e tornou-se pistoleiro nos anos 1920 para vingar sua irmã, estuprada por cinco homens, três deles policiais, que matou um a um. Liderou um bando de jagunços no interior paulista até sua morte, num cerco da polícia em 1937, em Minas Gerais, também na região de Uberaba.

59. Circo-teatro popular em São Paulo nos anos 1900-20, instalado no largo Coração de Jesus, nos Campos Elíseos.

60. Isto é, ciúme.

61. Criada em 1927, era a ala jovem do Partido Comunista do Brasil (PCB), com grande penetração nos meios operários e estudantis. Atualmente se denomina União da Juventude Comunista (UJC).

62. Nos anos 1930, a polarização ideológica opunha o Partido Comunista do Brasil (PCB), vinculado à União Soviética, e a Ação Integralista Brasileira (AIB), inspirada no nazifascismo. Abdias Nascimento foi um "camisa-verde" até 1937, quando se desfiliou da AIB e se alinhou à oposição de esquerda ao Estado Novo.

63. Criada em 1924 pelo governo paulista, a Delegacia (mais tarde Departamento) se dedicava à repressão de movimentos políticos e sociais considerados "subversivos", sobretudo grevistas, comunistas e anarquistas. O Dops foi extinto em 1983, com um longo histórico de torturas e outras violações de direitos humanos, especialmente durante o Estado Novo (1937-45) e a ditadura civil-militar de 1964-85.

64. Comédia histórica em dois atos, escrita por Péricles Stuart Leão, o detento 7054, que a codirigiu com Abdias, responsável pelo papel-título, em sua primeira atuação teatral. Estreou no Teatro do Sentenciado em 15 de novembro de 1943.

65. Isto é, o 4º Regimento de Infantaria do Exército, sediado em Quitaúna, um bairro de Osasco, na Grande São Paulo.

66. O Instituto Correcional da Ilha dos Porcos, também conhecido como presídio da Ilha Anchieta, no litoral de Ubatuba (SP), funcionou entre 1908 e 1955. Era famoso pelas torturas e maus-tratos infligidos aos detentos. Em 1952, uma rebelião terminou com cerca de cem mortos e quatrocentos fugitivos. As ruínas do presídio e a ilha foram transformados em parque estadual em 1977 e tombados em 1985.

67. À época, Paulo de Oliveira Costa.

68. Comédia em um ato escrita por A. Waldomiro de Andrade, estreada em 2 de agosto de 1943.

69. No programa da estreia, em 2 de agosto de 1943, o nome completo da companhia é Teatro Ligeiro do Orfeão da Penitenciária do Estado de São Paulo.

70. A frase latina *"Castigat ridendo mores"* ou *"Ridendo castigat mores"*, atribuída ao poeta setecentista Jean-Baptiste de Santeuil, significa "O riso corrige os costumes", em tradução livre. É associada ao gênero satírico, como nas obras de Gregório de Matos (poesia) e Molière (teatro).

71. Primeiro texto teatral escrito por Abdias, sobre sua experiência no Exército. Hoje perdido, não chegou a ser encenado.

72. Diretor-geral da Secretaria de Segurança Pública de São Paulo.

73. Redator do *Correio Paulistano*.

74. Isto é, a Secretaria de Segurança Pública.

75. No capítulo xxi do clássico de Miguel de Cervantes, Dom Quixote ataca um barbeiro que passa pela estrada, imaginando que sua bacia de barbear é o elmo de Mambrino, capacete mágico forjado pelo rei mouro homônimo e capaz de conferir invencibilidade a seu portador. O barbeiro foge apavorado, e a bacia metálica se torna o elmo de Dom Quixote.

76. José Maria Alkmin, fundador e diretor da Penitenciária Agrícola de Ribeirão das Neves, perto de Belo Horizonte, e José Gabriel Lemos Brito, presidente do Conselho Penitenciário do Distrito Federal (Rio de Janeiro).

77. Isto é, Valdemar Dória, morto no cerco a Meneghetti. Ver nota 44.

78. Isto é, Franklin de Toledo Piza, ver nota 23.

79. Isto é, Francisco Fontes de Resende.

80. Isto é, Paulo Américo Passalacqua.

81. Respectivamente Miquel Serveto, médico e humanista espanhol executado em 1553 por heresia na Genebra calvinista, e Domenico Cirillo, médico e naturalista, mártir da breve República Napolitana de 1799, enforcado pela repressão monárquica.

82. À exceção de Alfred Binet, criador dos testes de inteligência, e de Sigmund Freud, fundador da psicanálise, são autores ligados ao determinismo racista e à criminologia pseudocientífica.

83. Autores célebres do campo contrário ao racismo científico. Alexis Carrel se baseou nos trabalhos de August Weissmann e de Giovanni Carmignani.

Notas

84. Lao Peng é o monge budista que coprotagoniza o romance *Uma folha na tempestade* (1941), de Lin Yutang, publicado no Brasil em 1943 pela Companhia Editora Nacional, com tradução de Ruth e Monteiro Lobato.

85. O governador Fernando Costa não aceitou o pedido de demissão de Fávero, que continuou à frente do Carandiru e, em junho de 1944, foi promovido a diretor do Departamento Geral de Presídios.

86. Isto é, Osvaldo Varoli, médico-chefe da penitenciária.

87. Irma de Rimini, soprano, regente e professora de canto.

88. Pseudônimo de Agnelo Rodrigues de Melo, poeta e jornalista alagoano.

Algumas páginas: Fac-símile

(9)

1. - Chegando...

I

A CHEGADA

"Brasil, país do futuro" - O sól de Abril zomba
da morte - A inserição - Balancete fatídico e a
viagem de dois anos...

10

Nem todos os moradores de São Paulo conhecem o local em que está situado o bairro do Carandirú, em cuja área foi construída a famosa Penitenciária do Estado, posta a funcionar em 1920. Êsse arrabalde está localizado entre Santana e Vila Isolina, na direção norte da cidade.

Quando eu me dirigia para êsse lugar sinistro, tomei um pacato bondezinho "Santana" no Largo de S.Bento. Êste reacionário veículo, com modéstia e sem precipitação, foi engulindo, sem grande apetite, a comprida rua Voluntários da Pátria, largando passageiros aqui e alí, e, esplenèticamente, ia dando cabo dos meus últimos instantes de convívio com as ruas e as gentes desta Piratininga do padre Anchieta.

Na ancia de aproveitar êsses últimos momentos em que me éra lícito falar à vontade, me puz numa larga prática com o recebedor do elétrico. Este, vendo-me tão bem humorado, queria, à viva força, que eu o acompanhasse num aperitivo, lôgo que alcançássemos o fim da linha. Bom rapaz aquêle ! De nenhuma maneira acreditou que me dirigisse para a Penitenciaria, nem mesmo à vista da escolta que me acompanhavá, profusamen

11

te armada de sabres e revólveres, como se eu fôra
uma perigosa edição dos célebres bandidos...

Enfim, o veículo atingiu a rua Carandirú e
apeei com os meus equipados acompanhantes.Poucos mi
nutos á pé, gastamos nas quadras que separam a rua
Voluntários do grande portão exterior do presídio;
portão de ferro e madeira, tétricamente fechado,dan
do passagem apenas por uma portinha estreita,aberta
numa das suas metades. Lembrou-me esse portãosão,um
enorme morcego de pavorosas azas abertas... Atraves
samos a portaria e penetramos no jardim que guarné
ce o trecho até a sub-portaria. Um Belo jardim,
~~envolto no hálito morno das rozas, espraudo-se~~
~~procurando escancelar, sem o perfume das suas flo~~
em *magnificamente*
res, ~~dos~~ verdes canteiros ~~são~~ distribuidos atravéz
Quem poderia ~~contra~~ aspirando tão perfumados ares, achar-se meu coraç
de simetricas veredas. ~~Avravano~~ O novo portão de
na minha frente
ferro e madeira ~~se me~~ ergue ~~mais adiante~~ qual um
monstrengo - a sub-portaria. Transposta esta, nóva
fragancia, nôvos verdores banhou-me a vista e o ol
ram
fato, enquanto caminhávamos pela ala de aristocráti
cas palmeiras. Um pavão abria o seu imponente lèque
andando com posso imponente. A certa distancia a femea
multicôr ~~desprendendo o ruido caracteristico~~ pro-
enquanto
o esperava catando bichinhos na ~~praia~~ palmeiras se
~~viento de sua fórma ~~praia~~ particular de cortejar e~~
destacavam como silencicras viradinhas do amôr

[anotação manuscrita no topo:] ~~Dissertava natureza~~ simples e livre que ~~ele jamais~~ o homem ja-
~~essa~~ ~~nunca~~ jamais ~~nunca~~ gozará.

Enquanto percorria aquêles duzentos metros de
jardim, a paz e a beleza iam-me sugerindo pensamen
tos desencontrados, causando-me um baralhar confuso no estado emocional. Não sei porque, lembrei-me
de Stefan Zweig, e de como êle se referíra à Penitenciária no seu "Brasil, país do futuro". Ou me
lhor, lembrei-me de como êle não se referira à Penitenciária. Pela sua reserva, nota-se o desgôsto
que o acompanhou nessa visita, - evidentemente for
çada pelo protocólo oficial, - a um sítio que é
justamente o oposto daquilo por que sempre batalha
ra: a liberdade do homem. Porque o "futuro", tão
ardentemente almejado por Zweig, é aquêle mundo on
de a opressão, ~~a crueldade~~ *a brutalidade* e a injustiça não terão
mais lugar. *Não haverá atmosfera para os poderosos* ~~Estarão fóra de época qual monstros~~ *da política e da economia* ~~continuarem a escravizar os humildes~~ e
~~anti-diluvianos que surgissem em pleno coração da~~ *pequeninos que construem a grandeza dos povos e das civilizações.*
~~cidade, passeando durante as horas de maior movi-~~
~~mento...~~ O meigo e delicado Stefan, de fórma algu
ma poderia haver tecido um hino de exaltação a
êsse imenso corpo destituído de qualquer sensibili
dade e simpatia humana. Nesse "futuro", Zweig so-

13

nh<del>o</del> existir, ao <del>é</del>nvés de cadeias, muitas e muitas
escolas, e jardins, e música; o frio e a fome es-
tarão banidos da casa do pobre, e o operário poderá oferecer aos seus filhos um lar verdadeiro, onde
não faltarão o carinho, a beleza, e o interêsse pe
lo lado superior da existência, constituindo na
elevação intelectual e na constante busca dum esta
do melhor de perfeição do espírito. Todos têm direito
Porque se não surgir a geração nova, o homem
novo que crie uma civilização melhor do que esta
nossa - melhor no sentido de bondade intrínseca,
de amor aflorando como legítimo humus da alma e do
coração, de amor como único e irremediável destino
do homem - então, melhor será que roguemos ao céu
que nos destrúa o quanto antes, a fogo ou a água,
a não ser que prefiramos acompanhar Stefan Zweig
no suicídio, que foi o seu derradeiro gesto, <del>universa</del>,
gesto olímpico e desesperado...

Isso me vinha enchendo o pensamento e oprimindo o coração, quando dei de testa com a fachada do
primeiro edifício. Outra porta de ferro: a revisóra. O sól encimava-a, qual diadema de ouro, derramando-se, com exuberância e beleza de Abril, por to

14

da a massa granítica do edifício. Meus olhos inquietos se lançaram na ~~inubil~~ contemplação daquele
pobre arquitetonico, *lá em cima com*
espetaculo quando deparou a bandeira nacional, has
teada a meio páu, envolta em crêpe. O sól ~~continua~~
~~va~~ jorra*va* sôbre ela, cintilante e vívido, como
quem sorri *el* ironicamente... *Sim, êle estava rindo*
~~Que se pena que nós homens não padecessem, como o sol,~~
~~de a vida, na sua atitude superior, zombasse da mor~~
zombava do monte ...
~~te...~~

— Foi sepultado hontem o Dr. Acacio Nogueira,
informou-me alguém.

— Ah, sim. Mas... quem êra êle ?

— Como ?! — tornou admirado meu informante-guar
da. É o antigo Diretor da Casa...

— Ah ! Obrigado.

Enquanto esperava do lado de fóra as diligênci
as do cabo que me escoltava, fiz uma linda desco-
Acima da bandeira,
berta. ~~Lá no alto~~ bem na fronte da revisóra, depa
rei com esta animadora inscrição:

Aqui,

o Trabalho, a Disciplina e a Bondade

resgatam as faltas cometidas e recon

duzem o homem à comunhão social.

os olhos,
Não tive como fugir ao convite; cerrei ~~ma~~ *ma*
o sol brilha esquentando meu rosto, e

15

considerado a "minha falta".Sem dúvida, algum crime grave, pois não me conseguiu uma viagem de dois anos ao Carandirú, com direito a moradia, alimentação, vestuario e tudo ? Certamente, caro leitor, sois da mesma opinião.

Antes, porem, de referir o meu "crime", desejo fazer uma advertência aos que dedilham téclas de máquina de escrever. Porque, se algum dia servirdes nas fileiras das tropas armadas, muito cuidado! Podeis, em certo momento, vos achardes sem disposição para datilografar e... acabar vindo para cá me fazer companhia por alguns anos... Julgaés,porventura, que gracejo ? Pois aí vaé a transcrição dêste trechinho da certidão da minha sentença:"... por haver se recusado a datilografar o labancete do C. A. que lhe ordenára o tenente J.V.F. seja condenado a dois anos de prisão com trabalhos, gráu máximo do artigo 94 do C.P.M.", etc. A historia do porquê me recusei fazer êsse inocente trabalho é larga e amarga, e a instituição onde servia mais do que respeitavel para nos impor silêncio;respeitemos-lhe as glorias e as cãs, abstendo-nos de pôr a nú aleijões

16

de um dos seus servidores.

Ademais, já conheceis o que importa.Faça chuva ou faça sól, continuarei, por todos os séculos dos séculos amém, a ser o criminoso que cumpriu sentença na Penitenciária. O homem do crime da datilografia !

Ó Senhor dos Exércitos, Deus de bondade e de misericórdia ! A vós endereço esta súplica que me bróta nos lábios como se fôra a joia querida,salva na última fração de segundo da casa tragada pelo terremoto ! Essa joia alça sua oração de graças até Vós, e intercéde pelas forças cégas dêste mundo que quasí a fizeram deixar de brilhar para sempre ! Porque, Senhor, se um simples soldado foi condenado por não datilografar um balancete, que penalidade não reservará Vossa Justiça a êles, -os que não tergiversam no uso das posições para oprimir e sentenciar inocentes — e que tão sem-cerimônia pisam sôbre leis sagradas, ordenações divinas e intangíveis de respeito ao semelhante ? Perdoaé, Senhor ! essa foi a melhor maneira que êles encontraram para recompensar os meus anos, cheios de entusiasmo e idealismo, entregues voluntaria e

17

apaixonadamente ao serviço das armas da minha Pátria !

Em todo o caso, é uma fórma ~~muito específica~~ de
distribuir recompensas... E de mais a mais, se não
existisse a datilografia, eu estaria a salvo desta. E não digo mais, e basta.

ESTA OBRA FOI COMPOSTA POR MARI TABOADA EM DANTE PRO E
IMPRESSA EM OFSETE PELA GRÁFICA BARTIRA SOBRE PAPEL PÓLEN SOFT
DA SUZANO S.A. PARA A EDITORA SCHWARCZ EM ABRIL DE 2023

A marca FSC® é a garantia de que a madeira utilizada na fabricação do papel deste livro provém de florestas que foram gerenciadas de maneira ambientalmente correta, socialmente justa e economicamente viável, além de outras fontes de origem controlada.